Traición

Cómo sobrevivir la infidelidad de tu pareja

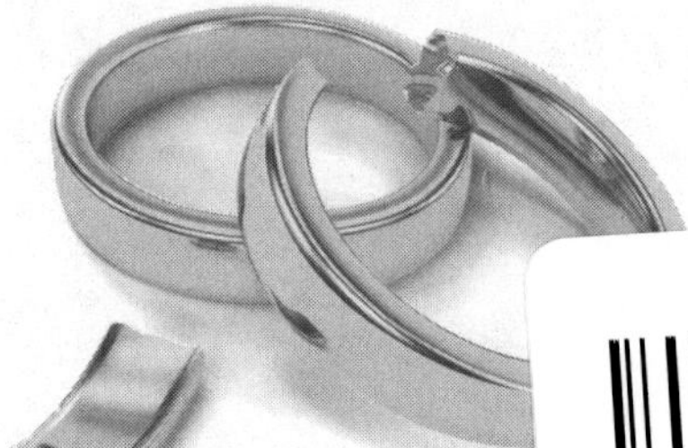

Kari Clewett

y Cornelia Hernández de Matos

Traición

Cómo sobrevivir la infidelidad de tu pareja

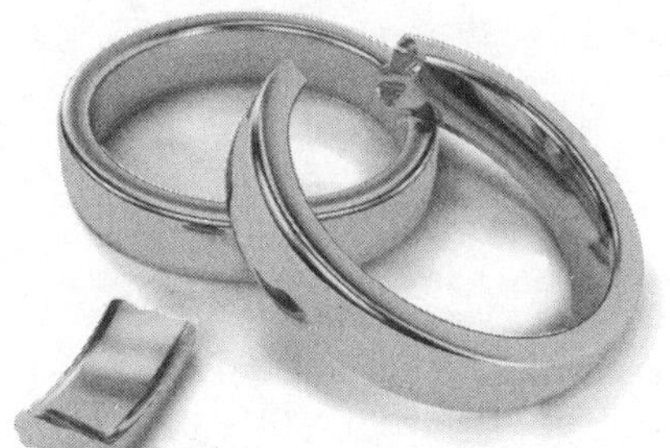

Kari Clewett

y Cornelia Hernández de Matos

Vida

La misión de Editorial Vida es ser la compañía líder en satisfacer las necesidades de las personas con recursos cuyo contenido glorifique al Señor Jesucristo y promueva principios bíblicos.

TRAICIÓN
Publicado por Editorial Vida – 2025
501 Nelson Place, Nashville, Tennessee, 37214, Estados Unidos de América.
Editorial Vida es un sello de HarperCollins Christian Publishing, Inc.

Este título también está disponible en formato electrónico.

HarperCollins Publishers, Macken House, 39/40 Mayor Street Upper, Dublin 1, D01 C9W8, Ireland (https://www.harpercollins.com)

Los testimonios e historias incluidos en este libro corresponden a la autora y han sido modificados en ciertos detalles para preservar la confidencialidad de las personas involucradas. Su uso fue previamente consultado por la autora con las personas correspondientes y se incluyen con su consentimiento.

Diseño interior: *Deditorial*
Edición de contenido: *Pepe Mendoza*

Tapa rústica: 978-0-8297-7381-1
eBook: 978-0-8297-7382-8
Audio: 978-0-8297-7383-5

La información sobre la clasificación de la Biblioteca del Congreso está disponible previa solicitud.

Impreso en Estados Unidos de América

25 26 27 28 29 LBC 5 4 3 2 1

Contenido

PARTE C
La esperanza

Prólogo

Cornelia Hernández de Matos

La palabra matrimonio trae a nuestra mente conceptos como compromiso, permanencia y fidelidad. La decisión de casarse nunca será una decisión que se tome a la ligera. Se elige a una pareja con la idea de caminar juntos por el resto de nuestras vidas. Es algo serio, que marca un hito significativo en la vida de las personas. Y por supuesto que también pensamos en compañía, amor, buenos momentos y hasta en retos para enfrentarlos juntos. Pero lo que nunca planificamos para un matrimonio es la posibilidad de una traición, un quiebre que ponga la relación en un desequilibrio tal que pueda romper el compromiso.

El plan de Dios es que el matrimonio sea una institución que represente su amor permanente por sus hijos, la unión de Cristo con la iglesia. Sin embargo, el pecado ha hecho estragos en la vida en esta tierra, y uno de esos daños es que la infidelidad se presenta en los matrimonios. Hablar de este tema no es algo que resulte popular ni agradable, pero no podemos ignorar el dolor de las personas que atraviesan por la experiencia. El impacto de la infidelidad es inmenso y su onda expansiva afecta más allá de los esposos, llegando a repercutir en los hijos, la familia extendida, las relaciones cercanas y hasta en la iglesia.

Kari Clewett me pidió que la acompañara a escribir el libro que tienes en tus manos. Ambas somos especialistas en terapia de parejas y por eso estamos motivadas por un fuerte deseo de construir una herramienta que sea útil para las personas que se han enfrentado a la infidelidad. A través del libro queremos ofrecer información clave y sensible de cada fase del proceso por el que transcurre una persona desde el momento en que descubre la infidelidad. Esto incluye tratar de entender lo que ha sucedido, evaluar el daño, un protocolo de trabajo para la restauración y medidas para prevenir la infidelidad. Valoramos mucho el rol de la iglesia en este proceso, de hecho, es nuestro deseo que este material pueda ser un instrumento útil en las manos de pastores, líderes y consejeros cristianos, por lo que hemos escrito un capítulo dedicado a la iglesia.

Si eres líder de matrimonios, consejero bíblico o simplemente tienes algún vínculo con alguien que está atravesando esta situación, en este libro podrás encontrar recursos para que tu intervención aporte claridad, sabiduría y esperanza al proceso. He visto en mis sesiones, tanto de consejería como de terapia, el efecto devastador que produce un manejo simplista del tema en el contexto de las iglesias y las familias cristianas. Sabemos que cada caso es diferente y por eso oramos para que Dios use este material según la necesidad particular de cada uno. Sin embargo, eso no significa que no podamos ofrecer herramientas bíblicas y prácticas que todos puedan usar para asistir a las parejas que están quebrantadas por este pecado.

Si estás enfrentando el dolor de la traición en tu matrimonio, este libro está escrito para ti. El manejo de la infidelidad es muy particular, complejo y delicado. En estas páginas encontrarás respuestas a muchas de tus preguntas y también pautas para caminar a través de un proceso saludable de la mano del Señor. Quisiera aclarar que aquí no solo hablamos de técnicas terapéuticas. Dios es la mayor motivación de este proyecto, porque finalmente Él es quien tiene la respuesta a todas nuestras dolencias y conoce con detalles la historia de cada uno de nosotros. No avanzaremos si no contamos con su ayuda en cada fase de este proceso. Así que te invito a que leas sin prisa, pero con la esperanza de que este contenido traiga aliento y sanidad a tu corazón.

—Cornelia Hernández de Matos

Introducción

la infidelidad es mi realidad, ¿ahora qué?

Kari Clewett

La infidelidad es injusta, te arranca de una posición de seguridad para dejarte expuesta, sola, sintiéndote desamparada, enfadada, triste, avergonzada y asustada, todo a la vez. Es como quedarte abandonada sin abrigo en medio de una tormenta. Una parte de ti quiere volver el tiempo atrás, a los días, meses o años previos a la traición. Otra parte de ti, cada vez que vuelve atrás, solo se siente más tonta, más engañada e impotente. Preferirías mil veces estar bajo una tormenta física, desnuda y con frío. Al menos esa tormenta es real, la puedes ver, oler y sentir, la lluvia no te miente.

La infidelidad es el colmo del quebranto de la confianza. La persona a la que le confiaste tu amor lo desechó, lo dejó a un lado y te partió en dos, o al menos así se siente. Sin embargo, no te puedes quedar ahí, no puedes dejar que la infidelidad sea quien cuente tu historia. Ese no puede ser tu final.

Yo te entiendo. Cuando descubrí la infidelidad de mi esposo, no solo quise dejarlo todo, sino que en realidad lo hice. Dejé mi trabajo y mi ministerio, dejé de comer, me alejé de mis amigos y de mis familiares, experimentando momentos en los que solo quería desaparecer. No por querer dejar de vivir, sino para dejar de sentir.

En cuanto me pude recuperar un poco, lo que más me atormentaba eran los «¿por qué?». «¿Por qué lo hiciste?». «¿Por qué no me lo contaste?». «¿Por qué me mientes?». «¿Por qué a mí?». «¿Por qué Dios lo permitió?». «¿Por qué me casé para esto?». Y un sinfín más de preguntas sin respuestas claras.

Compré libro tras libro para intentar entender lo que me estaba pasando porque sentía que la realidad se me escapaba. Me sentía como una loca en un mar de dudas, vagando sin propósito y sin respuestas. Los libros me hablaban del perdón y la restauración, había fotos de parejas felices en las portadas, los subtítulos prometían esperanza. Pero yo no quería un libro lleno de esperanza, quería un libro con respuestas que me explicaran lo que me estaba pasando y me dijeran por qué mi esposo, quien me prometió amor eterno, me había sido infiel.

Soy psicóloga, he ayudado a cientos de personas y matrimonios en mis años de carrera, y aun así no pude restaurar mi relación ni tampoco entender lo que estaba viviendo. Requerí años de estudios, conversaciones y hasta una maestría en sexología y terapia de pareja para aprender mejor cómo funcionamos y poder entender algunas cosas que pasaron en mi matrimonio. Te lo voy a decir desde ahora, no hay una respuesta que va a satisfacer tu gran «por qué». Pero sí espero poder contestar muchas preguntas sobre lo que estás sintiendo, pensando y cómo recuperar el control de tus emociones.

Mis estudios y mi profesión, en su momento, no me ayudaron a reparar mi matrimonio. Sin embargo, Dios, con el paso de los años, me ha ido entregando revelación, estrategias y un gran corazón para ayudar a muchos otros. Eso es lo que quiero compartir contigo.

La meta de este libro es que te acompañe en ese proceso y se convierta en un bálsamo reparador que alivie tu corazón y tu mente. Si la herida es fresca, sé que no te apetece escuchar sobre esperanza, perdón o la bondad de Dios, lo sé, porque hace que duela más. No te preocupes, te entiendo, pero también sé que tienes un Dios a quien puedes llevarle tus quejas, tu rabia y tus dudas. Él no tiene miedo de tus emociones porque las creó y las conoce perfectamente. Es posible que tu relación con Dios se vea diferente de cuando todo iba bien, y no hay nada malo con eso. Recuerda que Dios puede con tu dolor y tu enfado, desahógate con Él. Me he unido a la Dra. Cornelia Hernández —quien es médico, terapeuta sexual y de parejas, y consejera bíblica— justo para poder ir recordándote juntas a lo largo de este libro que Dios está contigo.

Tengo que reconocer y decirte que lo que más me ayudó no fueron los estudios ni todos los libros que leí. Algunos de esos libros en verdad me hicieron más daño y me llenaron de culpa y falsas esperanzas. Lo que realmente me ayudó fue aferrarme a Dios y permitir que su revelación bondadosa me fuera guiando hasta encontrar paz en medio de la tormenta. Me pude dar cuenta de que a Él le importaba más mi corazón que el matrimonio que yo había idolatrado. Una vez que dejé de mirar el matrimonio como mi vara de éxito y empecé a buscar una intimidad profunda con Dios, mi corazón empezó a sanar.

La tormenta en sí no desapareció, pero ya Alguien más grande que yo tenía el control sobre mis emociones y mi persona. Ya no era yo quien dictaminaba mi valor o mi identidad. Había vivido una traición, pero mi identidad no era la de ser una «mujer traicionada» de por vida. Pude levantar la cabeza y darle gloria a Dios, mi Salvador y Señor, a pesar de mi dolor.

Este libro ha sido escrito para ti que has vivido una infidelidad por parte de tu pareja, ya seas hombre o mujer, hayas estado casado o casada por meses o años. A veces escribiremos en femenino y otras veces en masculino. Los hombres son infieles y las mujeres también. Así que siente la libertad de leerlo para ti, sin importar como esté escrito.

Si eres quien cometió la infidelidad, te quiero agradecer que hayas abierto el libro, pues eso es una muestra de que tienes la intención de empezar el duro camino del cambio y de asumir la responsabilidad por tus acciones. Hay mucho en estas páginas para ti también. Lee para aprender y ser consecuente con tus valores y tus decisiones. Tú eres una pieza clave en este rompecabezas.

Si eres un familiar o una amistad cercana de la persona traicionada, te animo a que leas pausadamente, poniéndote en los zapatos del otro. Lee con compasión, usando lo que aprendes para amar y sostener a quien vivió el engaño. Él o ella te necesitan y también precisan de tu presencia y tu constancia. Gracias por querer estar a su lado.

Vamos a contar muchos testimonios e historias, incluida la mía. Hemos cambiado detalles para proteger la intimidad de todas las personas, pero vamos a darte muchos ejemplos de modo que puedas sentir que no estás solo en esto. Hay una frase popular que dice: «Mal de muchos, consuelo de tontos», pero yo prefiero reescribirla como: «Mal de muchos, aprendizaje y esperanza para otros». Hay un sentimiento de impotencia real y hasta de «estupidez» al principio, pero podemos reaccionar de forma diferente. Podemos salir más fuertes y empezar a cambiar la manera en que nos relacionamos y cómo nos protegemos ante la traición, teniendo cuidado no solo de nuestras siguientes relaciones, sino de las siguientes generaciones y cómo ellos mismos se van a relacionar.

Mi deseo es que llegues al otro lado y puedas darle gloria a Dios a pesar de la traición. Quiero acompañarte a abrir la fosa del infierno que es una infidelidad y todo lo que la acompaña. Quiero darte metáforas e imágenes con el fin de ayudarte a comprender lo que tu mente está haciendo para protegerte y que puedas tomar la decisión de hacerle caso para tu bien o ignorar amablemente esas emociones y sentimientos que buscan sabotearte.

Quiero que te des la oportunidad de pensar en por qué una persona que promete amor falla en su compromiso aun estando en desacuerdo con la infidelidad. Voy a enseñarte qué cosas han quedado afectadas gracias a este engaño y cuáles otras tienen que estar en orden para que se pueda trabajar de nuevo en el matrimonio. Deseo mostrarte los pasos que hay que dar y el tiempo que tomará la restauración para que seas capaz de ajustar tus expectativas. Mi deseo es destapar el tabú de la infidelidad y entregarte palabras y explicaciones de modo que esta no sea un motivo de vergüenza, sino que se convierta en tu historia de victoria.

Ahora que sabes un poco más quién soy yo y el sentir de mi corazón tras este libro, empecemos, y comencemos por ti y todo lo que estás viviendo.

Parte A

La rotura

CAPÍTULO 1

Si me detengo, me hundo

Descubrimiento de una infidelidad, sintomatología y efectos

Kari Clewett

«Cariño, tu teléfono está sonando, creo que es tu madre», dije.

Mi esposo se encontraba en la otra habitación con los niños y estábamos a punto de salir a comer con sus padres. Cinco minutos antes, él había estado hablando por teléfono en nuestro cuarto. Le pregunté con quién hablaba y me dijo que estaba acordando la hora para la comida de esta tarde. Por eso, asumí que era su madre cuando entré al cuarto y escuché el teléfono sonar una y otra vez mientras recibía mensajes.

Él no me escuchó con el ruido de los niños, entonces decidí mirar los mensajes para tranquilizar a su madre, *diciéndole que íbamos de camino con un ligero retraso, pero que llegaríamos en seguida.*

Al abrir el teléfono se me cayó el corazón al suelo. «Tengo ganas de volver a verte. Lo que esta vez tenemos que acordarnos de cambiar las sábanas. No vaya a ser que dejemos evidencia de nuestro disfrute».

Los mensajes seguían. Me caí de rodillas en el cuarto. Mi esposo me estaba siendo infiel. Mi mundo acababa de romperse en mil pedazos.

Destapar una infidelidad es un golpe que te saca el aire y te deja noqueado. Averiguar que tu pareja (la persona que te ha prometido fidelidad y estar a tu lado pase lo que pase) está con alguien más, te rompe. Es algo que conmociona y provoca un trauma emocional profundo. Este trauma no se limita a un solo momento, sino que se extiende a múltiples aspectos de tu vida. Se conecta con situaciones cotidianas, experiencias físicas (como dolores o tensiones en el cuerpo), emociones, recuerdos y hasta con objetos o lugares específicos (donde ocurrió la infidelidad o donde te enteraste de algo asociado a ella). Cada uno de estos elementos queda marcado por la infidelidad y al enfrentarte a ellos (como por ejemplo, a un lugar donde la pareja tuvo un encuentro secreto), vuelves a experimentar el dolor, manteniendo vivo el sufrimiento.

Sientes que *pierdes el control*
y que la vida se te escapa de las manos.
Da miedo, mucho miedo.

Sé que te asusta verte así. No te rindas. Déjame ayudarte a entender las reacciones emocionales ante tal descubrimiento.

Quiero hablarte en detalle sobre este proceso, sobre lo que se experimenta al descubrir la infidelidad. El objetivo es brindarte una especie de paz al ver que lo que estás viviendo es «normal» a pesar de lo antinatural que es enfrentar una infidelidad.

Muchas personas que llegan a mi consulta se quedan atrapadas mirando el pasado y con la frustración de que no actuaron ante su primera sospecha, no reaccionaron bien ante la primera noticia o no confrontaron a tiempo. Déjame aclarar este tema.

¿Sospechar o no sospechar? ¿Importa?

Hacía más de un mes que veía a mi esposa rara. Se volvió áspera conmigo. Me trataba con falta de respeto. No me miraba a los ojos y no quería mis abrazos ni mis besos. La veía enganchadísima al teléfono y sin tiempo para mí. Me comparaba con los hombres de las telenovelas y hasta con personas de su trabajo. «¿Por qué no puedes ser más atento como Pedro o tener el cuerpo de Juan?», me decía con frecuencia.

Llegaba a nuestro hogar más tarde del trabajo y cada vez pasaba más tiempo fuera de casa. La empecé a notar más distante y menos atenta a mí y nuestros hijos. De repente no me mandaba casi mensajes durante el día, pero la veía absorta en su teléfono hablando con otras personas.

Allí fue cuando empecé a sospechar…

«Tuve un presentimiento». «Algo me olía mal». «Hacía tiempo que lo notaba raro». Frases como estas pueden ser comunes en las personas que llegan a mi consulta habiendo descubierto una infidelidad. No siempre hay un presentimiento, no siempre uno se adelanta al descubrimiento, pero en algunos casos sí notas algo diferente.

A menudo se debe a un cambio en la relación o en la forma de comunicación habitual. De repente, el cónyuge está más seco o hasta puede ser que se vea más feliz. Sin embargo, parece que su cambio de ánimo no está relacionado contigo, sino que proviene de algo externo. Es posible que se noten cambios en las relaciones sexuales o en la profundidad de las conversaciones.

Las parejas están en constante movimiento, a veces acercándose (por el tiempo de calidad intencional que escogen tener), a veces alejándose (por las diferentes responsabilidades que tienen que asumir). Pero cuando el alejamiento se empieza a hacer profundo y no percibes un próximo acercamiento, es una señal de alerta.

No me malinterpretes, no todo cambio en las relaciones sexuales o en la intimidad de las conversaciones significa infidelidad. No obstante, todo cambio que empeore en esos dos aspectos significa un distanciamiento en la relación y habría que buscar solucionarlo o pedir ayuda antes de que se convierta en algo grave.

Si ese presentimiento acaba con el descubrimiento de una infidelidad, es posible experimentar un grado de culpa y responsabilidad por no haber actuado antes. «Yo sabía que algo no iba bien, pero no presioné lo suficiente, si lo hubiera hecho, quizás...». Es posible que creas que la sospecha pudo haber tenido un resultado distinto. Te estás estancando en este punto y tu mente te lleva constantemente atrás a recriminarte por no haber actuado diferente. Sientes culpa y rabia. Pero... ¿sabes qué? No puedes cambiar el pasado. Y la realidad es que muchos momentos de «sospecha» no tienen que ver con la infidelidad, sino con otras mil razones por las que alguien actúa raro o se aleja emocionalmente.

Consejo para los matrimonios

Tener un presentimiento de algo NO significa que la pareja está siendo infiel. Pero seguramente significa que no están tan unidos como podrían estarlo. Si alguien que conoces, o tú mismo, tiene un presentimiento de que algo va mal, busca conversar con tu pareja y traten de conectarse nuevamente. Si eso no funciona, acude a un profesional o un pastor, consejero o líder, asiste a una conferencia de matrimonios o lee un libro para recibir ayuda. ¡Actúa AHORA!

Para el futuro, podemos aprender a crear más momentos de conexión o cómo actuar si nos sentimos desconectados. Pero hoy tienes que dejar de censurarte. Debes darte cuenta de que las infidelidades pueden llegar, las sospeches o no. Presta atención a la siguiente historia.

Cuando la infidelidad te sorprende

«Con quién hablas», le pregunté de forma inocente a mi marido. Eran las dos de la madrugada y estábamos en una fiesta con todos nuestros amigos y familiares. Por eso no comprendía con quién podría estar hablando a esas horas de la noche.

«Con los chicos», me contestó.

Me confundió, porque los chicos en cuestión estaban todos alrededor mío cantando y disfrutando de la fiesta. ¿Con cuáles chicos sería?

No me preocupé, pero sí me picó la curiosidad. La próxima vez que agarró el teléfono y empezó a escribir, le volví a preguntar: «¿A quién le escribes?». «A los chicos. Quieren saber dónde estamos», me contestó de nuevo distraído.

Yo miré a mi alrededor y estaban todos allí con nosotros en el mismo sitio. Él seguía escribiendo, absorto en su conversación. La curiosidad se apoderó de mí y me acerqué a mirar sobre su hombro. *¿Mari?*... Era el nombre de una mujer.

«¿Quién es Mari?», le pregunté.

Mientras lo hacía, recordé que había una mujer del trabajo que se llamaba Mari Ángeles y estaba embarazada. Era la única de todos que no podía venir a la fiesta. *Ahhh, debe ser ella*, pensé. Mi esposo debía estarla poniendo al día.

«Eh, ¿qué dices? ¿Qué Mari? ¿De qué hablas?», me contestó nervioso y agobiado. De repente me dijo que necesitaba ir al baño. *Qué raro, pero... ¿qué está pasando aquí?* No quería dejar que mi mente pensara en algo más, pero comprobé que mi esposo seguía en línea chateando con alguien, aunque supuestamente estaba en el baño.

Me sentía muy confundida. ¿Por qué estaba actuando así? ¿Con quién se escribía? ¿Será que vi mal la pantalla? ¿Me lo estaría imaginando todo? ¿Estaba tan estresada que ya no sabía leer? ¿O sería otra cosa?

No, no puede ser, no me lo creo.

Esta mujer descubriría esa noche la infidelidad de su esposo. No sospechaba nada con anterioridad, pero igual que los que lo intuían, las personas que no sospechan sienten una culpa muy parecida y piensan: *¿Cómo no pude ver las señales? ¡Qué tonta fui de no verlo venir!*

Al final, no importa si lo viste venir o si no te diste cuenta. Ya sea que lo sospecharas o no, la realidad es que la infidelidad te hace sentir impotente, insuficiente y culpable. «Si hubiera estado más atenta...». «Si fuese más bonita...». «Si hubiéramos tenido más sexo...». «Si hubiera confrontado la situación hace un mes...».

Esta culpa y el recurso de la mente de volver atrás y pensar en qué habría pasado si hubieras actuado de otro modo es un proceso natural en el que la mente está intentando reparar y recuperar el control. Transitar esa fase no es fácil. Requiere de un ejercicio compasivo que involucre dejar a un lado los «y si...» y volver a centrarte en el presente.

Mirar hacia el pasado resulta útil si se hace con el fin de extraer un aprendizaje para el futuro. En algún momento del proceso en el que estás transitando sí querrás saber las razones de por qué se llegó a la infidelidad. También será importante pensar en maneras de prevenir que vuelva a ocurrir de cualquier forma. Lo que debe quedar claro es que intentar adivinar «qué hubiera pasado si...» no va a ayudar a nadie en esta fase. Solo va a crear más culpa y ansiedad. Lo pasado quedó atrás y no se puede cambiar, pero sí podemos aprender de lo vivido para el futuro.

Ten compasión y no te juzgues. Hay personas que lo habrán sospechado, pero no quisieron confrontarlo para no tener que exponerse al dolor. Otras, quizás, estaban haciendo oídos sordos para sobrevivir a su realidad, mientras que algunas simplemente no tenían ninguna señal ni motivo de sospecha. Cada uno afrontó su situación como pudo de acuerdo con sus propias circunstancias particulares.

Seguramente podrás asociar y relacionar más comportamientos o acciones que delataban la situación una vez descubierta, pero estando en medio de tu día a día era (y es) muy difícil verlo con claridad. Recuerda que ninguno de nosotros somos Dios para ser omniscientes. *Ya no importa si viste las señales o no te diste cuenta de nada. Ahora hay que recuperarse del golpe y salir de esta tormenta con vida.*

El descubrimiento

> Mi corazón se aceleró y cerré los ojos, anhelando con todo mi ser que lo que acababa de ver no estuviera cuando volviese a mirar. ¿Tendría fuerzas para abrir los ojos y poder comprobar si era cierto o no? Los abrí y ese mensaje seguía allí, apuñalándome el corazón. Mi esposa estaba conversando con otro hombre, la conversación era íntima, lo que veía de momento no era sexual, pero iba más allá de una simple amistad.
>
> Seguí indagando y leyendo. Encontré un mensaje que mi esposa le envió el día de mi cumpleaños. Ese día ella le escribió: «Hola, ¿qué tal? Hoy no he sabido de ti. Anoche soñé contigo. Te echo de menos». No me lo podía creer. ¿Qué estaría haciendo yo en ese momento? Lo que recordaba de ese día era que estábamos juntos. ¿Se lo estaría escribiendo conmigo a su lado?
>
> Él le había contestado: «Es que hoy no te he querido molestar por ser el día que es». Él también sabía que era mi cumpleaños y aun así ella lo buscó.
>
> ¡Qué tonto he sido, qué ingenuo! ¿Quién era esta mujer que dormía en mi cama? Ya no reconocía a mi propia esposa. ¡Jamás pensé que me haría algo así!

El descubrimiento de la infidelidad toma muchas formas. Cornelia y yo realizamos unas encuestas en el verano de 2024 (te contaremos más en los próximos capítulos) para ver la realidad de la infidelidad en nuestros círculos de influencia. Una de las preguntas fue: «¿Cómo se descubrió?». Nuestras encuestas nos han permitido ver que más del cincuenta por ciento de las veces las traiciones se suelen descubrir a raíz de unos mensajes en el teléfono o el correo electrónico. En el caso de descubrir el consumo de pornografía, suele ser al revisar historiales de búsqueda en internet o sorprenderlos en el acto.

Hemos escuchado historias de dolor en las que un familiar, un padre o una madre, o hasta los hijos, son los que descubren la infidelidad y ellos se lo cuentan a la persona traicionada. Pero lo más traumático, como podrás imaginar, es descubrir a la persona que amas en el acto: desde ver mensajes intercambiados en tiempo real, hasta sorprenderle en una videollamada, masturbándose o físicamente en el acto sexual con su amante. Yo no sé cómo tú te has enterado, pero sé que sea como sea, no ha sido fácil descubrir esa realidad.

Desde la psicología, sabemos que cuando algo causa un impacto emocional fuerte, tanto si es malo como bueno, tenemos más acceso a ese recuerdo, porque solemos vincularlo a más elementos. Momentos de alegría impactantes como una petición de mano, el anuncio de un embarazo o hasta cuando tu equipo gana un torneo importante hacen que podamos recordar lo que alguien llevaba puesto, la hora que era, el día exacto o lo que uno desayunó por la mañana. Cuando el recuerdo es bonito, estas remembranzas son maravillosas, porque las recordamos con cariño y con ilusión.

Cuando el impacto emocional es negativo, también se asocian muchas cosas a este recuerdo «malo». Estos elementos que ahora están vinculados y nos ayudan a recordar se llaman «detonantes». En el capítulo cinco hablaremos de cómo tratar con ellos. Por ahora, lo que nos interesa es saber que, a mayor impacto emocional, recordaremos más elementos (imágenes, olores, sonidos y otras cosas particulares), por lo que necesitaremos mayor sanidad en nuestra mente para no ser arrastrados a este suceso doloroso constantemente.

«No puede ser, no me lo creo»

Hay quienes descubren que fueron traicionados sin que su pareja se dé cuenta y por eso buscan más información para poder confirmarlo o desmentirlo antes de confrontarla. Esto es bastante común. Cuesta aceptar a la primera que la persona que amas está engañándote. Por eso, la respuesta inicial es negarlo y buscar confirmación.

Hay algunos que simplemente se quedan en la fase de negación: no quieren aceptar las pequeñas (o grandes) pruebas que deberían enfrentar. Les es más fácil obviarlo y vivir en la fantasía de que todo está bien. Negar lo que está pasando es su mecanismo de defensa y su forma de sobrevivir. Necesitarán mucho apoyo y acompañamiento para afrontar la realidad de su situación y es posible que tarden mucho tiempo (hasta años) en tener el valor de admitir lo que está pasando.

Para el resto, la fase de la negación es un período rápido que atraviesan mientras recogen evidencia para poder confrontar al otro. Pueden ser horas, días o pocos meses en los que niegan que sea posible, pero en cuanto tienen pruebas lo aceptan y se preparan para sacar todo a la luz.

El traicionado que decide confrontar suele actuar de tres formas: luchar, huir o congelarse. El ser humano mismo suele usar una de estas reacciones ante cualquier amenaza, y la infidelidad no deja de ser una bastante grande. Todas esas reacciones pueden ser normales y hasta combinarse en diferentes momentos del proceso. Vamos a revisarlas.

Luchar: «Te odio, cómo te atreves...»

Hay personas que reaccionan con rabia y toman decisiones contundentes. «Dame las llaves de la casa y sal». «Hoy duermes en el sofá». Una primera reacción puede ser quitarse el anillo de boda y tirarlo, romper el teléfono o la pantalla del ordenador, gritar o agredir.

Estas reacciones no son planeadas, sino repentinas y espontáneas. No han sido pensadas. En este caso, la reacción ante esta amenaza es luchar. Son personas que reaccionan ante este dolor atacando al elemento que causa el daño.

Tal comportamiento suele ser más común si se descubre la infidelidad en el acto y no si el infiel confiesa. Es más fácil ver a la pareja como un enemigo cuando queda delatado y no cuando él o ella ofrecen información.

Huir: «No te puedo ni ver, necesito esconderme del mundo»

Para otros, su reacción espontánea será huir. He hablado con personas que se han subido a su auto y recorrido kilómetros sin rumbo, poniendo distancia entre ellos y su pareja. Algunos simplemente recogen las pertenencias y a los hijos y se marchan de casa.

Echar a la pareja de la casa puede ser otra forma de huir, creando distancia entre la amenaza y uno mismo. Estas personas necesitan espacio en un primer momento.

Congelarse: «Te perdono»

Un gran número de personas muestran «poca reacción». Respuestas como: «Te perdono», «quédate conmigo», «todo estará bien», «somos más fuertes que esto», «sigue luchando» y otras por el estilo pueden ser reacciones de *congelamiento*. Suelen ser respuestas más comunes si el traidor confiesa sus acciones en un momento de quebrantamiento. El traicionado, al ver el dolor de su pareja, puede conectar con el amor que le profesa y tener este momento de compasión y perdón.

Hay personas que están orgullosas de reaccionar así, ya que puede parecer la respuesta más «buena» o «cristiana». Quizás sea la respuesta menos escandalosa, pero hay que tener en cuenta que esta reacción no suele ser duradera, sino que es el resultado del *shock* inicial; con frecuencia es una reacción poco consciente y más bien de supervivencia. «Aparto mis emociones y mi dolor y respondo al dolor de mi pareja». Se trata de una reacción de congelamiento e inmovilidad. Este también es un mecanismo de defensa en el que el traicionado prefiere poner a su pareja en una posición de víctima antes de estar él o ella en ese lugar.

En algunos casos, quien sufre el engaño puede mantener esta actitud de «acercamiento» a pesar de la traición, pero es una reacción que procura obviar o ignorar el dolor en vez de procesarlo. Más tarde, puede resultar en explosiones emocionales y un sentimiento de rencor profundo.

No hay reacción perfecta

Es muy probable que en algún momento sintieras o sientas culpa por tu respuesta inicial —ya sea que lucharas, huyeras o te congelaras— porque fue una situación que te abrumó y no tuviste tiempo de pensar con serenidad. Ante un choque tan doloroso, a menudo tu primera reacción será una que te permita la supervivencia.

Entre odiar a gritos o perdonar con un abrazo puede haber muchas otras formas de respuestas. Todas estas reacciones pueden ser normales, pero no por ello son saludables ni van a ayudar a la restauración. Cabe decir que siempre habrá una primera reacción que será difícil de controlar. La respuesta ante situaciones adversas de la vida depende de muchos factores. Lo más importante es no quedarse ahí y que pasado el *shock* inicial puedas compartir la noticia con alguien confiable y buscar ayuda para poder procesar el dolor.

Consejo para

los que rodean a la persona que ha sufrido la traición (desde el mismo traidor hasta los familiares y amigos)

Es importante no juzgar su respuesta inicial, sino ayudarla a encontrar un sitio seguro donde procesar lo que pueda estar sintiendo, sobre todo si hay hijos en la casa.

A partir de aquí se destapa una sintomatología que es muy confusa tanto para ti internamente como para los que te rodean y te están acompañando en este proceso. En el próximo capítulo vamos a investigar las fases por las que pasamos los que hemos sufrido un engaño, además del protocolo a seguir si recién has descubierto la infidelidad.

CAPÍTULO 2

Tengo que recuperar el control de mi realidad

Kari Clewett

No me reconozco, me siento débil e insegura. Me doy cuenta de que no quiero salir de casa, no quiero que nadie me vea. Siento que estoy perdiendo la cabeza. He empezado a ponerle pruebas pequeñas para ver si me está mintiendo o no. Me he conectado a su GPS y entro constantemente a sus cuentas bancarias.

—Laia

No sé si la amo o si la odio. No sé si me quiero quedar o me quiero ir. Sé que constantemente estoy pensando que lo va a volver a hacer. Si va al trabajo, estoy mirando el teléfono todo el rato para ver si está conectada. Tengo acceso a su correo. Ella no lo sabe, pero a todas horas lo *estoy revisando para ver si vuelve a contactar con él. Siento que me estoy volviendo loco. Cada vez que llega a casa le doy un beso, pero en verdad lo hago para olerla de cerca y descubrir si huele a otro hombre.*

—Rubén

Estas son reacciones reales de personas con las que he trabajado. Tras descubrir la infidelidad, aunque decidan que quieren perdonar y quedarse con su pareja, eso no impide que sientan un descontrol vertiginoso con respecto a su pareja y la propia relación. El motivo es el quebrantamiento de la confianza.

Después del *shock* y la reacción inicial se empiezan a desarrollar diferentes síntomas que suelen desorientar. Con el fin de lograr que esto sea algo más visual, voy a describirlo por medio de tres estados: el *detective loco*, el *gato asustado* y el *bipolar* (un estado de confusión emocional).

Estos estados son un planteamiento mío en particular, que he desarrollado como resultado de la experiencia profesional y personal y del trabajo realizado con muchas parejas que se encuentran en esta situación. Son una metáfora que utilizo en mi consulta que ayuda a identificar cómo se están sintiendo y lo que necesitan para transitar mejor por esta fase.

Detective loco

Al descubrir la infidelidad lo más común es entrar en un estado que he denominado *detective loco*.

Le he puesto ese nombre porque de repente es como si te convirtieras en un buscador incansable de información. Súbitamente adquieres habilidades de *hacker* que no sabías que tenías. He visto personas que han logrado entrar en las cuentas de redes sociales y las mensajerías personales de su pareja. Otras han accedido a las cuentas bancarias, aplicaciones de taxi y hasta han contratado a detectives para conseguir información que confirme hasta dónde ha llegado la infidelidad.

Cuando descubres la infidelidad tienes una sed insaciable de información, no importa si has decidido quedarte con quien te traicionó o abandonar a la persona. Es lógico, porque hasta ahora operabas sin todos los detalles. Había confianza entre los dos. Gracias a la confianza, por ejemplo, el pensamiento era el siguiente: «No necesito comprobar a dónde vas, porque me has dicho que vas al supermercado y te creo». Pero ahora ya no confías y eso ha hecho tambalear tu línea del tiempo. Déjame explicar esto mejor.

La línea del tiempo, tu fundamento de la «realidad»

Todos tenemos una línea del tiempo en nuestro recuerdo, la cual contiene ciertas fechas e hitos importantes y otros insignificantes que han ocurrido durante la relación.

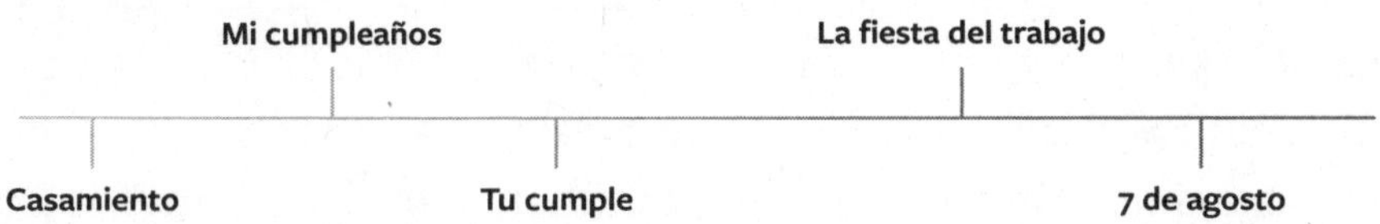

El descubrimiento de la infidelidad hace que de repente empieces a preguntarte si lo que recuerdas es lo que estaba pasando o si había una historia paralela que desconocías por completo. Sientes que tienes que reevaluar todo, volver atrás y comprobar si tu «realidad» sigue siendo real.

Consideremos este ejemplo: Silvia le confiesa a su esposo, el 7 de agosto, que ha estado hablando con otro hombre. Quiere arreglar las cosas y no perder a su marido. Manuel, su esposo, la abraza compasivamente y le dice que aunque le duele muchísimo, él también quiere arreglar las cosas y que juntos lo podrán superar. Sin embargo, a la semana empieza a dudar de que ella le esté diciendo la verdad. Él piensa: *¿Solo han estado hablando? No me lo creo, porque hace tres meses llegó tarde del trabajo y no tuvo una buena excusa.* Manuel la confronta, pero ella dice: «Lo que pasó no es importante, lo primordial es que me arrepiento mucho y sé que eres el hombre de mi vida». Él no queda satisfecho con esa respuesta y a escondidas le empieza a revisar el teléfono.

La fase del *detective loco* se caracteriza por el intento de tratar de verificar si los recuerdos y la «realidad» coinciden.

Esto se complica porque en tu búsqueda desesperada anhelas no encontrar nada. Por desgracia, en general, se suelen descubrir más mentiras y más información de la que el traidor había ofrecido en un primer momento, lo cual confirma tus miedos y te impulsa a seguir buscando con intensidad. Es un momento en el que *sientes que pierdes la cabeza* o que te estás volviendo loca.

Sentir que pierdes el control es una sensación muy desagradable que causa temor. He escuchado a personas decir que sienten que se vuelven paranoicas, desconfiadas y que ya no distinguen lo que es real. Caminan en una especie de trance ansioso dudando de todo. Aunque saben lo que «deben» hacer, cuesta que sean consecuentes con sus decisiones y acaban entregándose a la ansiedad de buscar sin parar esa información que les hará daño.

De repente, la línea del tiempo se empieza a llenar de estas nuevas «verdades», lo que te desestabiliza por completo y retrasa el proceso. Lo peor es que la confianza se quebranta aún más.

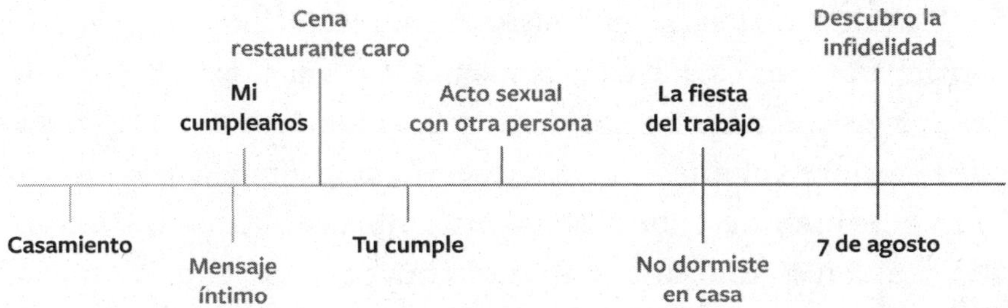

La búsqueda de información es un proceso natural de tu mente, que intenta reparar y reconstruir la línea del tiempo. Es una necesidad real porque te ayuda a saber cuándo empezó y cuándo acabó todo y te permite responder a la pregunta: «¿A partir de qué momento puedo confiar en que mis recuerdos son reales?».

La fase del *detective loco* está llena de ansiedad y desconfianza salpicada con desesperación. Muchas personas a tu alrededor van a intentar convencerte de que dejes de buscar porque solo te estás haciendo daño. La verdad es que ellas tienen razón, debes dejar de buscar. Sin embargo, a la vez sé que esa necesidad de información es MUY fuerte.

Recolectar la información como un *detective loco*, aunque resulta común y suele pasar, *no es la forma más sabia de reparar el daño*. Encontrar información tras una investigación «secreta» solo sirve para confirmar que tu pareja no es de confianza, pero en ese momento ya lo sabías. Esto no calma la situación. Es agotador tener que controlar tanto y exponerte a sentir continuamente la traición de nuevo.

La persona que te traicionó es quien debe darte a conocer los hechos de forma voluntaria. En el capítulo ocho daremos más detalles sobre cómo obtener esta información de forma saludable y útil. No obstante, quisiera advertirte ahora que, aunque entiendo totalmente tu necesidad de adquirir información, recolectarla como un *detective loco* no va a conseguir los resultados que quieres.

Si sientes que estás en la fase de detective loco, lo primero que debes saber es que eso es normal, tú eres normal. Es parte del proceso sentir que necesitas información y si no la consigues vas a «explotar». Mi consejo es que, siempre que sientas esa necesidad de saber, abras una libreta o una aplicación de notas en el teléfono y apuntes las preguntas que tengas. ¿Qué es lo que sientes que necesitas conocer? Sin importar lo que sea, apúntalo y guárdalo para poder preguntarlo en el ambiente y el momento adecuados.

No siempre conseguirás resistir la necesidad de buscar información. Lo sé, lo entiendo, así como también sé que no te va a ayudar seguir buscando. Entonces, si lo tienes que hacer, hazlo, pero luego habla con una persona segura (ver la definición de persona segura en el cuadro que aparece en la siguiente página). Cuéntale lo que estás haciendo para que te ayude a poner límites con el fin de hacer las cosas bien o por lo menos que puedas procesar tu inseguridad con alguien más. Esta ansiedad y necesidad de saber pasará con el tiempo y conseguirás las respuestas que necesitas y anhelas. Confía en Dios y en el proceso.

Y recuerda este versículo:

«No les teman, porque el SEÑOR su Dios
es el que pelea por ustedes»
(Deuteronomio 3:22).

Finalmente, debes tener claro que es imposible que controles todo ni que averigües todo de esta forma. Deja que Dios pelee por ti y que tu pareja te lo cuente voluntariamente. Jamás podrás recuperar la confianza si no te lo explica por sí mismo. Tiene que ser así.

Tu ansia de información es válida, real y muy importante. La verdad resulta necesaria, aunque sea dolorosa. Solo así se puede empezar a reconstruir la confianza. Durante días, meses o años, tu pareja ha estado mintiendo para esconder su adicción o su(s) relación(es). Cuando por fin contesta tus preguntas con la verdad, entonces se puede reconstruir la línea del tiempo y empezar a confiar poco a poco en sus palabras.

Persona segura:

Se trata de una persona madura que no va a elegir bandos en un primer instante, ni a tomar decisiones apresuradas. Alguien que no va a proferir insultos ni a provocar mayor drama, sino que es una presencia que brinda seguridad. Es alguien que, si algo se sale de las manos, tendrá la calma suficiente para proteger y alejar con seguridad a la persona traicionada de ese ambiente. Es alguien con quien se puede llorar y hablar con franqueza. Puede ser algún buen amigo o amiga (que sea del mismo sexo) o algún familiar de confianza.

Podría ser también un líder, un mentor espiritual o un profesional de la salud mental.

Debes saber también que será común que tu pareja se llegue a enfadar o abrumar con tus preguntas y tus invasiones de privacidad. Como veremos en el próximo capítulo, no siempre mienten para seguir engañándote, sino porque en su mente están tratando de protegerte al no darte respuestas claras. La recolección y transmisión de información sobre lo que pasó o no dentro de la infidelidad es algo delicado, así que mi recomendación es que se haga bajo la supervisión de alguien muy entendido en el tema, ya sea un psicólogo especializado, un terapeuta o un consejero bien formado.

Consejo para quien cometió la infidelidad

Si te llegas a sentir abrumado por las preguntas de tu pareja, es importante que entiendas que en el fondo no son para recriminarte por tus errores. La mente de quien ha sido traicionado se fragmenta y, en medio de este estado, tu pareja está luchando desesperadamente por reconstruir su equilibrio emocional. Ten presente que sus preguntas son parte de su proceso de sanación y consecuencias de que la confianza se haya roto. Hasta que no se restablezca, tu pareja va a sentir que necesita tener más información sobre todos los acontecimientos.

Gato asustado

Para que entiendas por qué le llamo así a esta etapa, imagina a un gato callejero que has recogido de la calle y traído a casa. El gato está en una caja, gruñendo y siseando. Si intentas acercarte y sacarlo de allí, ¿qué va a pasar? Seguramente te llevarás un buen zarpazo, un rasguño y hasta un mordisco.

¿Qué es lo que funciona para calmar a un gato asustado? Cariño, amor, suavidad, muchísima paciencia y quizás algo rico de comer.

Dentro de la pareja, este estado se suele observar una vez que se ha tomado la decisión de trabajar sobre el asunto. Es un estado frustrante, porque parece que das un paso adelante y dos pasos atrás. Estás pasando por un buen momento y de repente —parece ser de la nada— te vuelves agresiva. ¡Zas! Zarpazo con las uñas afuera.

«¿Seguro que vas a casa de tu madre? Porque no sé, la última vez que "fuiste a casa de tu madre", acabaste en la cama con otra mujer».

«No me puedo creer que vayas vestida de esa forma y con tanto perfume, parece que estás buscando nueva pareja».

Lo primero que debo decirte es que este estado no es eterno, realmente llegará un momento en el que podrás volver a tener estabilidad emocional y no esos brotes agresivos que parecen espontáneos. Lo más importante que debes conocer sobre este estado es que las emociones básicas suelen ser el miedo y la tristeza. Son emociones que nos hacen sentir débiles y eso no nos gusta. Por lo tanto, solemos expresar otras emociones más agresivas para protegernos.

Con la rabia y la actitud violenta o pendenciera intentamos vernos fuertes y así «protegernos» de sentirnos tontos, usados, engañados y muchos otros sentimientos similares. En el estado del *gato asustado* sacas las uñas, porque de algún modo has sido detonado(a), ya sea de forma consciente o inconsciente. Algo te ha hecho sentir miedo o inseguridad y te estás protegiendo con esa irritabilidad, sarcasmo, rabia o frustración, en vez de bajar la guardia y sentir el dolor o la tristeza.

Repito que te entiendo, es normal, no sabes si tu pareja es de confiar, si te está mintiendo o si en breve te va a hacer daño de nuevo. Hay una parte de ti que dice: «Te araño antes de que me vuelvas a herir». Pero sé que no ves eso como la solución y sabes que no va a lograr los resultados que quieres. Te invito a que intentes identificar qué es lo que te ha hecho reaccionar de esa manera. ¿Cuál es el miedo o la inseguridad que se ha despertado? Si consigues descubrirlo, puedes llevarlo a Dios y también a tu mentor o profesional de la salud para trabajar sobre ese dolor. Solo así podrás confrontar el problema directamente para que esa agresividad no te entorpezca en la búsqueda de tu sanidad. Ya sea que sigas con tu pareja o no, te aseguro que no deseas convertirte en una persona amargada, rabiosa o agresiva.

Consejo para
quien cometió la infidelidad

Es importante tener paciencia y simplemente estar presente. Procura aguantar y dale a tu pareja la seguridad de que no te vas a ninguna parte. Piensa en la forma en que te acercarías a un gato asustado y aproxímate lentamente y con suavidad. Recuerda que tus acciones le hicieron sentirse inseguro(a). Aprovecha esta oportunidad para demostrar que mereces su confianza y, principalmente, que le amas.

Bipolar

El estado bipolar no corresponde necesariamente a un momento concreto del proceso, sino que puede aparecer en cualquier instante. Uno de los síntomas que puede ser más confuso tiene que ver con la forma en la que te sientes con respecto a la persona que te engañó. La verdad es que puedes pasar por todas las emociones del espectro en un mismo día.

Te odio

Experimentas sentimientos fuertes de desagrado, odio, rabia y enfado cuando recuerdas lo que te han hecho. Hasta años más tarde pueden aparecer resquicios de rabia al recordar la situación. Estas emociones no deben embotellarse ni ser ignoradas, aunque tampoco las podemos liberar a nuestras anchas. «ENÓJENSE, PERO NO PEQUEN; no se ponga el sol sobre su enojo, ni den oportunidad al diablo» (Efesios 4:26-27).

Es posible que necesites un momento para ventilar las cosas, insultar o desahogar esa frustración contra tu transgresor. Está bien, suéltalo, descárgate, PERO con alguien seguro en un lugar seguro. Estos momentos son difíciles de controlar y el peligro radica en decir o hacer algo de lo que luego te arrepientas o que dañe a otra persona. Por ello, la clave será saber escoger los momentos más oportunos.

1. Es crucial que el odio y la rabia no sean expresados delante de los hijos bajo ninguna circunstancia.
2. Nadie se debe apoyar en familiares que solo aumenten el odio o que estén tan ofendidos y enfadados que no puedan ser objetivos en la búsqueda del bienestar de la persona traicionada. Que otros te defiendan es bueno e importante, pero puede ser muy peligroso que hagan guerra por ti, porque, finalmente, todos pueden resultar heridos.
3. No es malo sentir odio o rabia durante un tiempo corto, pero hay que averiguar qué los está provocando para poder sanar desde las raíces. El odio sostenido destroza y pudre por dentro. Por eso hay que entregárselo a Dios y liberarte poco a poco.
4. Es necesario buscar personas que ayuden a mirar con gratitud el presente.
5. El mejor lugar para procesar la rabia es en espacios terapéuticos.

Estas emociones fuertes se pueden expresar en un espacio terapéutico o en presencia de una persona que sea lo suficientemente madura para poder contenerlas y no permitir verse afectada por ellas. Quizás la mejor opción de todas es que puedas aislarte y pasar un momento con Dios para expresarle todo lo que estés sintiendo. No hay mejor psicólogo ni terapeuta que nuestro Creador.

Espero que tengas a tu alrededor personas que puedan acompañarte a ver la cruda realidad de la infidelidad. Que puedan afirmar que lo que has vivido es malo, horrible y que nadie lo merece. Pero si no es así, te lo voy a decir yo:

> «Tu pareja nunca debió hacer eso, obró mal, estuvo mal».
> «Te tendría que haber confesado cualquier frustración o dolor antes de que sucediera cualquier cosa».
> «Esto no es tu culpa».
> «No mereces lo que te hizo».
> «Lo siento, lo siento mucho, siento que hayas tenido que pasar por esto».
> «No será fácil, pero saldrás de esta prueba».

Te quiero

El odio y la rabia no son lo único que vas a sentir. Es posible que sientas mucho amor y cariño por tu pareja, a pesar de saber todas las cosas malas que ha hecho. Es una emoción confusa, sobre todo si ya se ha tomado la decisión de la separación o hasta del divorcio, pero debemos saber que sentir amor o cariño es normal.

Un vaso de cristal lleno de semillas

Un matrimonio se ha construido sobre mucho más que emociones. Estaba escuchando un *podcast* en el que usaron una metáfora que me encantó, así que me gustaría adaptarla un poco y explicarla a continuación.

Una relación es como un vaso de cristal lleno de semillas en el que cada semilla representa un recuerdo, vivencia, experiencia y emoción. La pareja agarró el vaso y entre los dos han creado sueños, metas, realidades, además de una reputación y una familia. Han unido sus vidas y proyectado algo juntos en el futuro, añadiendo nuevas semillas con cada paso en la relación.

Cuando la infidelidad entra a tu hogar, es como si el vaso se estrellase contra el suelo, derramando las semillas por todas partes y mezclándolas con las astillas de cristal. Aun así, es casi imposible simplemente odiar a quien te engañó y cerrar tu corazón a él o ella. Puedes odiar lo que te ha hecho, pero en paralelo amar sus talentos, los recuerdos de su amistad, su capacidad como padre o madre y muchos otros factores positivos. Esto puede ser confuso y frustrante, pero muestra la fuerza que en algún momento tuvo la unión. También nos recuerda que la infidelidad no debe definir a quién la cometió. Puede ser que se haya equivocado de una forma grande y dolorosa, pero su identidad no es simplemente «infiel», sino que se trata de alguien que fue o está siendo infiel, pero que reúne muchos más aspectos en su persona.

Aquellos a tu alrededor pueden desear que la emoción predominante sea el rechazo, el odio o la rabia, ya que es lo que ellos sienten. Incluso pueden ofenderse al ver que sientes o que muestras amor, pero esa no es su batalla, y tampoco te hace bien estar siempre en un estado de enfado o rechazo. Un buen acompañamiento involucra permitir, sin juzgar, días en los que sientas amor y cariño, y otros en los que sientas rechazo y hasta odio.

Si la relación va camino a una reconstrucción del matrimonio, la emoción del amor será mejor recibida tanto por ti como por las personas que te rodean, ya que nos dirigimos hacia un matrimonio renovado. Pero tampoco debes forzar esta emoción, deja que todo fluya y fluctúe. Al principio experimentarás un vaivén constante y eso es parte del proceso de restauración.

Si la relación va camino a una separación o un divorcio, también es normal que sientas este amor y cariño, aun a pesar de tener claro la necesidad de la separación. Hasta en los casos de abuso o violencia esta emoción de cariño y amor puede aparecer. Recuerda que intentar «quitártelo de la cabeza» puede ser contraproducente. Es mejor reconocerlo y «despedirlo». Para ello recomiendo la técnica del *tren de los pensamientos*.

El tren de los pensamientos

El tren de los pensamientos implica una idea similar a la de la película animada de las emociones, «Del revés» (*Inside Out*), en la cual se manda a los recuerdos a archivarse en la memoria a largo plazo. En nuestra metáfora, el tren de los pensamientos va pasando por la estación de tu mente y puedes decidir subir ciertos pensamientos al tren para que se los lleve lejos porque no te están ayudando en la actualidad. Entonces, se trata simplemente de validar la existencia de un pensamiento y a la vez darse cuenta de que no lo necesitamos en este momento.

Por ejemplo, imagina que te llega este pensamiento amoroso: «Mira qué buen padre es Juan y cómo ama a sus hijos. Sé que a mí también me ha amado mucho. Ahora, además, parece que está haciendo todo bien. ¿Por qué no puedo seguir con él? Siento que aún lo amo». Hay que reconocer que ese pensamiento existe y debes traerlo de manera clara a la mente, para luego subir ese pensamiento al tren, acomodarlo en su sitio, y si puedes completar el pensamiento con algo del presente: «Sin embargo, ahora yo y los niños estamos bien, él no está dispuesto a cambiar y quiere seguir con su amante, por eso estamos separados». Así, le dices adiós al tren con ese pensamiento amoroso, pero también de despedida. Ahora dejas que se vaya sin resentimientos.

El tren de los pensamientos se puede usar con el odio también. Por ejemplo, imagina que te llega un pensamiento negativo: «¿Cómo puede ser que hiciera lo que hizo? ¡Tengo ganas de presentarme en su trabajo y pegarle una buena cachetada después de contarles a todos quién es verdaderamente!». Hay que reconocer ese pensamiento, aunque no te guste. Pero después de traerlo a la mente, subes ese pensamiento al tren, ves que se acomode en su sitio, y completas el pensamiento con algo del presente: «No es útil que gaste energía intentando humillarlo, me debo centrar en sanar mi corazón». De nuevo, despides el tren con el pensamiento de odio y lo dejas ir para siempre.

Consejo para
la persona que acompaña

En casos de separación, no hace falta que odien a la otra persona para poder lograrlo. Será suficiente con saber que esa relación seguirá haciendo daño y que es mejor terminarla por el bien de los dos bandos. El odio no ayuda a nadie a largo plazo. El proceso de ir sanando las heridas trae recuerdos y representa mucho más que lo que se ve de forma superficial. Por favor, ten paciencia, *tu presencia es más importante que tu opinión.*

Me das asco

Otra emoción que puede aparecer de forma muy «normal» es el sentimiento de repugnancia. Se trata de una de las emociones más negativas durante todo el proceso. Es una emoción que provoca repulsión, separación y distancia.

El desarrollo de un asco profundo puede ser mayor dependiendo del comportamiento de la pareja o del tipo de infidelidad que haya cometido. Esta emoción lleva implícitos el rechazo y el deseo de alejarse.

Si estás experimentando asco, también será una señal de que necesitas un acompañamiento más cercano y posiblemente profesional, porque puede tratarse de una emoción muy perturbadora que hostiga, persigue y es casi imposible de disimular.

La idea no es tapar u obviar el asco, sino saber que se trata de algo normal y una consecuencia de la infidelidad. Su modificación o permanencia dependerá del trabajo que lleva a cabo quien te hizo daño para cambiar sus acciones y demostrar nuevamente que es una persona confiable. Y aunado a eso, el trabajo personal que realices procesando el pasado y centrándote en el presente.

Me das pena

También se puede pasar del asco a la compasión o la pena. Estas emociones provocan un acercamiento, aunque no son las emociones ideales para reconstruir una relación.

Si estás sintiendo compasión o pena, puede que sea porque crees que debes «salvar» a tu pareja de sí mismo o sus errores. Quizás piensas que puedes «sanarla» (esto se verá mucho en temas de adicción), pero no es así. Para que la relación se restablezca tiene que haber arrepentimiento y un cambio en los hábitos y las formas de relacionarse. La pena puede llevar a que cuides al otro como si fuera un hijo, en vez de tu pareja. Una relación de padre-hijo no es sostenible en el tiempo, ni es adecuada entre esposos.

Sentir compasión y pena puede ser una buena emoción temporal que se experimenta durante el proceso para entender el dolor de quien te engañó (siempre hay dolor, tanto en el lado del traicionado como del que traiciona), pero no puede ser la única emoción, ni tampoco debe dominar todas las interacciones.

Vergüenza y culpa

Para terminar, es importante que sepas que en algún momento vas a experimentar vergüenza. Ya sea por percibir a tu pareja débil e incapaz de resistirse a la tentación o, lo que es más común, por sentirte débil, manchada o inferior al haberte «dejado engañar».

Hay mucha vergüenza de que otros sepan lo que ha pasado, sobre todo al principio. Es común guardar el secreto ante los demás para intentar salvaguardar tu reputación o la de tu familia. Lo malo es que esto te empuja a aislarte de las personas que podrían ayudarte. Deseas que nadie sepa nada porque sientes que la vergüenza de descubrir que te han engañado sería demasiado.

¡Ánimo! Sé que es duro y la vergüenza es horrible, pero es una emoción que suele perder peso a medida que va avanzando el tiempo. Pronto te darás cuenta de que la infidelidad no es tu culpa y no estás obligado a responder por las acciones de tu pareja, solo por las tuyas. Veremos más adelante que puedes ser responsable y hasta culpable de crear distancia entre los dos, pero no eres responsable ni culpable de que tu pareja haya decidido engañarte. Llegará un momento en que, aunque siga causándote pena o malestar, podrás hablar de lo sucedido sin que te abrume la vergüenza y verás que trae libertad que otros realmente sepan lo que ha pasado.

El estado *bipolar* es duro porque puedes ir del odio al amor, pasando por el asco, la pena o la vergüenza de un momento a otro. Esto puede resultar muy confuso. Mi consejo es que no confíes mucho en tus sentimientos hacia tu pareja durante este tiempo, pues van a ser demasiado fluctuantes. Enfócate en poner un pie delante del otro y más adelante podrás desenredar tus sentimientos hacia quien te hirió.

Si has llegado hasta aquí y eres una persona a la que le fueron infiel ya hace mucho tiempo, te pido que leas todo mirando en retrospectiva, asintiendo con la cabeza, recordando cosas que pasaron y que viviste hace meses o hasta años. Es muy posible que lo que estés leyendo te reconforte y anime. Sin embargo, también están las personas que acaban de enterarse hace poco o quizás todavía ni siquiera saben si la traición es verdad, pero están temiendo que se convierta en su realidad. Si este último es tu caso, estás en medio de la desesperación y puede que lo que has leído, aunque informativo y valioso, te haya asustado aún más. Si solo han pasado pocos días o semanas desde que te enteraste de la infidelidad, quisiera facilitarte unos pasos muy prácticos, ya que tu mente ahora mismo no es muy capaz de tomar decisiones y de seguro sientes que estás dentro de un trance. Tranquila(o), yo te ayudo.

«Acabo de descubrir la infidelidad de mi pareja, ¿qué hago?»

1. Comparte la noticia con alguien seguro.

Este proceso es doloroso y NO debes recorrerlo solo. Hay muchas cosas en la vida que nos encanta contarles a los demás, nos gusta celebrar los momentos buenos: «Ha nacido mi hijo». «Me he graduado». «He cambiado de trabajo». Pero cuando sucede algo malo, tendemos a obviarlo y procuramos decir: «Aquí no ha pasado nada». Pensamientos como estos son los más típicos:

> «Al día siguiente de haber descubierto la infidelidad estaba en *shock*, no podía creer que esto me hubiera pasado a mí. Pero también me llené de fe: "Seguro que

Dios restaurará mi matrimonio y será un testimonio". Decidí no contárselo a nadie, porque pensaba que lo arreglaríamos todo y no quería que la gente tuviera una mala idea de mi esposo».

«No quería decepcionar a mis padres, no quería contárselo a mis amigas, no quería que lo supieran en la iglesia, ni en el trabajo. Esto lo podría cargar yo hasta la tumba».

«No fue hasta un mes más tarde, en el que veía que estaba siempre triste y enfadada y que las cosas no mejoraban en casa, que decidí por fin contárselo a alguien».

Es normal pensar así, pero no es acertado. Lo primero que deberías hacer es compartir la noticia con una persona segura. No cargues con esto sin ayuda. Esta persona puede ser un pastor o consejero, tus padres, un familiar, un mejor amigo o amiga (del mismo sexo), o un profesional si ya estuvieras dentro de un proceso terapéutico. No deberías pasar por esta situación solo(a), aunque te mueras de vergüenza. Necesitas a alguien que te sostenga los brazos y pelee por ti. *No tienes que ser fuerte*, aún no, necesitas que otros sean fuertes por ti, que tengan fe por ti, que oren por ti y te ayuden en medio de tu debilidad. Necesitas espacio para procesar las cosas y poder tomar decisiones poco a poco.

Hay que tener una red de apoyo, pero en general estas personas no sabrán qué hacer con la información (puedes pedirles que lean este libro contigo). Para muchos solo escuchar de una infidelidad les dejará impactados y no sabrán cómo reaccionar con exactitud.

Es más, muchos irán hacia un extremo y dirán: «Perdona y sigue adelante». Otros te aconsejarán: «Pídele el divorcio, sepárate ahora mismo». Ambos consejos los podrías recibir al mismo tiempo y sin mucha reflexión. *No tomes ninguna decisión apresurada.* Cuéntaselo a alguien para no cargar con la información en solitario. No obstante, luego debes buscar la ayuda de personas entendidas en cómo acompañar a alguien que enfrenta una infidelidad (punto 3).

2. Es importante confrontar a la pareja.

Si tu pareja aún no sabe que conoces de su infidelidad y has decidido descubrirlo, es fundamental que la confrontación pueda ser *de la forma menos agresiva posible.* Puedes pedirle a una persona segura que te acompañe o esté presente, pero es bueno que le comuniques a tu pareja que ya lo has descubierto. Que guardes su infidelidad y veas cómo te miente o te esconde información solo empeora las cosas y te va a hacer más daño. Saca la verdad a la luz.

Hay que ir eliminando los secretos y las mentiras. Comunicar que conoces sus mentiras es un gran paso en este proceso. Durante la confrontación, no busques llegar a una decisión de cómo proceder, ni tampoco sientas la obligación de creer o dejar de creer sus palabras si es que se justifica. Más bien, procura simplemente exponer que le has descubierto y, si es relevante, plantea un siguiente paso que sería abrir aún más el círculo: hablar con los padres, los pastores o un profesional.

3. Abre un poco más el círculo: busca ayuda.

Descubrir una infidelidad es como haber sufrido un choque de trenes: deja a la persona traicionada sangrando, conmocionada y herida. Hay muchos pasos antes de poder salir del hospital y volver a una vida normal. Debes buscar a alguien (un profesional o mentor) que no se asuste de la situación y no tenga una opinión rápida, sino que esté dispuesto a desgranar el problema contigo, sin prisa, pero sin pausa.

Tengo que advertirte que debes tener mucho cuidado con las personas que planteen una solución rápida, instantánea o fácil. Pocas cosas de este proceso son rápidas y mucho menos fáciles. Las personas no cometen infidelidad de un día para otro. Es un camino poblado de decisiones pequeñas que, juntas, suman un gran error. Por eso, la sanidad tras una infidelidad tampoco será una travesía corta.

Una de las primeras decisiones que tendrás que tomar es si será necesario que uno de los dos (tú o tu pareja) salga de la casa. Esta decisión no se debe tomar a la ligera y es ideal que ya estés hablando con alguien más neutro (como un psicólogo, terapeuta o consejero) para que te ayude a pensar en todas las opciones.

4. **Decide si te quedas o te vas.**

La distancia física puede ser una bendición, ya que reduce la tensión y el dolor, pero en general no es la mejor opción. Esa alternativa puede causar aún más distancia entre la pareja, haciendo que parezca que la solución definitiva sea la separación, aunque quizás no sea así. Esto pasa a menudo porque se podría concluir que están más tranquilos separados o porque al quedarse sin lugar donde vivir, el traidor termine refugiándose con su amante. También porque él o ella te ven más feliz si está lejos y puede pensar: *Serás más feliz sin mí, así que no te dejo por ausencia de amor, sino para que estés mejor.*

La separación también puede hacer menos urgente buscar ayuda, justamente porque produce un alivio inmediato. Quien te traicionó no será expuesto al detonante de ver tu dolor. Tú tampoco serás expuesto al detonante de ver a tu pareja constantemente. Por ese motivo, aunque parezca contradictorio, lo recomendable es quedarse juntos para trabajar la situación, sobre todo si hay una esperanza o un deseo de restauración. Ahora bien, quedarse juntos no significa que se mantienen todos los privilegios de ser esposos. Hay ciertas consecuencias por las acciones que no pueden pasarse por alto (de eso hablaremos más en los capítulos de protocolo).

Quedarse juntos es difícil y habrá momentos de tensión muy altos, lo que idealmente incita a solicitar consejo de forma más urgente y a ser más consecuentes con el trabajo de restauración. Esto, aunque no lo parezca, es un beneficio. A nadie le gusta el dolor, pero estar expuesto a la congoja crea la motivación suficiente para buscar ayuda y seguir pautas de cambio. Compartir el mismo espacio puede acelerar la sanidad si se está trabajando en ella de forma intencional y constante.

Si se toma la decisión de una separación física, es importante que no intentes convivir de nuevo de forma precipitada. La separación hará que unirse de nuevo sea el doble de difícil, porque nos volvemos más impacientes y exigentes. El tiempo distanciados puede hacer que cada uno se acomode a su nueva rutina y aprecie la ausencia de ciertas cosas de su pareja. Por lo tanto, a la hora de considerar el regreso hay que asegurar que esté bien preparado a través de una buena conversación sobre los puntos de tensión y los aspectos que serán complicados en la nueva convivencia.

Dicho todo eso, hay excepciones al consejo general de «quedarse bajo el mismo techo». Dependiendo del tipo de infidelidad, será importante que puedas encontrar un lugar seguro. Si la infidelidad está relacionada con cualquier tipo de abuso o algo ilegal (relaciones o pornografía con menores de edad o violencia), hay que denunciarlo a las autoridades y debes buscar un espacio en donde no te expongas a estas conductas. Si la seguridad está comprometida o la traición viene tras romper otros compromisos y ultimátums previos, hay una adicción exagerada o es algo muy grave, la separación física puede ser la ruta acertada.

Otro posible motivo para crear distancia física es si tienen hijos y las discusiones son violentas (ya sea físicamente o de palabras). Si eso está ocurriendo, vale la pena considerar separarse por amor a los hijos para que ellos no estén en medio de las peleas.

No me cansaré de repetirlo, debes tener alguna persona segura a tu lado que te acompañe en la toma de esta decisión. No puedes optar por confiar en tus emociones, porque un día querrás irte y al otro sentirás que no ha pasado nada y que todo está bien. Hay que orar, reflexionar y ver opciones, porque será difícil sin importar lo que hagas.

Espero que estos pasos puedan ayudar a todos los que recién se están enterando de una infidelidad. También espero que puedan ayudarte en caso de que conozcas a alguien que se acaba de enterar y así puedas acompañarle de una forma sabia y que aporte positivamente a su proceso de sanidad.

Eres normal, pero no te quedes ahí

La meta de este capítulo es poder traer una sensación de «normalidad». No estás sola. No estás solo. Lo que estás sintiendo es normal y confuso, pero pasará en algún momento. Sobre todo pasará si sigues caminando y trabajando en tu proceso. No tienes que tener prisa al caminar, sino encontrar una red de personas que estén dispuestas a ir a tu lado.

Sentir odio y amor a la vez es normal. Vas a experimentar una montaña rusa de emociones y pasarás por ansiedad, temor, pena, vergüenza, amor, compasión, tristeza y rabia. Si lo miras como un conjunto, tus síntomas son parte del diagnóstico de un trastorno por estrés postraumático (TEPT). Igual que un soldado que vuelve de la guerra y escucha un estallido que le lleva de vuelta al campo de batalla, para ti serán ciertas fechas, lugares o hasta palabras los que te detonan y encienden tu respuesta de luchar, huir o congelarte.

Vas a tener que pasar por el duelo de ver que tus sueños, ideas y proyección de futuro ya no serán como los imaginabas. Sentir desesperación por tener toda la información y, a la vez, no creer nada o no querer saber nada más, resulta agobiante y forma parte de esta primera fase. Mi consejo es que no te quedes mucho rato allí, sigue moviéndote y avanza en otra dirección. No te preocupes, yo te voy a ayudar, sigue leyendo y sigue avanzando. Por favor, cuídate, porque esto es un maratón de largo aliento y no una carrera de cien metros. Estás herido, tendido en una camilla y necesitas ayuda. Déjate cuidar mientras fortaleces tu cuerpo, mente y alma.

Recuerda que el estado del *detective loco* y el del *gato asustado* son reales, pero no te ayudan a la larga. Ten compasión contigo si notas que estás en alguno de ellos y sigue trabajando con paciencia para poder moverte a un estado más seguro y estable. Tus emociones no son de fiar, aún no, pero repito, todo pasará con un poco de trabajo y paciencia. Saldrás de esta encrucijada, con o sin matrimonio, pero saldrás; con cicatrices, pero siendo una persona completa, estable y más madura.

Espero que este capítulo te haya ayudado a entenderte, a comprender un poco más por qué sientes lo que sientes y actúas como lo estás haciendo. Anhelo que te ayude a sanar y a ser amoroso contigo mismo, porque ahora quiero entrar en la mente de las personas que han traicionado. Quiero ayudarte a que puedas darle un atisbo a lo que ha sucedido en el otro lado. Si todo está demasiado fresco, quizás necesites un tiempo más antes de pasar al siguiente capítulo. Ten la libertad de saltarlo y seguir con el capítulo cuatro o hasta el cinco. Ya volverás cuando tu mente esté más calmada. Pero si te animas y tienes muchas preguntas de «cómo» y «por qué», te animo a que puedas seguir leyendo el capítulo que viene a continuación y a hallar algunas respuestas.

CAPÍTULO 3

¿En qué estabas pensando? ¿Cómo pudiste hacerme esto?

Kari Clewett

¿Qué pasa dentro de la cabeza de la persona que comete una infidelidad? ¿Cómo llega hasta el extremo de romper el pacto que hizo con su cónyuge? ¿Cómo puede vivir esa doble vida una vez que ha cometido la infidelidad? ¿Por qué puede llegar a mentir tanto?

Estas preguntas son completamente válidas, pero aún las mejores respuestas no apagarán ni sanarán el dolor causado por una infidelidad. No obstante, sí te pueden ayudar a entender un poco más a la persona que te hizo daño.

Quisiera empezar explicándote que el mismo transgresor no suele entender cómo ha llegado hasta este punto, y quizás este capítulo, si lo llega a leer, le puede servir para descubrir las razones por las que dio esos pequeños pasos que le han llevado hasta esta situación tan dolorosa.

Tener razones no excusa, pero nos ayuda a entender.

No quisiera que esta información se use para condenar, sino para ayudar a destapar la confusión y las dudas. Espero que arroje luz sobre la situación y te ayude a avanzar para traer sanidad y no más dolor. Es crucial que entiendas que no estoy justificando las acciones del que cometió la infidelidad en ningún momento, sino que *intento ayudar a entender cómo acaba cometiendo una traición una persona que está en contra de la infidelidad y que jamás se imaginó que sería capaz de ser infiel.*

No voy a presentar la perspectiva de la persona traicionada, ni tampoco la mencionaré demasiado para evitar confusiones innecesarias. A la vez, a partir de la experiencia clínica sabemos lo siguiente:

- Muchas personas que han traicionado han sido traicionadas en algún momento.
- En algunos casos, no es tan claro quién es el traidor y quién el traicionado porque en un primer momento uno fue infiel, la pareja lo descubrió, le confronta, se «perdonan», y tiempo después ahora el otro es el infiel. Por lo tanto, ambos son traidores y traicionados y eso genera mucha confusión.

También podría haber hablado de la influencia de sentirse traicionado primero, pero he preferido centrarme de forma más específica en cómo se llega a la acción de traicionar. Quisiera recalcar que los dos pueden estar experimentando muchos de estos elementos a la vez, y es posible que cada uno esté escondiendo cosas del otro o mintiendo. Pero, de nuevo, nos vamos a centrar en la vivencia de la persona que cometió la infidelidad.

¿Cómo llega una persona a cometer una infidelidad?

Hay que decir que todas las personas que cometen infidelidad no son iguales y hay algunos casos extremos que pueden tener otras explicaciones, pero en general una persona llega a cometer infidelidad porque:

- Se siente desconectada y empieza a comparar a su pareja con algo o alguien fuera del matrimonio.
- Toma pequeñas decisiones de cruzar límites imperceptibles, guardándolo en secreto.
- Cuenta medias verdades o mentiras cuando es confrontada.

Esas razones pueden sonar algo simplistas, así que profundicemos un poco más en cada una de ellas.

Sentirse desconectado y empezar a comparar

Veamos el caso de Mireia.

> *Mireia lleva tres años casada con Ramón. Cuando Mireia conoció a Ramón, estaba saliendo de una relación tóxica con otro hombre muy controlador y celoso. Justamente, el amor y el trato respetuoso de Ramón fue lo que ella amó desde el primer momento. No solo la escuchaba, sino que también ponía en práctica las cosas que ella le decía. Una vez casados, Mireia descubrió que él no era tan ordenado*

ni tan limpio como ella, y se lo hacía ver a menudo. Él la intentaba complacer y ha ido cambiando con el paso de los años. Sin embargo, últimamente, Mireia piensa que Ramón es demasiado sumiso porque cede en cualquier discusión o intercambio de opiniones.

Alejandro, un hombre nuevo, ha llegado al trabajo de Mireia trasladado de otro departamento. El primer día realizó mal una maniobra y el jefe de operaciones lo confrontó. Alejandro se defendió alegando que era nuevo y que cometerá errores si no le enseñan. Mireia se quedó impresionada con las agallas de Alejandro. Se acercó después del intercambio con el jefe y le ofreció ayuda para que aprendiera el nuevo sistema. «Estoy aquí para lo que necesites», le dijo sonriendo.

Al llegar a casa después del trabajo, se dio cuenta de que Ramón había dejado la toalla mojada de nuevo sobre la silla de madera. «¡Ramón! ¡Será posible! ¡Te lo he dicho mil veces! ¿Es que no puedes hacer nada bien?». Él se levanta corriendo mientras le va diciendo: «Lo siento mi amor, se me olvidó, ahora lo arreglo». Mireia mira frustrada cómo Ramón cuelga la toalla y piensa para sí: *Seguro que Alejandro no me hubiera dejado hablarle así. Me pregunto qué hubiera hecho él.*

En este caso vemos un indicio de peligro. Mireia se siente frustrada con algo que antes amaba de su esposo, pero no ha sabido expresar esa frustración. Este cambio sucede a menudo. Una característica que durante el noviazgo enamoró, ahora agobia o frustra, pero cuesta poder identificarlo porque no suele ser algo malo. Es más, si uno reflexiona sobre lo que está sintiendo, podría sentirse hasta injustificado quejarse de ese aspecto.

Por ejemplo, hay muchos hombres que empiezan a salir con mujeres que los cuidan y los consienten mucho, pero una vez casados, les molesta porque se sienten más como hijos que como esposos, y eso los desconecta. Hay mujeres, como Mireia, que se casan con hombres que le dicen a todo que sí, pero, con el tiempo, ellas sienten que deben tomar siempre la iniciativa, lo que termina por cansarlas.

Ahora bien, eso no significa que el matrimonio ya ha terminado, pero sí hace falta madurez para entender que se requiere tener buenas conversaciones para poder volver a conectarse el uno con el otro y conocer las necesidades mutuas en el aquí y el ahora. Estas parejas se han desconectado en el transcurso del matrimonio y necesitan poner atención a esos cambios.

Por otro lado, es posible que haya situaciones que están generando mucha tensión. Tal vez uno de los dos haya cambiado ciertos comportamientos que vuelven la convivencia más complicada. Los cambios en la frecuencia sexual, un aumento de comportamientos evasivos, beber más de la cuenta, llegar cada vez más tarde del trabajo o una reducción en el respeto mutuo —palabras agresivas o insultos— pueden ser razones para aumentar la distancia entre la pareja y apagar o reducir la comunicación eficaz entre ellos. El Dr. John Gottman, un experto y referente en terapia de pareja, lo explica así:

> [La traición] nunca empieza con el sexo [...] La traición comienza con la tendencia a apartarse e ignorar las emociones de la pareja. Luego se produce una inundación, un cúmulo de incidentes lamentables no resueltos, el desarrollo de observar la negatividad y al final la desconfianza.
>
> Evitan dar a conocer sus necesidades para no iniciar un conflicto. Este intento de salvar la relación provoca un efecto contrario, hace caer progresivamente la métrica

de la confianza de las parejas y las acerca a quedarse atrapadas.[1]

Esta separación y falta de comunicación hace que uno de los dos o ambos empiecen a mirar fuera del matrimonio y a imaginar que lo que hay al otro lado es mejor que lo que tienen en casa. Se empiezan a realizar *comparaciones negativas*, alejándose de la pareja y creando puentes hacia recursos externos al matrimonio. En vez de conversar con su pareja sobre su frustración y trabajar en eso, la persona empieza a ignorarla y a buscar puntos de conexión fuera de su relación.

Jesús mismo nos exhorta a reconciliarnos antes de que la relación empeore:

> «Ustedes han oído que se dijo a los antepasados: "NO MATARÁS" y: "Cualquiera que cometa homicidio será culpable ante la corte". Pero Yo les digo que todo aquel que esté enojado con su hermano será culpable ante la corte; y cualquiera que diga: "Insensato" a su hermano, será culpable ante la corte suprema; y cualquiera que diga: "Idiota", será merecedor del infierno de fuego.
>
> Por tanto, si estás presentando tu ofrenda en el altar, y allí te acuerdas que tu hermano tiene algo contra ti, deja tu ofrenda allí delante del altar, y ve, reconcíliate primero con tu hermano, y entonces ven y presenta tu ofrenda» (Mateo 5:21-24).

Mantener ofensas en secreto, insultar y pelear sin confrontar la situación y tener conversaciones profundas y

---

1. John Gottman y Nan Silver, *What Makes Love Last? How to Build Trust and Avoid Betrayal,* Simon and Schuster, Nueva York, 2013, p. 48.

reconciliadoras llevará a graves consecuencias. Si la distancia emocional crece entre la pareja, seguramente se empezarán a evitar ciertas conversaciones y la comunicación de información importante sobre la relación se detendrá. La intencionalidad entre ambos disminuirá y lo siguiente será que uno de los dos bajará sus estándares y sus límites saludables. Ahora empezará a actuar basado en sus emociones.

Cruzar límites imperceptibles

Aunque la distancia entre la pareja es responsabilidad de los dos, *la responsabilidad de ser fiel es individual.* Ambos tienen que tomar decisiones para ser fieles diariamente. Algo interesante del ser humano es que todos tenemos límites de fidelidad implícitos. Eso significa que, aunque no se hayan dicho en voz alta, existen algunas ideas inconscientes de lo que es ser fiel y de lo que uno espera de su pareja. Algunos me podrían intentar discutir que hoy en día la fidelidad no está de moda con todas las nuevas opciones del «poliamor» y la «no monogamia», pero aún existen límites y reglas implícitas de acuerdos entre los miembros de esas relaciones.

La infidelidad llega cuando uno empieza a justificar sus decisiones de cruzar pequeños límites, es decir, límites que pueden parecer inocentes. Veamos el ejemplo de Raúl.

> Raúl lleva casado diez años. Él ha sentido que en los últimos seis años su esposa le ha ido prestando menos atención. La llegada de los hijos y el sentimiento de ser el menos importante de la casa lo han agotado, pero no ha sabido lidiar con ello ni manifestarlo de forma acertada, acabando a los gritos y demandando atención de una manera que no ha funcionado y solo lo ha dejado más cansado.

En estos últimos meses, desde el nacimiento del tercer hijo, ha estado yendo solo a la iglesia, ya que su esposa María tuvo un parto difícil y sigue en reposo. Él siempre ha sido alguien respetuoso a la hora de interactuar con todos, nunca ha tenido charlas íntimas a solas con otras mujeres, y siempre ha respetado las políticas de puertas abiertas o de estar junto a su esposa para realizar consejerías o rendir cuentas a su grupo de pastores de los pasos que estaba dando.

Al principio de la ausencia de su esposa, le comunicaba con quién se estaba reuniendo y todo lo que estaba pasando en la iglesia. Raúl siempre ha pensado que esa es una forma de salvaguardar el matrimonio. Pero ya han pasado varios meses y de repente no tiene ganas de seguir comunicándose con su esposa, pues piensa que ella siempre está de mal humor y realmente no le importa lo que él está haciendo.

Esta semana se le acercó Eugenia para decirle: «¡Vaya, qué increíble lo que haces! Tu esposa es una mujer muy privilegiada». Raúl se queda impactado. Lo que esta mujer le está diciendo llena el vacío que siente. Ahora necesita un poco más. Le responde: «¿Ah sí?, pues no sé si mi mujer se siente muy privilegiada...». Eugenia insiste y le empieza a contar lo maravilloso que ella lo considera. Raúl se despide de la mujer con un abrazo. Aunque no suele abrazar a las mujeres, hoy le nació hacerlo. Mientras la abraza, se siente empoderado y piensa: *Ella sí que me ve y me reconoce.*

Al llegar a casa y abrir la puerta, María lo llama desde la cocina. «¿Te acordaste de traer la leche?». La conversación entre ellos toma el siguiente rumbo.

—No —reponde Raúl—. ¿Por qué me tengo que acordar de todo, acaso no sabes lo difícil que ha sido mi día?

—¿Tu día? ¿Pero acaso no sabes con lo que he lidiado yo? Intenta tú parir a tres hijos y luego estar aquí en casa todo el día cuidando de ellos mientras tú estás por ahí sintiéndote importante.

—¡No lo puedo creer, pero si lo que hago tiene mucho valor! Hoy alguien me lo ha dicho así tal cual.

—¿Ah sí? Quizás ellos conocen otra versión de ti, porque tú no eres capaz ni de acordarte de traer leche para tus hijos.

Mientras sale de casa para comprar lo que había olvidado, en su mente se refugia en las palabras de la mujer de la iglesia: «Lo que haces es realmente increíble», y recuerda con cariño el abrazo.

Lo primero que debes considerar es que Raúl ha guardado información importante. Hace meses que esta pareja debería haber acudido a alguien en busca de ayuda, desde el momento en que notaron el incremento de las discusiones, la distancia emocional y seguramente física. Raúl no sabe entender la situación de su esposa, el dolor o la soledad que está sintiendo, y María no sabe cómo comunicarse con respeto para encontrar el apoyo de su esposo. Los dos son responsables de esta distancia.

Ahora la decisión de cruzar un límite ha sido de Raúl. Él podría estar confundido porque piensa: *Hablar con una mujer en la iglesia no es malo en sí, y hasta en muchas culturas darle un abrazo tampoco es malo.* Los primeros pasos hacia una infidelidad no suelen ser «malos», sino que son decisiones en las que uno vuelca su corazón hacia fuera del matrimonio y se regodea en la atención de un tercero, guardando el secreto de sus interacciones.

Este tercero que consiente puede ser una persona, una sustancia, una pantalla, ciertas conversaciones y un sinfín de cosas más. Lo peligroso es que la persona guarda este comportamiento para sí misma, en vez de verlo como una bandera roja. Debería ser un aviso de que algo va mal en su matrimonio y empujarla a buscar ayuda. La persona que va camino a una infidelidad empieza a crear una carpeta secreta, un espacio no compartido con su cónyuge. Lo considera como un refugio para encontrar «paz» o «fuerzas».

La justificación empieza con pensar para sí misma: *No pasa nada, yo solo hago esto para poder aguantar lo que tengo en casa y no tomarla con mi pareja. Lo tengo todo bajo control, esto se va a quedar aquí*. Sin embargo, rara vez será así. Mientras más se refugia en la idea de cruzar ese pequeño límite, más se prepara para cruzar el siguiente.

En el caso de Mireia, cuán fácil será que mañana se siente a conversar con Alejandro sobre cómo se defendió con el jefe y lo llene de elogios. Para Raúl, sería fácil escribirle un mensaje de agradecimiento a Eugenia y hasta decirle: «Tengo ganas de verte para conversar de nuevo el próximo domingo». Sí, tienes razón, estas acciones tampoco serían una infidelidad en el sentido estricto de la palabra, pero creo que empiezas a ver cómo estos pequeños pasos, que cruzan límites inconscientes, son realmente equivocados y peligrosos, aunque se pueden justificar con facilidad.

Veamos qué ha sucedido un mes después. Mireia ha estado conversando de forma cómoda con Alejandro, mientras que Raúl ha hablado y abrazado a Eugenia todos los domingos. No les han comentado a sus parejas sobre esta nueva «amistad» en ningún momento, todo está guardado en su carpeta secreta. ¿Cuán fácil será que se inviten a tomar un café? Y tras unos cafés a una comida, y después de unas comidas a un paseo o hasta a una actividad más lúdica. Cada pasito en sí, sobre todo al principio, parece inocente y es fácilmente «justificable», pero todo lo que uno va guardando en su carpeta secreta va haciendo que aumente la distancia con su cónyuge y va abriéndole las puertas a otra persona o cosa que empieza a ocupar su lugar.

Si Alejandro hubiera invitado a Mireia a una comida y un paseo en un primer instante, ella habría dicho que no, ya que era una mujer casada y le hubiera parecido una situación incómoda. Raúl también se hubiera negado si Eugenia le hubiera pedido que la acompañara a comer y luego a dar un paseo por el lago. Pero los límites se traspasan poco a poco. Es como la famosa historia de la rana en la olla con agua. Si la pones viva en una olla con agua fría y la vas calentando poco a poco, la rana no se da cuenta hasta que es demasiado tarde. Se cuece sin saberlo.

La Biblia ya nos advirtió de esto en la carta de Santiago: «Que nadie diga cuando es tentado: "Soy tentado por Dios". Porque Dios no puede ser tentado por el mal y Él mismo no tienta a nadie. Sino que cada uno es tentado cuando es llevado y seducido por su propia pasión. Después, cuando la pasión ha concebido, da a luz el pecado; y cuando el pecado es consumado, engendra la muerte» (Santiago 1:13-15).

Por lo tanto, la persona que comete una infidelidad no puede culpar a su pareja. El hecho de que alguien afirme: «Es culpa de mi pareja», nunca será verdad, igual que no podemos decir: «Soy tentado por Dios». La traición es producto de nuestra propia pasión, y buscar justificarse culpando a otros resulta en que uno acabe traspasando sus propios valores y moralidad.

Esto se ve también en los casos de consumo de pornografía. Considera la historia de Tony y Nerea:

> *Tony había consumido pornografía siendo un adolescente y luego un joven, pero cuando se casó pudo dejarla. Ahora lleva cuatro años casado y tras el parto de su primer hijo, su esposa Nerea acabó con una episiotomía (un corte quirúrgico en la entrada de la vagina para facilitar la expulsión del bebé). Eso resultó en casi un año de*

relaciones sexuales incómodas y dolorosas para Nerea y muy frustrantes para Tony. Intentaron hablarlo al principio, pero no supieron cómo hacerlo sin dañarse, así que terminaron evitándose mutuamente y solo se centraron en el cuidado de su hijo.

Tony volvió a consumir pornografía un día en el que volvió a casa con deseos sexuales, pero pensaba: *No quiero molestar a Nerea ni hacerle daño. Ella ha tenido un día muy duro, mejor yo me ocupo de mí para no molestarla.* No se lo contó a su esposa y se justificó pensando que lo hacía para «bendecirla» y no molestar. Luego de un tiempo, Tony volvió a consumir pornografía cada dos o tres días y ya no buscaba a su esposa. Está descubriendo nuevas posturas y fantaseando con poder encontrar a alguien que quiera realizarlas con él. Ama a su esposa, pero ya no la busca ni siente interés sexual por ella.

«Me refugio en la pornografía para no hacerte daño» es un pensamiento totalmente erróneo y no es más que una excusa. Es cierto que con la llegada de los hijos y hasta con el paso de los años la frecuencia de las relaciones sexuales puede cambiar o puede haber dolor. Todo esto es posible, pero no es una justificación para refugiarse en la pornografía o con otras personas. Hay muchas soluciones y estrategias para ayudar a una pareja a conectarse si es que se han sentido desconectados de cualquier forma. Además, las relaciones sexuales implican una conducta aprendida, podemos mejorar mucho aprendiendo a ser creativos de una forma respetuosa y dentro de la moralidad.

Aquí necesito hacer una pequeña pausa para enfatizar algo: *la mayoría de las personas NO quieren ser infieles.* Nadie se despierta una mañana pensando: *Voy a serle infiel a mi pareja. ¡Vamos!* Por el contrario, se trata de una serie de pequeñas decisiones equivocadas que llevan a sobrepasar límites y guardar esa información como un secreto. Al principio puede ser fácilmente justificable, pero luego va creciendo hasta convertirse en un pecado que puede acabar causando la muerte del matrimonio.

Volvamos un momento a las primeras interacciones entre Mireia y Alejandro, Raúl y Eugenia, y Tony y Nerea. ¿Qué habría pasado si hubieran contado la verdad sobre esas primeras interacciones? Si Mireia le hubiera contado la verdad a Ramón sobre lo que pasó en el trabajo, es posible que hubiesen compartido unas risas o que ella hubiera aprovechado para hablarle sobre esa valentía y su deseo de sentir que él tome más las riendas en casa.

Si Raúl hubiera llegado a casa a contar su interacción con Eugenia, quizás María le podría haber dicho: «Es verdad, eres increíble y es un privilegio estar contigo... y necesitamos leche». Raúl se hubiera sentido bien, Eugenia habría confirmado lo que piensa de su esposo y los niños hubieran tenido leche.

Es posible que Nerea se hubiera enfadado por el comportamiento de Tony, pero él se habría dado cuenta de que no sabía complacer a su esposa sexualmente y manifestaría su deseo de aprender juntos a hacerlo bien. No hay duda de que él tiene claro, *a priori*, que no quiere refugiarse en la pornografía.

Quizás la relación de estas parejas ya estaba suficientemente dañada y contarse lo que había pasado podría resultar en una discusión más, pero lo seguro es que guardarlo en secreto no les hizo bien a ninguno. Gottman lo explica así: «Guardar un secreto crea distancia. Cuanto más desconectado se siente el futuro infiel, menos cree en su pareja. La pareja es percibida como menos digna de confianza, aunque el infiel sea el responsable de la ruptura».[2]

2. John Gottman y Nan Silver, *What Makes Love Last?*

Contar medias verdades o mentiras al ser confrontado

Una de las últimas gotas que rebalsa el vaso para llegar a la infidelidad es no solo acostumbrarse a guardar el secreto, sino a mentir sobre lo que está pasando. Llega un momento en que el comportamiento cambia y la pareja puede hacer preguntas inocentes como:

- «¿Con quién hablas?».
- «Llegas tarde, ¿todo bien en el trabajo?».
- «Te veo más distante, ¿pasa algo?».
- «Me han dicho que has estado hablando con Eugenia, ¿cuál es su historia?».
- «Últimamente no me buscas para tener relaciones, ¿he hecho algo malo?».

Estas preguntas son oportunidades para acercarse a la pareja, confesar y encontrar misericordia antes de que las cosas vayan de mal a peor. Sin embargo, es usual que se empiece a mentir. Las mentiras crean aún más distancia y engordan la carpeta secreta. «Ahora no solo tengo un comportamiento secreto, sino que te estoy mintiendo y eso significa que con más cuidado tengo que mantenerte lejos de esta información».

El futuro traidor no suele tomar demasiado tiempo para pensar en lo que está pasando, ya que la mente en sí misma no quiere confrontar la realidad porque entonces tendría que reflexionar sobre los valores o las reglas implícitas que tiene acerca de la fidelidad. Cuando por fin lo empieza a procesar, suele comenzar a justificarse con un pensamiento como este: *No ha pasado nada, esto es pasajero, pero le hará daño a mi pareja y se enfadará si se entera, por lo que todo se complicaría aún más. Es mejor que no sepa nada para que así no resulte dañada. Total, no estoy haciendo nada malo.*

Una vez que empiezan las mentiras, se inicia esa doble vida característica de quien está cometiendo un engaño. La persona intenta que todo esté «normal» en casa, mientras coordina una agenda separada con las actividades de la relación secreta. La única forma de sobrevivir a esta tensión es apagando una parte de su conciencia para que la mente pueda soportar esta dicotomía. Es posible que aún no haya habido sexo, pero si reflexionara sabría que lo que está haciendo no está bien, que su atención ya pertenece a otra persona o cosa.

Durante la infidelidad

Normalmente, se siguen cruzando límites cada vez mayores hasta que ya es una infidelidad, pudiendo abarcar desde algo emocional hasta sexual. La persona que ha cometido la infidelidad puede mostrar una variedad de actitudes. Una de ellas puede ser reducir de cierto modo la tensión en la casa. El traidor ha encontrado una salida para su desconexión o su frustración y por ello puede volverse más «manso». Tampoco le interesa crear muchos problemas ni llamar mucho la atención, porque eso significa tener que lidiar con lo que realmente está sucediendo.

En otros casos, es justo al revés, la tensión aumenta porque quien engaña quiere justificar inconscientemente sus acciones buscando tener una situación «difícil» en casa. En la mente de la persona, eso la convierte en alguien menos monstruoso, porque solo busca consuelo fuera de la situación difícil que enfrenta con su pareja.

Las ideas que sostiene y abraza para justificar sus acciones podrían ser: «Mi pareja no me ama», «mi pareja no quiere tener sexo conmigo», «se ha acabado el amor en casa» o «me trata mal».

Me acuerdo de una paciente que le fue infiel a su esposo y no quería trabajar para ver las cualidades buenas de él, ya que eso la dejaría sin «excusa» para sus acciones pasadas. Ella me decía: «Tengo miedo de verlo como un buen hombre, porque entonces yo seré el monstruo». Ninguna persona saludable puede sostener una situación de infidelidad en su mente. Tiene que encontrar algún tipo de justificación o motivo para sus acciones con el fin de no sufrir una disociación mental.

Quien está siendo infiel no piensa: *Me encantaría ver la cara de mi esposa ahora que me estoy acostando con esta mujer. Sé el daño que le haría y no me importa.* Pensar de esa manera destrozaría a cualquiera. Por el contrario, la persona usa técnicas de bloqueo de pensamientos y de distorsión para poder sostener sus acciones y dice cosas similares a estas:

- «Es que ya no nos queremos, seguro que ella se siente igual».
- «Si me respetara como esta persona me respeta, no estaría haciendo esto».
- «Uno no puede frenar el amor, cuando llega hay que hacerle caso».
- «La verdad es que él nunca será feliz conmigo. Entonces, el día de mañana estaremos los dos mejor».
- «Le estoy haciendo un favor, porque así me desahogo sexualmente y no la molesto».

Lo que quiero dejar en claro es que quien traiciona suele estar en alguna medida en un estado de negación.

- Niega lo que siente por su cónyuge y el dolor que pueden producir sus actos.

- Niega las acciones que está realizando.
- Niega que haya tomado decisiones equivocadas.
- Niega que su matrimonio necesite ayuda.

No está pensando de forma consciente en los posibles efectos que podría tener su comportamiento sobre su vida, la vida de su cónyuge, la vida de sus hijos, sus amigos, la iglesia y el resto de sus relaciones. Más bien, está operando en una especie de piloto automático sin pensar demasiado o creando pensamientos falsos para sentirse mejor.

Una vez dentro de una relación infiel, el que ha traicionado puede desarrollar también sentimientos de responsabilidad con respecto a su amante. Por ejemplo, podría pensar de la siguiente manera:

- «Si le rechazo le voy a hacer daño».
- «Con lo que he arriesgado para llegar hasta aquí, ahora sería una hipócrita si lo dejo».
- «Ella dejó a su esposo por mí, ¿cómo podría rechazarla?».

Es muy posible que llegue a pensar que sería mejor dejar a su cónyuge (porque le ha sido infiel y le ha hecho un daño irreparable) y quedarse con su amante, aunque no sea una mejor opción, ya que al menos los dos se entienden pues han sido los «malos» de la película y pueden apoyarse en su desgracia. Permíteme explicar esta distorsión un poco mejor.

Una vez descubierta la infidelidad

Una de las dificultades más grandes después de descubierta la infidelidad es que se suele seguir mintiendo. Aquí hay que diferenciar entre los que han confesado y están arrepentidos desde el primer momento y los que han sido descubiertos y aún no hay arrepentimiento. Obviamente, el tercer grupo que no ha sido descubierto también está mintiendo, porque su pareja aún no sabe que está siendo infiel.

«No quiero hacerte más daño»

Primero hablemos sobre el que ha confesado o que ha sido descubierto, pero rápidamente hay arrepentimiento. Su cónyuge demanda respuestas para reconstruir su línea del tiempo (ver capítulo dos para más información). Sin embargo, el que traiciona puede que mienta mucho durante este período.

La justificación que suele dar es que está protegiendo a su cónyuge: «No le quiero hacer más daño. Los detalles no son importantes, no quiero que se sienta peor». Sin embargo, pensar así no funciona, pues no está protegiendo a su pareja con estas mentiras. Hay que traer las cosas a la luz para reconstruir la confianza (ya sea o no que se queden juntos). Y para lograrlo hace falta honestidad. Como vemos en Proverbios:

> «El que encubre sus pecados no prosperará,
> pero el que *los* confiesa
> y *los* abandona hallará misericordia»
> (Proverbios 28:13).

Aunque es cierto que habrá detalles que no deben ser revelados, como las descripciones sexuales, hace falta mucha confesión y la verificación de que sus palabras y sus acciones coincidan para poder avanzar.

Una de las dificultades con la confesión es que hacerlo vuelve más «real» la infidelidad y la persona que traicionó tiene que enfrentarse con acciones que pensaba que no era capaz de realizar y hechos que van en contra de sus creencias:

«Yo nunca pensé que le sería infiel a mi esposa». Mentir le ayuda a no tener que mirarse en el espejo y revelar lo que ha llegado a hacer.

Otra razón para las mentiras en el caso de los arrepentidos es que ven el dolor en el rostro de su pareja sabiendo que son los responsables de ese sufrimiento. Si el traidor realmente se da cuenta de lo que ha hecho, experimentará un sentimiento muy grande de dolor y reconocerá que ha sido una decepción. Ha dañado a la persona que más amaba y eso llega a ser insoportable. Se percibe como un monstruo y no confía en su capacidad para amar bien a la persona con la que originalmente selló el pacto del matrimonio. Ese terror no solo los lleva a mentir, sino que pueden llegar a tomar la decisión de abandonar el matrimonio para «liberar» a sus cónyuges de su presencia.

«Me voy para que estés mejor»

Considera lo que David le escribió a Carina: «Mi amor, yo no te merezco. Sé que te he hecho daño mucho más allá de lo que jamás hubiera querido. Te veo llorar y estar llena de dolor, y eso me destroza por dentro. Tú mereces a una persona que te pueda amar completamente. Yo no me siento capaz de ser esa persona. Serás más feliz sin mí. Te amo».

David se siente confundido. Él ama a Carina, pero no siente que la puede amar como ella se merece. Lo primero que quiso fue volver con su esposa cuando salió todo a la luz, pero ella no dejaba de llorar y la veía muy dolida. Se sentía un monstruo y se preguntaba: «¿Cómo pude hacer esto? No me reconozco, yo jamás pensé que era capaz de hacer algo así». David está experimentando su propio dolor y no se siente como una persona segura en la que Carina pueda apoyarse. Se atormenta con estos pensamientos: «No sé cómo pude ser capaz de hacer lo que hice. ¿Cómo la podré mirar a los ojos? Ella merece algo mejor».

David cree que Carina estará mejor sin él y está dispuesto a dejar la relación para «proteger» y «amar» a su esposa. No obstante, esa salida no es la solución. Es verdad que el divorcio puede ser uno de los resultados de la infidelidad, pero no tiene por qué serlo. David puede escoger detener esos pensamientos, intentar ver las cosas de otra forma y aprender a ser ese pilar que su esposa necesita en estos momentos.

Consejo para quien cometió la infidelidad

«¿Por qué me mientes?» puede ser una de las preguntas más frecuentes en la fase del *detective loco*, ya que la persona a quien has traicionado no entiende por qué le sigues mintiendo.

Ya sea de forma consciente o no, tu primera justificación es que mientes para proteger a tu pareja, sobre todo si estás planeando quedarte en la relación. Pero a veces, aunque tengas claro que te vas a ir, sigues mintiendo, pensando que así guardas el corazón de tu cónyuge.

Si estás en una situación así, solo quiero decirte que tu estrategia no va a funcionar. La realidad es que mientes para no pasar más vergüenza. No quieres tener que confesar cosas que te van a dejar mal o muestran una parte de ti que odias o te desagrada. Nadie quiere reconocer que le ha hecho daño a alguien que ama.

Yo sé que da miedo. Da miedo tener que mostrarte tal como eres delante de tu pareja, tener que confesar tu debilidad o tu pecado. No es agradable confesarle a tu pareja tu consumo de pornografía, tus relaciones o conversaciones con una tercera persona, porque sabes que la va a dañar. Pero será necesario tanto para ti como para tu cónyuge.

Es muy importante que puedas aprender a hablar con honestidad. Asumir la responsabilidad por las decisiones y las acciones que has cometido te permite crecer y avanzar desde ese punto. Gran parte del motivo por el que acabaste en esta situación es que empezaste a mentir. No pudiste compartir con tu pareja que te sentías lejos o experimentabas dolor.

Crees que estás mintiendo por amor, pero estás mintiendo para protegerte. Tus mentiras no hacen más que distanciarte y complicar la posibilidad de un cambio. La verdad te hará libre y permitirá que poco a poco reconstruyas los escalones de la confianza.

La vergüenza, en última instancia, es egoísta, porque se trata de una sensación que viene de afuera, impulsada por el qué dirán y no por la aceptación y el arrepentimiento, los cuales son necesarios para la restauración de tu vida. La culpa y la convicción vienen de dentro. Así que reconocer que has hecho mal y quieres ser diferente es el inicio del cambio y la sanidad.

> «Si confesamos nuestros pecados, Él es fiel y justo para perdonarnos los pecados y para limpiarnos de toda maldad» (1 Juan 1:9).

Encontrarás descanso cuando decidas caminar en humildad de corazón, reconociendo que has fallado contra Dios,

Continúa en la página siguiente...

Viene de Consejo para quien cometió la infidelidad

tu pareja y tu familia. Cuando hables la verdad desde tu corazón, podrás recibir gracia y misericordia para seguir adelante.

Seguro que hay motivos que te llevaron a hacer lo que hiciste. Debes buscar ayuda para encontrarlos, pero esas razones no te excusan, aunque sí te ayudan a entender cómo pasó todo para que puedas crecer y cambiar. Saber la razón de por qué sentías ese dolor y lo que te llevó a decidir romper tus votos matrimoniales te permitirá descubrir qué áreas tienes que trabajar y sanar para ser digno de confianza de nuevo.

¡Hay esperanza! La infidelidad no te tiene que definir, sino ser una alerta que te hace detenerte y buscar la sanidad que necesitas.

Los que no se arrepienten

Por otro lado, tenemos a los que han traicionado y han sido descubiertos, pero no sienten arrepentimiento. Aquí también pueden aparecer muchas mentiras, ya que su instinto de supervivencia los lleva a revelar lo mínimo posible para ver si pueden seguir manteniendo la vida que tenían hasta el momento. Muchos afirman que han abandonado la relación con el amante, pero lo más probable es que no sea verdad.

Sin arrepentimiento, no se podrá confiar en la palabra del que ha traicionado. Si la persona no reconoce que ha obrado mal y que la infidelidad ha sido dañina, entonces no se pueden dar los siguientes pasos. En estos casos hay que proteger al cónyuge inocente y ayudarlo a establecer buenos límites para no mantener una situación de infidelidad bajo su techo.

El perfil de quien comete una infidelidad

Es posible que en esta sección hayas esperado una lista exhaustiva de características, factores desencadenantes de su pasado o rasgos de personalidad particulares para una persona que comete infidelidad. Sin embargo, el perfil de quien comete una infidelidad es más sencillo y la respuesta es: *un ser humano que respire*. Todos podemos traicionar. En el momento en que nos decimos: «Yo nunca traicionaría», podríamos estar abriendo una puerta que nos permite creer que somos capaces de involucrarnos en situaciones pequeñas que cruzan límites sin correr peligro. Pero no es así, tú y yo somos humanos, no superhéroes.

Este capítulo no es para condenar, sino para abrir una ventana a la mente y las emociones de quien ha sido infiel. Si lo has leído siendo la persona dañada por la infidelidad de otro, que te sirva para ver los pequeños pasos que abren la puerta y no confiar en que tú no serías capaz de darlos. Por el contrario, debes considerarlos para seguir tomando buenas decisiones en tu presente y tu futuro.

Si eres quien fue infiel, no uses este capítulo para justificar tus acciones, sino para ayudarte a aprender y entender el camino recorrido, llegar al arrepentimiento y poder proteger tu futuro. Crear o sentir distancia entre tu pareja y tú puede abrir puertas para mirar hacia fuera del matrimonio, y eso es lo que queremos evitar.

En los primeros dos capítulos se ha explorado el dolor que sufre una persona que es traicionada por su pareja, y en este hemos visto el proceso mental y parte del dolor que experimenta el que cometió la infidelidad. Ojalá que hubiéramos completado la lista de las personas afectadas por la infidelidad. Sin embargo, no es así. La infidelidad mete sus manos en las vidas de muchas más personas que la pareja en sí. En el siguiente capítulo exploraremos quién más queda afectado por el dolor de la traición.

CAPÍTULO 4

Mi entorno, destrozado por la infidelidad

Cornelia Hernández de Matos

El efecto de una infidelidad resulta evidente tanto en ti, como en la persona que te fue infiel. Sin embargo, ¿a quién afecta más allá de la pareja misma? Una vez más, si no te sientes preparada para leer este capítulo, está bien, salta al capítulo cinco y ya volverás después. No obstante, si tienes hijos, pudiera ser muy útil ver cómo les puede afectar la infidelidad para que puedas caminar a su lado. También te sugeriría que le pidieras a un familiar o mentor que lea este capítulo por ti o contigo para saber cómo ayudarte en este proceso.

Es obvio que la infidelidad afecta a los hijos, ¿pero hasta dónde? ¿Qué se debe hacer con ellos? ¿Cuánta información deben conocer? ¿Qué hacemos con los familiares? ¿Qué pasa si se ponen en contra de la pareja o no hacen más que insultar? ¿Qué puede suceder en la iglesia? ¿Qué acciones tomar si los dos implicados, tanto el que traicionó como el amante, van a la misma iglesia? ¿Cómo actuamos con el amante?

Como una paciente me comentó en sesión: «La infidelidad es como una bomba nuclear, que no solo produce daño donde cayó, sino que con su onda expansiva afecta a todos los que me rodean». La infidelidad y su onda expansiva arrasan a todo el entorno de la pareja. Sin embargo, como ya hemos dicho, ninguno de los afectados tiene que acabar definiendo su identidad solo por esta experiencia. Con sabiduría, paciencia y amor es posible restaurar y reconstruir las vidas de todos los implicados.

Efectos de la infidelidad en los hijos

Creo que nunca olvidaré la sesión en la que una adolescente me explicaba que algo estaba pasando en casa, pero no sabía definir qué era con exactitud.

«Mira, antes, cuando quería tocar a mis padres, solo tenía que hacer así», me dijo mientras extendía sus dos brazos hacia delante, uno al lado del otro. «Ahora para poder tocarlos tengo que hacerlo así», agregó extendiendo sus brazos abiertos y luego rompió en sollozos. «No sé qué pasa, pero ellos no están como antes. ¡No están cerca!».

Tenía toda la razón. Su madre había descubierto la infidelidad de su padre hacía unas semanas. No hablaban del tema cuando la adolescente estaba en la casa. Me confesó que verlos tan distantes y fríos era la razón de su bajo rendimiento académico repentino y la falta de interés en las actividades que realizaba regularmente. Más adelante, el padre decidió separarse de su esposa, por lo tanto ambos padres tuvieron que hablar con su hija, causando un efecto aún más intenso en la vida de esta joven. Ella pasó de ser una joven dulce y risueña a convertirse en una chica ensimismada, triste e irritable, presentando problemas en la universidad y tomando malas decisiones en temas amorosos.

Enfrentarse a la realidad de que uno de sus padres ha sido infiel suele ser devastador para los hijos, sin importar la etapa de vida en que se enteren, aun si son ya adultos y tienen sus propias familias. Los hijos ven a sus padres como seres confiables, personas que representan un lugar de seguridad emocional desde pequeños. La infidelidad quiebra la estabilidad de la familia e impacta a los hijos de diferentes maneras. Las repercusiones dependerán de la edad de los hijos, su madurez emocional, el nivel de relación entre padres e hijos y la percepción que ellos tengan de la relación entre sus padres. El golpe no es igual para un hijo que tiene un vínculo profundo con el progenitor traidor que para uno que no disfruta de ese vínculo, tiene con su progenitor una conexión débil o simplemente sostiene con él una mala relación. Será igualmente doloroso, solo que se expresará de forma diferente según sea el caso.

Hay jóvenes que han descubierto la infidelidad de alguno de sus padres, ya sea de manera accidental o por búsqueda intencional al sospechar de ciertos comportamientos extraños o diferentes de sus progenitores. También se da el caso de que el progenitor infiel se reúne con la otra persona en presencia de sus hijos pequeños, pensando que por su edad no se darán cuenta de nada. En principio, estos niños no entienden, pero sienten que algo no anda bien. Luego, cuando crecen, empiezan a atar cabos y experimentan dolor, sintiéndose utilizados o descuidados por su padre o madre.

Los hijos que enfrentan la infidelidad de sus padres se hacen preguntas con respecto a sus vidas futuras y a la seguridad o el bienestar del progenitor traicionado. Suelen experimentar una gran confusión y una enorme preocupación por la posibilidad de un divorcio. Empiezan a darse cuenta de que sus vidas, tal como las conocían hasta entonces, jamás serán las mismas, por lo que pueden caer en un estado de incertidumbre y ansiedad. Los hijos también desean desahogarse, hablar del tema y mostrar sus opiniones o sentimientos, pero no quieren ver sufrir más a su padre o madre, y hasta les puede dar vergüenza contarles a sus amigos el drama que están atravesando.

Es posible que los más pequeños no sepan realmente lo que pasa en su familia. Sin embargo, perciben que la relación de sus padres no está bien y expresan su ansiedad de alguna manera. Se pueden observar cambios de conducta y también cambios de humor. Los adolescentes o jóvenes tienden a responder de forma variada, dependiendo de su personalidad y del vínculo que hayan desarrollado con cada uno de sus padres. Algunos jóvenes se aíslan porque se sienten resentidos y hasta decepcionados. Otros buscan enfrentar al que fue infiel, tratando de defender a quien fue engañado.

Los hijos se sumergen en una tormenta de sentimientos conflictivos en su interior. Se sienten engañados y defraudados porque la persona a quien aman y en quien confiaban les mintió. Ahora no saben qué hacer ni cómo relacionarse con esta persona. Además, sobre ellos pesa el temor de la posibilidad de enfrentar una separación, a veces temporal, pero en algunos casos definitiva. Un joven me dijo a raíz de la separación de sus padres: «Ahora tengo que dividir mi vida entre dos casas».

Es posible que la infidelidad no lleve a una separación, pero de alguna manera sí se afecta definitivamente el estilo de vida de los hijos, ya que se altera el ambiente familiar. Una joven podría experimentar mucha ansiedad mientras se dice algo como esto: «Vivimos en un ambiente tenso, mis padres apenas se hablan. Mami llora mucho y papi está muy callado». Los hijos tratan de encontrar una respuesta a la situación mientras sus padres permanecen callados, y eso genera que estén tan preocupados que empiecen a tener, por ejemplo, dificultades para cumplir con sus obligaciones académicas en la escuela.

En todo caso, siempre es importante observar el comportamiento de los hijos que están en edad escolar. Hay que acercarse a los maestros para saber si ha presentado algún cambio en su comportamiento o su rendimiento académico. Con frecuencia, la escuela representa un lugar más seguro para ser auténticos, donde perciben que pueden enfrentar sus emociones sin afectar a sus padres o hermanos.

¿Se les debe informar la situación a los hijos en caso de que la ignoren?

Informar a los hijos dependerá de su edad, el tipo de infidelidad y las decisiones que tome la pareja para manejar la situación. Quizás sea mejor postergarlo para el futuro si es que son menores de cinco años y se está trabajando en la reconciliación. Si con la ayuda de Dios el matrimonio es restaurado, esta reconciliación podría ser un testimonio para ellos cuando sean mayores y tengan la capacidad de entender lo que pasó entre sus padres.

Si los jóvenes no saben exactamente lo que está sucediendo, pero perciben que algo anda mal, es importante decirles que sus padres están atravesando una situación difícil y esforzándose para salir adelante y, con la ayuda de Dios, la relación será restaurada. Más adelante, cuando los padres mismos tengan el futuro más claro y estable, podrían darles testimonio del problema que atravesaron juntos.

Ahora bien, si la situación de infidelidad trae consigo conflictos, peleas o se ha hecho pública de alguna forma, o si quien está siendo infiel plantea irse con su amante, quiere el divorcio o desea una separación, entonces es necesario hablar claramente con los hijos —sobre todo si son jóvenes o adultos— aun si estuvieran casados o viviendo fuera de la casa.

Es importante advertir que esta conversación requerirá de una buena preparación previa, ya que las emociones podrían alterarse con mucha facilidad. No es necesario dar demasiados detalles, pero sí decir la verdad de manera directa.

¿Quién debe hacerlo?

Enfrentar esa situación frente a los hijos es doloroso. Nadie está preparado para imaginarse que un problema de este tipo pudiera ocurrirle a su propia familia. Sin embargo, ser honestos y responsables frente a los hijos contribuye a reparar algo del daño. Es preferible que se enteren por boca de sus padres y no que la curiosidad los lleve a investigar y descubrir por sí mismos los detalles más dolorosos. Recibir esa información de terceros suele provocar aún más desconfianza y dolor.

Lo mejor sería planificar una reunión con los hijos en la que ambos padres estén presentes. Previamente, los padres deben haber acordado qué información revelarán y cómo participarán cada uno de ellos. Es muy importante que, como en todo el manejo de este tema, estén acompañados de una persona capacitada y de confianza, ya sea un pastor, un consejero o un terapeuta que tenga experiencia en estos casos y los pueda orientar. Esta reunión le ofrece una oportunidad excelente al padre que cometió la infidelidad para confesar y pedir perdón, independientemente de la decisión que haya tomado la pareja con respecto a su relación. Así que es recomendable que el progenitor que cometió el hecho sea la persona que hable de la razón del conflicto o de la separación, según fuera el caso. Aunque no es necesario dar detalles de nombres, fechas o lugares.

La naturaleza de esta primera conversación podría ser muy chocante para los hijos. La confirmación de la verdad que tal vez han estado sospechando los puede hacer reaccionar con enojo y frustración. También podría producir alivio a pesar de la tristeza que trae consigo. Tal vez tenían serias sospechas que les causaban un sentimiento de impotencia al ser testigos del dolor de su progenitor inocente. Al final, sienten que habrá algo de justicia al salir la verdad a la luz.

Por lo tanto, ambos padres deben estar presentes y evitar interrumpirse o discutir frente a los hijos. El que cometió la infidelidad puede explicar en términos generales lo que ha estado pasando sin mayores detalles. El otro padre debe también hablar, expresar su dolor y su conocimiento del tema. Ambos deben comunicar lo que han decidido hacer, ya sea divorciarse, separarse o permanecer juntos. Mi recomendación es que busquen ayuda y ofrezcan apoyo a sus hijos. Además, también deben expresar su disposición a contestar preguntas en ese momento o más adelante, según sea pertinente y con mucha prudencia y respeto por los sentimientos de sus hijos.

¿Cómo hacerlo?

Ser honestos con los hijos es muy valioso. La información debe ser revelada sin ser explícitos y dependiendo de la edad y la madurez emocional de ellos. Sabemos que no será fácil, pero se debe evitar envolver los hechos en un mar de emociones que compliquen la percepción de los mismos. Si bien es cierto que este es un daño que afecta a los hijos profundamente, quien cometió la traición le fue infiel primero a su pareja y es ella quien necesita más detalles dentro de lo saludable, no los hijos. Así que el manejo de la información a los hijos debe hacerse con prudencia y respeto. Recuerda que esa persona que traicionó seguirá siendo su progenitor por el resto de sus vidas, entonces sería beneficioso para la salud emocional de los hijos procesarlo de manera adecuada.

Los padres deben reforzar la idea de que sus hijos no son responsables de la situación que están viviendo, ni del desenlace que vendrá como consecuencia. De igual modo, deben reiterar que su rol de padres permanece inconmovible y será siempre preservado. Es importante cuidar el vínculo entre los hijos y el padre que cometió la infidelidad o que saldrá del hogar, ya sea de forma temporal o permanente. Los hijos deben saber que se harán los acuerdos pertinentes que garanticen el contacto frecuente y el involucramiento en sus actividades cotidianas. El otro progenitor debe expresar su aprobación y que los acuerdos se han tomado en conjunto y por el bien de todos.

En esta primera reunión es posible que tus hijos no hagan muchas preguntas, pero debes estar pendiente porque podrían surgir más adelante. Prepárate para enfrentar reacciones diversas en ellos, las cuales pueden pasar por el llanto, el enojo o el silencio. Recuerda validar los sentimientos de tus hijos con empatía. No minimices la situación o sus emociones solo con la intención de que se sientan mejor. Ofrece esperanza, pero déjales saber que es válido sentir malestar por lo que están atravesando.

No olvides que la Biblia nos presenta a un Dios compasivo que entiende muy bien nuestro dolor y quebranto. En los salmos encontramos oraciones que nos ayudan a expresarle nuestros lamentos al Señor. Recurrir a Dios en oración mientras te preparas para esta reunión tan difícil es de vital importancia. Solo Él puede llenarnos de su gracia y darnos discernimiento y prudencia para enfrentar este momento. De igual manera, esta es una oportunidad para mostrarles a tus hijos cómo el evangelio provee esperanza y sanidad a los corazones dolidos. Oren al inicio y al final de la reunión y estén pendientes con el fin de aprovechar cualquier momento futuro para que conozcan más del Señor. Dios puede usar este tiempo para ayudar, tanto a los padres como a los hijos, a crecer en el conocimiento de su carácter y voluntad.

Hay muchos salmos que nos ayudan en el quebranto, pero hay uno en particular que nos da una muestra de una oración en medio de la angustia. Puedes observar la honestidad del salmista frente a Dios, cómo él clama al Señor en medio de su dolor y sus preguntas. Ese salmo me enseña que Dios no se ofende porque nos sintamos turbados y confundidos en momentos de dolor. Él nos entiende y nos acompaña en nuestra búsqueda de respuestas y del descanso que nos lleva a su presencia. Cuando no sepas cómo orar por tu familia, tu matrimonio o tus hijos, recuerda que Dios te espera con los brazos abiertos para sostenerte, llevarte a su descanso y llenarte de esperanza en Él.

Te dejo un breve fragmento de ese salmo, ya que deseo animarte a que te acerques al Señor en oración a través de las palabras del salmista:

«Mi voz *se eleva* a Dios, y a *Él* clamaré;
Mi voz *se eleva* a Dios, y Él me oirá.
En el día de mi angustia busqué al Señor;
En la noche mi mano se extendía sin cansarse;
Mi alma rehusaba ser consolada.
Me acuerdo de Dios, y me siento turbado;
Me lamento, y mi espíritu desmaya [...]

¿Rechazará el Señor para siempre?
¿No mostrará más *Su* favor?
¿Ha cesado para siempre Su misericordia?
¿Ha terminado para siempre *Su* promesa?
¿Ha olvidado Dios tener piedad,
O ha retirado con Su ira Su compasión? (*Selah*)
Entonces dije: "Este es mi dolor:
Que la diestra del Altísimo ha cambiado".

Me acordaré de las obras del SEÑOR;
Ciertamente me acordaré de Tus maravillas antiguas.
Meditaré en toda Tu obra,

Y reflexionaré en Tus hechos.
Santo es, oh Dios, Tu camino;
¿Qué dios hay grande como *nuestro* Dios?
Tú eres el Dios que hace maravillas,
Has hecho conocer Tu poder entre los pueblos»
(Salmos 77:1-3, 7-14).

Consecuencias a futuro

El manejo de una situación de infidelidad tendrá consecuencias. La forma en que los hijos enfrenten el futuro dependerá de la inversión y el trabajo que se haya hecho para afrontar esa infidelidad, ya sea que el matrimonio se restaure, permanezca como un matrimonio disfuncional o acabe en ruptura. Hace falta trabajar en la situación de manera adecuada para que las consecuencias sean más manejables.

Basarse en la verdad es una parte importante del proceso de manejar bien estos casos. Un matrimonio que evada esta situación o la minimice le envía el mensaje a los hijos de que esta dinámica disfuncional es normal. Debemos evitar que un hijo pueda aprender que ser infiel o soportar infidelidades es algo natural, incluso en el pacto matrimonial. No es suficiente con decir que la infidelidad es pecado, resulta dañina, provoca dolor, distanciamiento y ofende a Dios. También es necesario ser congruentes y poner límites sanos en la práctica de las relaciones para evitar que suceda.

Otro aspecto importante que debe evitarse a toda costa es que uno o ambos padres les cuenten los detalles de la traición a sus hijos para desahogar su malestar o enviar mensajes al otro progenitor. *Los padres deben cuidar el corazón de sus hijos. No deben involucrarlos en el conflicto con su pareja.* Esta dinámica disfuncional coloca a los hijos en una situación incómoda que pareciera obligarlos a asumir una posición que no les corresponde; es decir, les quita la libertad de conectarse con sus padres como hijos y les impone la responsabilidad de manejar la compleja relación de sus progenitores. Definitivamente, ese rol no les corresponde a los hijos. Los padres deben mantener a sus hijos al margen de las situaciones que están viviendo como pareja. Nunca debes hablarles mal a tus hijos del progenitor que traicionó o que salió del hogar, porque independientemente de lo que hayas vivido, todo hijo debe desarrollar un vínculo de por vida con cada uno de sus padres. Y cada padre debe procurar mantener una buena relación con sus hijos y dejar que su cónyuge maneje por su parte su relación con ellos.

Como dijimos anteriormente, esta experiencia de infidelidad en los padres marca la vida de los hijos. Dios diseñó a la familia como una institución permanente que ofrece un espacio espiritual, emocional y físico estable para su desarrollo. La familia es el lugar donde se aprende a vivir la vida. Desde que nacen, los niños van absorbiendo los estilos de comunicación, la ejecución de los roles, los valores y principios que modelan los adultos. No debemos perder de vista que los hijos aprenden más de lo que observan en la cotidianidad que de lo que les dicen sus padres. Las crisis matrimoniales por infidelidad, como todas las demás crisis, son una oportunidad de aprendizaje para ellos también. Los padres son sus modelos y por eso los observan con atención. De seguro ya te diste cuenta de cuán importante es para su desarrollo emocional que los padres manejen estos conflictos con honestidad y congruencia.

Es importante recalcar que normalizar la infidelidad o minimizarla nunca será bueno, porque les generará una profunda confusión. Por ejemplo, se preguntarán:

- «¿Es el matrimonio sagrado o no?».
- «¿Podemos hacer algo realmente pecaminoso y vivir sin consecuencias?».

- «¿Le importa a Dios la honestidad y la fidelidad en la vida privada de sus hijos?».

Por otro lado, se debe evitar irse al extremo contrario y hablar mal del otro, maltratarlo y descalificarlo en todas las demás áreas de su vida. Si lo hacemos, podrían surgir preguntas como estas:

- «¿Cómo se les puede mostrar misericordia y gracia a los pecadores?».
- «¿Será la infidelidad un pecado imperdonable?».
- «Si mi madre fue infiel, ¿ya nunca será buena para mí?».
- «Si fallo, ¿Dios me desecha?».

Sabemos que es difícil encontrar el balance entre los límites sanos y la gracia, pero debemos tener siempre presente que Dios está cerca para darnos el discernimiento necesario y enfrentar cada momento con sabiduría (Santiago 1:5).

Piensa en el impacto de esta experiencia de infidelidad paterna en el futuro matrimonio de tus hijos, desde el momento de escoger pareja hasta la manera en que vivirán más adelante su sexualidad. Dependiendo de la forma en que se maneje la situación, pueden surgir preguntas, como por ejemplo:

- «¿Qué puedo hacer para saber que estoy escogiendo la pareja adecuada para el resto de mi vida?».
- «¿Podré confiar en que me será fiel en mi matrimonio?».
- «¿Es la fidelidad algo imprescindible?».
- «¿Es el sexo exclusivo para el matrimonio?».
- «¿Existen personas fieles?».
- «¿Qué puedo hacer para garantizar que seré una persona fiel?».

Los hijos son afectados, pero las consecuencias dependen de la gestión

Pensemos en un matrimonio que tiene que enfrentar esta situación traumática y pecaminosa, pero decide afrontar la realidad con honestidad. Supongamos que buscan ayuda y pasan por todo el proceso de restauración hasta lograr sanar su relación. También podría suceder que la relación no se reconstruya, pero te acercas más a Dios y eres capaz de dar testimonio de que tienes el gozo del Señor en medio de la tormenta. Ese resultado puede ser esperanzador no solo para ti, sino también para tus hijos, el resto de la familia y hasta la comunidad de fe. Tus hijos aprenderán de primera mano cómo el evangelio, aplicado en medio de las dificultades y pecados en nuestras vidas, trae redención y paz. El miedo al fracaso ya no paraliza, sino que ayuda a bien. Agradar a Dios cobra sentido y crece la confianza en un Dios sabio y fiel.

La búsqueda de la ayuda adecuada para los hijos no debe postergarse. Ellos también necesitan procesar bien lo ocurrido. Se les debe ofrecer un espacio emocional relajado donde puedan desahogarse o simplemente sentir que no están solos. Resulta ideal que los padres busquen personas seguras en las que sus hijos confíen para que puedan procesar con ellas su dolor sin sentir que están traicionando a sus papás. Los padres no deben desempeñar el rol de psicólogos de sus hijos por ningún motivo, sino cumplir a cabalidad su rol de papá o mamá, expresándoles empatía y amor incondicional. Al mismo tiempo, no se deben descuidar los valores y reglas de la familia. El problema que están atravesando no puede convertirse en una excusa para que los progenitores sean excesivamente complacientes o manipulables, dándoles rienda suelta a los deseos y caprichos de sus hijos para aliviar el dolor. Esa dinámica no producirá alivio, sino que a la larga causará descuido y caos en la relación familiar.

Los límites proveen seguridad y orden. Y a pesar del problema que están enfrentando, los hijos necesitan asegurarse de que pertenecen a una familia que tiene estructura, el mundo no se está derrumbando a su alrededor o simplemente no se puede hacer lo que a uno le viene en gana. Por lo tanto, padres, cuiden el balance delicado y necesario entre los límites y el amor.

Consejo para los padres

¡Oren por sus hijos y con sus hijos! Anímenlos a venir ante Dios, a solas y juntos, con todo su dolor y sus incertidumbres para encontrar refugio en Él y las promesas de su Palabra. Permitan que alguien confiable y sabio los acompañe en estos momentos dolorosos. Este proceso es difícil y largo, y por consiguiente, agotador. No lo recorran solos, necesitan ayuda cercana.

Tengan paciencia. Es posible que muchas de las reacciones de los hijos se aquieten o modifiquen con el tiempo. Pero mientras eso no suceda y sus emociones estén a flor de piel, muéstrenles amor y que puedan estar bien seguros de que permanecen con ellos.

Efectos de la infidelidad en la familia y amigos

Aunque vivimos en una sociedad sumamente individualista, no creo que el hecho de saber que un miembro de la familia está atravesando por una situación de infidelidad se tome a la ligera. La noticia impacta y genera sentimientos diversos: dolor, impotencia, tristeza, enojo, vergüenza y demás, sobre todo en los familiares más cercanos (como los padres y hermanos, tanto del traicionado como de la parte del que cometió la traición y también del amante). La familia de la fe, los hermanos de la iglesia, igualmente se afecta al recibir esta información.

El solo hecho de pensar en la reacción de todas estas personas vinculadas a sus vidas produce tanto malestar que los cónyuges preferirían ocultar la situación para siempre. Sin embargo, el apoyo de la familia extendida, incluyendo la familia de la fe, es muy necesario para poder seguir hacia adelante, ya que muchos aspectos logísticos del día a día podrían complicarse, sobre todo si hay hijos. Es posible que muchos de los rituales familiares se alteren por los cambios que trae consigo el enfrentamiento del problema y luego todo el proceso de restauración y sanidad. En este caso, resulta importante preservar la rutina de los hijos y evitar descuidar sus compromisos académicos para que la crisis que están atravesando no los desestabilice por completo. Se requerirán ajustes no solo en la logística, sino también en el manejo de las finanzas, sobre todo en los casos de separación, ya sea temporal o definitiva.

En conclusión, se necesitará de una red de apoyo que, en el mejor de los casos, debería estar conformada por miembros de la familia de origen de ambos padres y también de hermanos en la fe. Estas personas deberán estar informadas de todo lo que ha ocurrido, pero sin que sea necesario dar muchos detalles. Tampoco se requiere que todos los miembros de la familia de origen estén al tanto de la situación, por ejemplo, los tíos, sobrinos, primos u otros miembros con los que apenas se tiene contacto. La prudencia y la discreción son muy importantes para definir quiénes son los que deben ser informados y qué tanto deben saber del problema.

Lo que estás leyendo tal vez te cause mucho miedo, ya que piensas en cómo reaccionarán tus padres o quizás alguno de tus hermanos. Sé que puede ser una conversación muy difícil y dura. Te recomendaría que trabajes esto con tu consejero o terapeuta y evalúen juntos quiénes serán las personas a las que debes darles la información y qué contenido se debería comunicar. Luego de que lo hayas hecho, podrás también recurrir al consejero o profesional para procesar esas conversaciones y sus resultados.

Quizás parezca que todo lo que planteamos fluirá sin contratiempos. Sin embargo, tengo que advertirte que normalmente no es así. Las personas reaccionan de maneras distintas dependiendo de sus personalidades, sus percepciones del matrimonio y el estilo de relación de familia en la que han sido formadas. Hemos conocido a familias muy aglutinadas que asumen las crisis como un problema común a todos. Lo sufren, se enojan, lloran y se solidarizan con el problema. Otras familias son más desapegadas, cada integrante vive independiente de los demás y tienden solo a conectarse en fechas o eventos importantes. Por lo tanto, las respuestas particulares al problema dependerán de las particularidades de los vínculos familiares.

La respuesta puede ser diferente, aun dentro de la misma familia. Se puede evidenciar desde un sentimiento de compasión y dolor hasta una reacción de juicio y culpabilización de la persona traicionada. La percepción de una persona sobre la dinámica relacional que veía en la pareja tiene un papel importante en su propia evaluación. No todos los familiares pueden ser considerados personas seguras si, por ejemplo, te empiezan a culpar por lo que ha pasado o están tan ofendidos con quien te traicionó que no te ayudan, sino que complican más la situación delicada que estás viviendo. Quizás debas comunicarte menos con estas personas. Sé que es engorroso y complicado, pero no puedes navegar por este problema sin que tus personas más cercanas desconozcan lo que estás atravesando. A veces basta con comunicarles que estás atravesando una crisis, pero no les escondas tu dolor y sufrimiento.

Consejo para los familiares

Los familiares deben tener cuidado de no victimizar demasiado a las personas que están pasando por esta situación traumática. Recordemos que hay muchos detalles que desconocen y que el trauma de una infidelidad es suficientemente doloroso como para tener que lidiar con el juicio negativo de las personas de las que se supone que deben recibir amor y apoyo.

Definitivamente, el rol de la familia en momentos como estos es trascendental para ambos miembros de la pareja y sus hijos. Encontrar en la familia un espacio para desahogarse, sentirse amado y cuidado aporta esperanza y descanso. Deben ser intencionales en mantenerse cerca, permitiendo a la vez que cada uno asuma la responsabilidad de sus decisiones.

Los amigos cercanos también juegan un rol importante. Ellos podrían ofrecer un espacio emocional más neutral y relajado que el que brinda la familia de origen. Sin embargo, el rol también puede ser similar: escuchar activamente, prever las necesidades físicas y emocionales, ayudar amando y cuidando a los hijos, no victimizar, infundir esperanza, animar a buscar ayuda y acompañar si fuera preciso.

A veces es preferible escoger a alguna amistad cercana en quien confiar antes que a un familiar, porque, como dije, proveen un espacio más neutral y seguro. Escoger a un amigo está bien, sobre todo en un primer momento, mientras te estás ubicando y devolviéndole cierto orden a tu vida. Las amistades pueden ser más empáticas y hacerte sentir que cuentas con ellos, ya que en algunos casos son capaces de percibir la situación desde afuera y sin tantas emociones en juego, lo que permitiría que te desahogues con mayor seguridad y sin consecuencias en su compañía. Es importante aclarar que no cualquier amigo puede desempeñar ese rol, por eso te aconsejo que lo elijas con cuidado.

La iglesia y la infidelidad

Si la iglesia es parte de tu círculo de influencia, también quedará afectada. Obviamente, dependiendo del rol que tú y tu pareja desempeñen en la comunidad de fe, el impacto será mayor o menor, pero de seguro habrá consecuencias a cualquier nivel.

¿Se le debe informar a la iglesia, en caso de que lo ignoren?

Nuestra recomendación general es que les comuniques el problema a tus pastores de modo que puedas recibir ayuda, orientación y oración para los dos. La iglesia debería ser un lugar al que acudir para recibir acompañamiento durante esta tormenta.

Repito, no todas las personas están capacitadas para recibir noticias sobre la infidelidad, y aunque la sugerencia es comunicárselo a los líderes, no por eso siempre van a ofrecer los mejores consejos o recomendaciones. Es bueno consultar con un profesional o consejero para que los ayuden a navegar por este proceso con las autoridades de la iglesia.

¿Quién debe comunicarlo?

La persona que cometió la infidelidad debería ser, idealmente, quien realiza el comunicado. Pero como eso no siempre sucede, es posible que la persona traicionada tenga que asumir ese rol e informar lo que está sucediendo en el matrimonio.

¿Cómo debe ser la comunicación?

La comunicación en un inicio debe llevarse a cabo con sus líderes directos y de forma íntima y privada. No es necesario hacer comunicados mayores a menos que la situación amerite alguna explicación en los círculos de influencia de algunos de los involucrados. Es muy posible que alguna de las partes tenga que dejar su posición en el servicio durante un tiempo para enfocarse en resolver el problema matrimonial.

Tal vez te preguntes por qué debería comunicársele a la iglesia un problema familiar tan íntimo. Por un lado, pertenecer a la familia de Dios de manera activa trae consigo responsabilidades. Cada miembro de la iglesia representa a dicha institución y, a su vez, al evangelio dentro y fuera de la misma. Una falta de este tipo afecta el testimonio de santidad del cuerpo de Cristo. Por otro lado, la iglesia les ofrece a sus miembros asistencia y apoyo para la restauración de sus vidas, lo cual no podrían lograr si ignoran la realidad que están viviendo las personas que son parte de dicha comunión.

Una comunicación más amplia con la iglesia sería necesaria si alguno de los involucrados tiene un lugar de autoridad visible, influencia como líder de algún ministerio o responsabilidades en determinado equipo. Esto puede sonar un tanto fuerte y hasta ser visto como una invasión de la privacidad. Pero una posición visible de servicio o autoridad trae consigo que otras personas los estén siguiendo y observando como modelos para obtener dirección y guía. De nuevo, no es necesario compartir todos los detalles, pero sí se debe ser suficientemente claro para que los miembros entiendan que ha habido faltas, errores, pecados, y que están dando pasos para tratarlos de forma sana y adecuada. Demasiadas veces la iglesia ha intentado esconder los errores y eso nunca ha dado un buen resultado. Debido a que todo tiende a salir a la luz en algún momento, es mejor dar ejemplo en lo que respecta a tratar el problema sin dilación y con claridad.

El asunto se complica aún más si alguno de los involucrados es uno de los pastores de la iglesia. Resulta crucial entonces comunicarse con el equipo de líderes del ministerio, porque ellos serán quienes tendrán luego que tratar con la confusión y la desilusión que esta situación traerá para el resto de los miembros de la iglesia.

Estos casos son tratados de diversas formas. Hemos sabido de iglesias en las que el pastor ha sido señalado públicamente por su pecado delante de todos. En otras iglesias se ha encubierto el pecado de su pastor y solo se le ha dado un tiempo de descanso fuera del púlpito mientras se resuelve el asunto.

Cada caso es distinto y no pretendemos darles directrices a las autoridades de la iglesia. Solo deseamos, desde nuestra posición como consejeras y terapeutas, dar algunos consejos. Sin embargo, al final del día, el cuerpo pastoral debe tomar estas decisiones. Como dice el refrán: «Zapatero, a tus zapatos».

- Esconder y tapar una infidelidad nunca trae cierre ni paz. Es más, cuando otras personas lo descubren, se sienten doblemente traicionadas, primero por su pastor y luego por los líderes de esa comunidad que encubrieron el problema.

- El propósito de la comunicación no es para humillar a quien cometió la traición, sino para ser modelos de arrepentimiento y ofrecer un plan de restauración. También para dar ejemplo de severidad y justicia ante un pecado como es la infidelidad.
- Es imprescindible cuidar a los hijos y a la familia en el proceso. Los líderes pueden ser personajes públicos, pero se debe respetar la privacidad de sus hijos.

En el capítulo doce hablaremos un poco más sobre cómo la iglesia puede acompañar mejor a las parejas.

Si acabas de ser traicionado por tu pareja y estás en un lugar de influencia, lo último que quisieras es que todos los demás estén opinando sobre tu matrimonio y tu situación. Pero tampoco puedes exponerte a tener que «seguir como si nada». Necesitas espacio para sanar y curar las heridas, y esto se complica al permanecer en el ojo público. Es mejor informar de la crisis y buscar un espacio para poder trabajar de forma intencional en tu matrimonio de la mano de Dios. La congregación entera no tiene que conocer los detalles de todo lo que ha pasado, pero sí es bueno que sepan que existe un problema matrimonial o hasta una infidelidad.

Resulta crucial poder acudir a otros pastores o líderes y compartir lo que está sucediendo para recibir un buen consejo. Si tus líderes o responsables son familiares o amigos, no sería justo ponerlos en la posición de tomar decisiones disciplinarias, ya que están demasiado cerca de la situación y es muy posible que no sean capaces de ser objetivos. *Si tus pastores y líderes son tus mejores amigos y familiares, es mejor que permanezcan en su rol de amigos y familiares.* Necesitas buscar a gente más objetiva, como un pastor de otra iglesia, un equipo de consultoría externa, un psicólogo o un terapeuta que ayude a tomar las decisiones de comunicación, confrontación y disciplina durante este tiempo.

Consecuencias a futuro

Si la infidelidad ha sucedido en el matrimonio de los pastores, la iglesia puede experimentar varios grados de malestar y hasta división. Los miembros de la iglesia esperan un nivel alto de integridad en sus líderes y, aunque todos somos pecadores, del pastor se espera que llene un estándar mayor, tal y como dice la Escritura: «Hermanos míos, que no se hagan maestros muchos *de ustedes*, sabiendo que recibiremos un juicio más severo» (Santiago 3:1).

Descubrir una infidelidad en la familia pastoral puede causar desilusión en muchas personas de la congregación. No solo con sus autoridades, sino también con la iglesia y hasta con Dios. Esto no debería ser así, pero ocurre. El pastor simboliza a la iglesia y representa a Dios. Su pecado afecta a las personas a las que ha estado liderando. Estos efectos son similares a los que se experimentan cuando cae alguien respetado en la comunidad, como un jefe, un político o cualquier persona que por su profesión ha «prometido» mantener un estándar de vida alto.

Muchos podrían dejar de asistir a la iglesia porque ya no representa un lugar seguro para ellos. Por otro lado, si el o la amante también es parte de la iglesia, una de las partes o ambas *tendrán* que irse a otra congregación, ya que no será adecuado que la pareja y el amante asistan al mismo lugar. Además, es muy posible que ninguno desee permanecer en la iglesia porque no quieren sentirse juzgados u observados por los demás.

La infidelidad en cualquier nivel puede causar división por múltiples razones. Algunos se pondrán del lado del que traicionó y otros en el bando de quien fue engañado. Algunos tal vez se opongan a los líderes por la forma en que se maneja el caso. También podría crearse separación debido a que no están de acuerdo con lo que aconsejan: algunos recomendando el divorcio y otros el perdón y la restauración. Sin importar el camino que se tome, es un gran caos de dolor y decepción que deja destrucción a su paso.

Para evitar estas consecuencias tan difíciles será imprescindible que se considere con sabiduría y gracia cómo tratar estas situaciones. Hay que tener en cuenta la forma en que se le comunica a la iglesia, sin esconder, pero también sin humillar. Y cómo la iglesia acompañará a las partes también dejará una huella profunda entre los miembros.

El amante

En esta sección nos referimos a personas físicas (no, por ejemplo, al consumo de pornografía). Sé que es posible que no te interese dedicar tiempo y emociones a considerar a el o la amante de tu pareja. Sin embargo, toda persona es valiosa, porta la imagen de Dios al igual que tú y, aunque forma parte de la traición que te provocó el dolor, créeme que tomar en cuenta que existe puede ser útil, no para victimizarla, sino para ser consciente de que es alguien real y que el efecto traumático se extiende más allá de ti y tu círculo cercano. La onda expansiva llega más lejos de lo que imaginas, es decir, involucra y daña a otras familias.

Es posible que esta tercera persona también esté casada o se encuentre en una situación crítica. Hemos conocido casos en los que se inicia una relación de pareja ignorando que la otra persona es casada. Algunos rompen la relación cuando se enteran, pero otros no lo hacen. También es posible que esa tercera persona pertenezca a tu círculo y sea alguien conocido de la familia y hasta de tus hijos. Esto va a causar cambios e incomodidades, y algunas amistades y relaciones familiares podrán distanciarse y hasta romperse.

Existe también la posibilidad de que el o la amante sea una persona que estaba en una situación muy vulnerable y cayó presa del abuso de influencia, de poder o hasta del abuso sexual. Por ejemplo, una alumna ante un profesor universitario, un joven adulto ante su líder espiritual, un asistente personal ante el pastor. Una situación de este estilo resulta horrible y no podemos apoyar o reforzar ningún tipo de abuso bajo ningún concepto. *Tenemos que confrontarla e informar a las autoridades competentes si se percibe que esta relación pudo ser resultado de un abuso de poder.* Incluso puede tratarse hasta de un acto ilegal condenado por la justicia. Es duro y horrible afrontar que tu pareja haya podido hacer algo así, pero si sospechas o sabes que este sea el caso, recurre a tu mentor, pastor o profesional para recibir apoyo sobre cómo dar los pasos pertinentes.

La infidelidad no deja a nadie indiferente

La infidelidad es una bomba nuclear con ondas expansivas que afectan a cualquiera que entre en contacto con ella. El pecado sexual daña a los involucrados, rompiendo pactos y relaciones, e impactando y afectando también a los que rodean a la pareja. Al ser un acto que rompe la intimidad, corroe y trae vergüenza, y daña todo lo que encuentra en su camino.

Espero que la visión de la destrucción que causa la infidelidad te ayude a ver lo importante que es pedir ayuda y tener una red de apoyo durante este proceso. Al mismo tiempo, espero que encuentres aliento y esperanza en saber que Dios, que todo lo ve, camina con cada afectado al ritmo que sea necesario de acuerdo con cada caso.

¿Qué hacer ahora? ¿Cuál es el siguiente paso? ¡Reconstruir! Ahora que entendemos un poco cómo ha llegado a ocurrir la traición y qué ha pasado contigo y los que te rodean, hay que evaluar qué se ha deteriorado. En el siguiente capítulo vamos a ir detallando cuáles son algunos de los elementos de tu diario vivir que han quedado afectados para que puedas empezar a realizar un trabajo intencional en tu proceso de restauración.

Parte B

La reconstrucción

CAPÍTULO 5

¿Todo está roto?

Kari Clewett

En este capítulo y los dos siguientes queremos ir descubriendo una a una las capas del dolor, revelándolas para luego trabajar profundamente y con amor en cada área afectada. Haremos una evaluación del daño que la infidelidad produce y estableceremos un plan de acción para enfrentarlo. Nuestro planteamiento es que al salir de esta crisis debemos ser más fuertes, más estables y estar más cerca de Dios.

La traición produce un estado emocional adverso que podría llevar a tomar decisiones irracionales o basadas en impulsos poco prudentes. La infidelidad ha dejado un campo minado lleno de detonantes que reactivan la desconfianza, la ansiedad o el enfado. Descubrir la profundidad del dolor permite darnos cuenta del trabajo de sanidad necesario para que el daño no se extienda ni se profundice o empeore con los años.

La infidelidad rompe la relación o el matrimonio

Quizás la consecuencia más obvia sea que la relación o el matrimonio han quedado rotos. ¿Recuerdas la metáfora del vaso de cristal lleno de semillas que te conté en el capítulo dos?

Dentro de ese vaso está, por ejemplo, la semilla que representa el primer beso, luego otra que simboliza la pedida de mano. Otra semilla que colocaste es por ese hermoso día de julio de hace unos años que recuerdas tan bien, en el que juntos tomaron un café en la terraza de un hotel precioso, y así hay semillas para cientos o miles de otros momentos memorables.

Sin embargo, la infidelidad se ha sentido como si alguien arrancara el vaso lleno de semillas de tus manos y lo estrellara contra el suelo. Ahora todo es un desastre de semillas aplastadas y mezcladas con el cristal.

Te podría pedir que intentes reconstruir ese vaso, pero es imposible. Los pedazos de vidrio son demasiado pequeños, las semillas están partidas y aplastadas, y recogerlas será difícil e inseguro. Ahora recuerdas tu primer beso con amargura, porque pones en duda si debías haberte casado o no. Ese día memorable de julio queda manchado, ya no sabes si en ese momento tu pareja estaba pensando en su amante o disfrutando contigo. Las experiencias (semillas) están dañadas y el matrimonio y la confianza (vaso) están quebrados.

Un matrimonio que ha sido infectado por la infidelidad no se puede «arreglar». Habrá que crear un nuevo matrimonio con la misma persona si es que se decide continuar. Es necesario adquirir un vaso nuevo y empezar a crear nuevas experiencias, desarrollando la confianza de nuevo. Algunos recuerdos se podrán rescatar, aunque quedaron teñidos con el dolor, pero si se trabaja en la relación, muchas de esas semillas se pueden volver a apreciar. No obstante, ciertamente hay otras que se quedarán en el suelo con el vaso roto y no se podrán rescatar.

No es algo sencillo ni fácil. Resulta doloroso ver tu matrimonio en pedazos, desparramado por el suelo, y reconocer que hay muchos aspectos de la relación que no se podrán recuperar. Sin embargo, *es posible reconstruir tu vida, ya sea que la relación se recupere o no.*

Tal vez surjan algunas «soluciones» superficiales e inmediatas que le ofrezcan una falsa esperanza a la relación. Por ejemplo, tener un día bueno o una relación sexual agradable, lo que podría hacer pensar que ya la crisis pasó y todo vuelve a su cauce normal. No obstante, tengo que advertirte que, lamentablemente, no es tan fácil, porque eso solo ha significado añadir una semilla al nuevo vaso, una buena experiencia para guardar en los recuerdos. Pero esa sola experiencia no es suficiente, todavía faltan más vivencias.

Sugerencia para

reconstruir la relación

Es necesario ir acumulando semillas nuevas en el vaso, sin prisa, pero sin pausa. No todas esas semillas tienen que ser vivencias increíbles y maravillosas, pero sí tienen que ser consecuentes y reales.

La infidelidad rompe la confianza

Quisiera que primero entiendas bien la función de la confianza en una relación. Uno puede operar sin tener toda la información

—no solo dentro de una relación, sino en múltiples áreas— cuando hay confianza. Piensa en tu trabajo, por ejemplo, si confías en tu colega, significa que le puedes pedir que haga una tarea y la dejas en sus manos, ya que sabes (confías) que cumplirá con el pedido.

Te subes a un avión y confías en que va a despegar, volar y aterrizar, aunque no entiendes completamente las leyes de la aerodinámica. Vas al supermercado y compras con una tarjeta de crédito porque confías en que ese plástico funciona como el dinero, a pesar de que no entiendas exactamente de qué forma se asocia esa tarjeta con tu cuenta bancaria en este mundo digital.

En tu matrimonio, hay muchas áreas que requieren de la confianza para que las cosas funcionen. Por ejemplo, si le pides a tu pareja que vaya a buscar algo al supermercado, debes confiar en que se va a acordar. Confiarás sin tener toda la información de su recorrido y de cuántas calles tiene que cruzar para llegar y volver del supermercado.

A nivel relacional, si sales de casa despidiéndote con un beso por la mañana, debes confiar en que tu cónyuge te va a ser fiel durante el día, lo cual te permite «desentenderte» y enfocarte en las cosas que tienes en tu lista de tareas. La confianza es vital hasta en los aspectos más sencillos y superficiales de la vida diaria.

Tener confianza en otra persona, ya sea la pareja o un compañero de trabajo, un familiar, los hijos o hasta un amigo, provee una sensación de seguridad pasiva que evita tener que controlar. Por el contrario, sabes que la otra persona hará lo que tiene que hacer porque es digna de confianza. El control desmedido es una muestra de inseguridad. No confío en que el otro hará lo que tiene que hacer, por eso necesito controlarlo.

Cuando ha ocurrido un engaño, tu pareja no ha hecho lo que tenía que hacer. En resumidas cuentas, eso significa que se aprovechó de tu confianza y la usó mal para poder hacer lo que quería sin considerarte. Lysa TerKeurst, una autora y conferencista que habla mucho de la traición y el perdón, ofrece en su libro *Perdona lo que no puedes olvidar* una descripción de cómo experimentaba el mundo después de perder la confianza en su matrimonio:

> Las relaciones se redujeron a intentos de maniobrar con lo que temía de ellas en lugar de disfrutar lo que amaba de ellas. La risa me parecía falsa. La diversión me parecía negligente. Y las imperfecciones de las personas eran como luces de neón que gritaban que esas personas eran solo otra posibilidad de alto riesgo para que me hirieran una vez más. Los incidentes diarios parecían lo peor de lo peor. Las pequeñas contrariedades parecían un caos emocional. Y las pérdidas grandes y pequeñas eran como ataques mortales.[1]

Cuando experimentas una traición, no solo se rompe la confianza en tu pareja, sino que se afecta la mayoría, por no decir casi todas, tus relaciones. Ya no confías y te dispones a controlarlo todo, específicamente a tu pareja. Vigilas sus acciones, sus movimientos y hasta sus palabras. Esto resulta agotador y muy estresante, ya que cualquier cosa que no se alinea a la perfección con tus expectativas te lleva a pensar que hay un nuevo engaño. Como resultado, aparecen nuevas emociones de rabia, tristeza o frustración. Recuerda que la obsesión por el control es una muestra de inseguridad, que en este caso está fundamentada y es funcional durante un tiempo, pero no hace bien a largo plazo.

No poder confiar significa que sientes que debes controlar toda la información para poder operar. Esto es lo que desencadena la sintomatología del *detective loco* sobre la que he comentado en el capítulo dos y también provoca acciones de «policía» o controlador. Tales reacciones pueden aparecer en

---

1. Lysa TerKeurst, *Perdona lo que no puedes olvidar: Descubre cómo seguir adelante, hacer las paces con recuerdos dolorosos y crear una vida nuevamente hermosa*, Grupo Nelson, 2020. Edición Kindle, página 2, posición 387.

el proceso de crear ese nuevo matrimonio con la misma persona y también durante un proceso de separación. TerKeurst describió su sensación de control con estas palabras:

> Los problemas de confianza se disfrazaron de investigadores privados en misiones secretas, haciéndome creer que me ayudarían a atrapar a todos los que querían lastimarme y a demostrar que nadie era realmente honesto. En realidad, los problemas de confianza eran gases tóxicos que, en lugar de mantener a raya a los pocos en los que no se podía confiar, estrangulaban a todos aquellos que se acercaban a mí.[2]

Recuerdo a un paciente que me lo explicaba así:

> Activé un rastreador en su teléfono, sé qué me dijiste que no hiciera cosas así sin su consentimiento, pero no sé qué me pasa, es como una *adicción,* necesito saber dónde está en todo momento. Siento que estoy siempre pendiente de comprobar su ubicación. Esto resulta desesperante.

La confianza no se reconstruye en un día ni en un mes, sino que es el resultado de verificar que lo que se dice concuerda con lo que se hace durante un período de tiempo extendido. Una pareja no puede funcionar sin confianza porque nadie puede saberlo todo siempre. Eso no es sabio ni posible.

La reconstrucción de la línea del tiempo será una parte de la solución. Es importante que el cónyuge que traicionó te ayude a distinguir entre lo que fue real y verdadero y lo que fue mentira. Sin embargo, no será suficiente, ya que esa reconstrucción se hace en retrospectiva. Recuperar la confianza en

---

2. Lysa TerKeurst, *ob. cit.*, página 4, posición 406.

tu pareja demandará que se demuestre digno de ella en tiempo real en el presente.

Sugerencia para reconstruir la relación

Tengo que decirte que tu pareja deberá realizar un esfuerzo abismal para poder reconstruir la confianza. Sin embargo, tú también vas a tener que hacer un esfuerzo enorme para renunciar a tu afán por controlarlo todo. Tendrás que hacer ejercicios de verificación con tu pareja, pero debes darte cuenta de que hay muchas personas más a tu alrededor que quieren caminar contigo, por lo que no puedes dudar y sospechar de todos. No puedes controlar todo, ni saber todo, pero tampoco es saludable que estés dudando continuamente.

Tienes que llevarle tu inseguridad a Dios, permitiendo que Él tome las riendas de tu vida y tus miedos. Solo así vas a poder ir escalando hacia la salida de este pozo oscuro y volver a la luz.

La infidelidad instaura el «no soy suficiente»

Otro de los síntomas que surgen tras una infidelidad es el pensamiento de que «no soy suficiente». Cuando alguien te engaña, es normal pensar: *No lo pude retener, algo está mal en mí*. Sin embargo, también vamos a tener que liberarnos de este pensamiento.

Consejo para
quien cometió la infidelidad

Es posible que ante tanta desconfianza empieces a pensar que no hay nada más que puedas hacer y que quizás la confianza perdida no se recuperará nunca. Tal frustración puede provocar que dejes de esforzarte para ser confiable. Sin embargo, eso sería un error. Claro, es más fácil rendirse ante la desconfianza y dejar de procurar cambiar la opinión del otro (al igual que es más fácil rendirse y comerse el dónut al subirse a la báscula y ver que el peso no ha cambiado). Pero este esfuerzo es justo lo necesario para poder avanzar, tanto tú como tu pareja.

Resulta agotador y frustrante que te esté controlando, ya que muchas veces estarás haciendo lo que debes, pero igualmente todas tus acciones y palabras serán puestas en duda. Esto es duro, pero recuerda que es una consecuencia de la traición. Aceptar esta supervisión y ser constante en el cambio es una forma de reconstruir la confianza. Recuerda que tu pareja te controla porque se siente insegura. Mi consejo es que te esfuerces en crear seguridad a través de la transparencia de tus palabras y actos.

La clave está en ser consecuente con lo que dices y haces. Sobre todo, en las cosas pequeñas. Por ejemplo, piensa en esta conversación rutinaria con tu pareja:

«¿A dónde fuiste?».

«Al gimnasio».

«¿Fuiste y volviste directo?».

«Sí».

Esta conversación es verdad y a la vez es mentira, ya que hiciste una parada para echar gasolina. Podrías considerarlo como una omisión inocente, pero en este momento no sirve dejar ese detalle de lado. Tu pareja sabrá que no es toda la verdad si tuviera un localizador activado. Quizás alguien llamó y le dijo: «He visto a tu pareja en la gasolinera». Podría volver a sentirse engañado si por cualquier motivo se enterara de que estuviste en la gasolinera. Si volvemos a la metáfora del vaso, con esa omisión lo que consigues es que tu pareja vuelva a verter el vaso, se desparramen las pocas semillas que se habían recolectado y se empiece de cero. La honestidad, hasta en las cosas pequeñas, es lo que empieza a reconstruir la confianza. Pongamos otro ejemplo sencillo para dejar clara la idea:

«¿A dónde fuiste?».

«Al gimnasio».

«¿Fuiste y volviste directo?».

«Bueno, me paré a la ida en la gasolinera para llenar el tanque. A la vuelta me paré a buscar un café antes de subirme al coche».

El infiel, para justificarse, suele hacer algún reproche mencionando algo que hiciste o dejaste de hacer, lo cual causó que cometiera esa traición. No obstante, debes recordar que solo quien traicionó es responsable de las acciones de la infidelidad. *La distancia emocional entre la pareja es responsabilidad de los dos, pero la infidelidad es responsabilidad de uno.*

En las próximas secciones quisiera repasar tres áreas en las que posiblemente te sientas «no suficiente» después de una infidelidad. Son áreas que quedan débiles y habrá que reconstruirlas con paciencia y mucho amor. Vamos a ver cómo la visión sobre el sexo, el atractivo y el entendimiento de ser esposos o un matrimonio resulta perjudicada.

El sexo

La infidelidad tiene la capacidad de cambiar el entendimiento de la sexualidad y el sexo. Es muy posible que, en algún momento, hayas sentido la tentación de asumir que el motivo de la traición fue la calidad o la cantidad de las relaciones sexuales que compartían entre los dos.

Esto se observa en comentarios de este tipo:

- «Si hubiéramos tenido más sexo, esto no habría pasado».
- «Si estuviera más en forma y así me deseara más, esto no habría ocurrido».
- «Si hubiera accedido a esa postura o comportamiento sexual, no habría sucedido esto».

El sexo podría ser el motivo «verbal» que él o ella utilicen para excusar sus acciones, ya que pueden usar frases como esas a manera de «justificación». Sin embargo, dejemos en claro que no es la raíz verdadera de la infidelidad. Fíjate en el caso de Jonatán:

> Mi esposa me fue infiel con un exnovio suyo. Ella me dice que la razón fue porque estaba aburrida con nuestra vida

matrimonial y quería más sexo. Sé que quizás he estado más relajado en el área sexual, pero no pensé jamás que ella llegaría a esto.

Él cree que la ausencia de sexo es el motivo por el cual su esposa buscó a alguien fuera del matrimonio. Si miramos debajo de la superficie, nos daremos cuenta de que la relación matrimonial fallaba más allá del sexo. Ella nos comunica lo siguiente:

La verdad es que hace dos años que me siento desconectada de él. Lo veía mostrando gran desinterés por la iglesia, por mí y por nuestro hijo. Se comportaba como un vago y perezoso. Parecía que yo tenía que tomar todas las decisiones de la casa. Me buscaba físicamente y nuestro sexo estaba bien, pero quería sentirme más conectada con él. Un día, de la nada, mi ex me escribió y de repente me sentí importante de nuevo. Allí empezó el desastre.

Jonatán cree que el problema fue por la falta de sexo. Su esposa cree que todo empezó con un mensaje de su ex. Sin embargo, el problema realmente comenzó mucho antes, cuando se alejaron entre ellos y no se conectaban como pareja. El sexo no fue la raíz.

Igual que algunos culpan al aspecto sexual de ser el problema, también podrían confundirse y medir la recuperación (o no) del matrimonio a través del sexo. Fíjate lo que nos cuenta Jonatán después de las primeras sesiones de terapia:

Desde que descubrí la infidelidad, la busco casi todos los días y nuestra vida sexual está siendo impresionante. ¡Es como volver a nuestros primeros años! Si soy capaz de mantener este ritmo, creo que podremos arreglar las cosas. Lo que sí me da miedo es que algún día yo no quiera o caigamos de nuevo en la rutina y eso lleve a que me vuelva a engañar.

Sufrir una traición suele conllevar un deterioro de la autoestima sexual. De repente dudas de tu rendimiento y tu capacidad de «satisfacer a la otra persona». Esa sensación puede llevarte a que, al principio, hagas grandes esfuerzos para ser el mejor amante sexual posible. Quizás hasta sientas la tentación de acceder a prácticas que antes habías rechazado. Sin embargo, de ninguna manera esa será la solución. Es posible que en algunas parejas, especialmente durante los primeros meses, la cantidad y calidad de las relaciones sexuales hasta mejore durante un tiempo tras el descubrimiento de una infidelidad. Esto suele suceder porque asumen que su trayectoria sexual fue parte de la causa del problema y los dos se están esforzando para poder conectarse más y mejor a ese nivel.

Consejo para quien cometió la infidelidad

La clave está en hacer lo que tu cónyuge te pide. Si necesita espacio, dáselo. Si te necesita de forma íntima, física o sexualmente, satisface la necesidad de tu pareja.

No es fácil, pero tu rol durante este tiempo es estar presente, servir con lo que la otra persona necesita y mantenerte atento a sus deseos y peticiones.

Mejorar la vida sexual no es malo, pero tampoco es un pronóstico de que las cosas van a ir bien. El sexo no suele ser el problema principal, ni va a arreglar la situación. Las buenas relaciones sexuales pueden hacer que se añadan unas cuantas semillas al vaso y permitirles ver que realmente pueden funcionar bien en el sexo. Pero ten claro que eso no está arreglando el problema y en cualquier momento las relaciones sexuales pueden convertirse en una experiencia negativa si no se arregla la confianza y la comunicación. Hasta puedes sentir que te han utilizado. Sé paciente con tu corazón y tu cuerpo. El sexo puede ser una herramienta de restauración o un mantenedor de la herida abierta. La mejoría en el área sexual puede disiparse y volverse una experiencia amarga.

Sugerencia para reconstruir tu visión del sexo

Procesa la raíz de tu deseo de tener una relación sexual con tu pareja. Evalúa si realmente deseas conectarte con el otro y sentirlo cerca o si solo lo haces por miedo. En el capítulo diez hablaremos de reconectarse sexualmente después de una infidelidad.

La infidelidad rompe la continuidad sexual en el matrimonio y será algo que hay que ir reconstruyendo con mucha paciencia. Deberás tomar la iniciativa en estos

Continúa en la página siguiente...

Viene de Consejo para reconstruir tu visión del sexo

primeros momentos, aunque eres quien sufrió el engaño, porque solo tú sabrás cuándo tienes el cuerpo y el corazón listos para conectarte con el otro y cuándo necesitas distancia.

Por otro lado, es posible que experimentes una reacción opuesta de asco. No quieres tener cercanía física ni sexual con tu pareja en absoluto. Dios nos ha creado para buscar intimidad emocional y física cuando estamos tristes, asustados y enfadados. Esa intimidad también incluye la cercanía y las relaciones sexuales dentro del matrimonio. De forma natural, necesitas la cercanía de tu cónyuge en tu momento de mayor dolor y frustración, pero es justo esa persona la que ocasionó este dolor y sientes que todo dentro de ti también la rechaza. Se trata de una situación complicada, dramática y sumamente confusa.

Esa dualidad emocional crea bipolaridad en las emociones y los deseos. Tal vez un día busques a tu pareja con ansias y pasión y al otro día no permitas que te toque y ni siquiera te roce. Los dos extremos son reacciones normales y parte del proceso que estás atravesando, y eso debe ser restaurado también.

La visión del sexo y la conducta durante el acto sexual no solo quedan afectadas para ti, sino que tu pareja también puede sentirse extraña teniendo relaciones sexuales contigo. La mayoría de las personas tienen miedo de hacer más daño, porque ahora saben lo que han causado. Tu pareja se puede sentir no merecedora de tu afecto e insegura, ya que tus reacciones son variadas. Tal vez un día te quejes porque no te busca sexualmente y otro día le rechaces porque te ha buscado. También puedes haber tenido relaciones sexuales satisfactorias y la próxima vez echarte a llorar en medio del acto porque sientes que el dolor emocional es demasiado.

Sugerencia para
reconstruir tu visión del sexo

Es muy importante que puedas procesarlo todo con Dios y también avanzar acompañado de un profesional para poder identificar y sanear estas reacciones. El sexo no debe relacionarse solo con dolor o necesidad, sino que debe volver a ser una herramienta de conexión y confianza entre la pareja.

El atractivo

Es común que una persona se sienta poco atractiva y deseada después de sufrir un engaño. Es normal sentirse así cuando se descubre una infidelidad. Tu percepción, por ejemplo, podría ser: «Mi cónyuge escogió a otra persona por encima de mí».

Hay una realidad en la que quisiera que pienses en primer lugar. Considera a las personas más bellas y codiciadas del mundo —como Beyoncé, Shakira, Jennifer Aniston o Jennifer López— y descubrirás que sus esposos les fueron infieles. De igual modo, algunos de los hombres más atractivos del planeta —como Brad Pitt o George Clooney— sufrieron la infidelidad de sus esposas.

Nadie podría negar que es importante cuidarse y mantenerse en un estado físico saludable. Dios nos ha prestado este cuerpo y es nuestra responsabilidad cuidarlo y respetarlo, como dijo el apóstol Pablo: «Porque han sido comprados por un precio. Por tanto, glorifiquen a Dios en su cuerpo y en su espíritu, los cuales son de Dios» (1 Corintios 6:20).

Sugerencias para reconstruir el atractivo

Pregúntale a Dios: «¿Cómo me ves?», y permite que Él te vaya afirmando con respecto a tu apariencia y tu personalidad. Por otro lado, y de forma muy práctica, colócate delante de un espejo y encuentra algo que te agrade de ti. Luego, afírmalo: «Me gustan mis ojos». Intenta repetirlo tres veces en voz alta. Empieza con una parte de tu cuerpo y cada dos días intenta añadir algo nuevo. Tenemos que amar para poder recibir amor. Tenemos que apreciar lo que tenemos y la forma en que Dios nos ha creado para poder recibir los cumplidos de otros.

Es posible que hayas perdido algo de atractivo para tu pareja (nunca te dije que leer este libro iba a ser fácil). Sin embargo, también debo decirte que la infidelidad no suele relacionarse con la apariencia física, sino con el hecho de que el corazón de tu pareja se ha alejado de ti. En el capítulo tres hablamos de las comparaciones negativas y la desatención de las necesidades del otro. Tú y tu pareja se han alejado, lo cual ha permitido desarrollar el pensamiento de que lo que está fuera del matrimonio es mejor que lo que disfrutan dentro de él. El atractivo se recupera de forma sorprendente si los corazones se vuelven a encontrar. No te desanimes pensando que no eres una persona atractiva y valiosa.

El entendimiento de ser esposos o un matrimonio

Como seres humanos, nos definimos por medio de muchos aspectos diferentes:

- «Soy hija de ________________».
- «Soy ________________ (mi profesión)».
- «Soy el padre de ________________».
- «Soy ________________ (nacionalidad)».
- «Soy el esposo de ________________».

Estos diferentes calificativos nos colocan en ciertas categorías de definición y nos ubican en el tiempo y en el espacio. Seguro que te identificabas como «esposo» o «esposa» del otro hasta que descubriste la infidelidad. Sin embargo, ahora esa palabra en sí puede convertirse en dañina luego del descubrimiento. Asistir a una boda, ver a una pareja de esposos abrazarse o mostrarse afecto, o escuchar a alguien burlarse sobre la infidelidad o el engaño son cosas que pueden afectar el sentido de identidad como «esposos». El concepto que tenías de cónyuges o matrimonio ha quedado dañado.

Hay comentarios inocentes de amigos y familiares que a pesar de resultar muy sencillos pueden ser difíciles de escuchar.

- «Dile a tu esposa que me encantó la decoración de ayer».
- «¿Le puedes decir a tu esposo que mañana nos vemos a las nueve?».
- «Son increíbles, a ver si salimos como parejas algún día».

Oír a otros hablar de «tu esposo» o «tu pareja» puede ser complicado. Aunque quizás de forma pública sigues unido a tu pareja, tras bambalinas están en medio de una tormenta y no sientes que te identificas con esa definición. Escucha la historia de Clara:

> Estaba participando en la ceremonia de bodas de mi prima. A mi lado estaba mi esposo, quien un mes antes me había confesado su infidelidad. Mientras los novios se declaraban los votos matrimoniales, no podía evitar pensar en que hace cinco años el hombre que se encontraba junto a mí me estaba diciendo cosas parecidas. ¿En qué quedaron sus palabras? ¿De qué sirve tanta parafernalia si al final uno no cumple con lo que promete?
>
> Me quería alegrar por la pareja y sonreír, pero en mi mente solo criticaba cada palabra que salía de sus bocas y pensaba: «Bueno, ya veremos si permanecerán juntos en las buenas y en las malas». Mis ojos se llenaban de lágrimas, pero no de felicidad, sino de dolor y rabia. Mi «esposo» no había cumplido con sus votos, sino que me había roto el corazón. Para rematar, él estaba sentado allí a mi lado y parecía que no le afectaba en absoluto. No quería que nadie nos viera juntos, no quería seguir a su lado. No tendría que haber venido.

Mientras estás en el proceso de decidir si van a seguir juntos o no, puedes experimentar mucho dolor con el concepto de «matrimonio» o «esposos». La separación emocional (y hasta a veces física) hace que sea difícil pensar o reflexionar sobre el matrimonio, porque en la mayoría de los casos no es seguro que se vaya a reconstruir.

Sugerencia para reconstruir la visión de ser esposos o un matrimonio

La clave radica en estudiar la Biblia y el matrimonio según el diseño de Dios. Que tu matrimonio no haya sido como esperabas no significa que el diseño de Dios sea malo, sino que no lo has vivido tal y como Él lo diseñó. Tienes que redimir la palabra «esposos» y «matrimonio» para poder entenderlas según su Creador. Tomará un tiempo y no será fácil, pero qué precioso es ver el matrimonio como un reflejo de la unión de Cristo y su iglesia.

La identidad y la reputación

La identidad y la reputación quedan teñidas de gris después de una infidelidad. Esta es una experiencia durísima, sin importar en qué entorno te encuentres. Por ejemplo, si perteneces a un círculo religioso, podría haber mucho temor a dar a conocer una infidelidad por el daño al testimonio y la participación en la iglesia.

Es más, uno de los motivos por el que muchas parejas no buscan ayuda en cualquier círculo en el que se desenvuelven es justamente para que nadie más sepa lo que están viviendo con el fin de guardar intacta su reputación delante de otros. Sin embargo, una verdadera sanidad necesita un arrepentimiento verdadero y la reconstrucción de la confianza, y para eso se requiere de vulnerabilidad. Por otro lado, las heridas relacionales hay que sanarlas dentro de las relaciones, no de forma aislada e individual. No habrá sanidad sin honestidad. Por lo tanto, será muy poco probable sanar sin que, al menos durante un tiempo, la reputación quede afectada.

La infidelidad es una de las cosas que más afectan la forma en que vemos a otras personas. Alguien puede confesar una adicción al alcohol o a las drogas y ser mucho más acompañado y «perdonado» que una persona que confiesa una adicción sexual o una infidelidad. De alguna forma, la traición sexual es considerada algo peor.

Todos los pecados nos distancian de Dios, pero tienen consecuencias diferentes. El pecado sexual se encuentra dentro de una categoría especial porque se comete contra tu propio cuerpo (1 Corintios 6:18). Además, el que está casado no solo peca contra su propio cuerpo, sino también contra su pareja, sus hijos (si los tiene) y Dios. Es necesario aclarar que todos cometemos pecados y no deberíamos juzgar a otros como no queremos ser juzgados (Mateo 7:1). Sin embargo, cualquier pecado debe ser tratado y confrontado. ¿Cómo podemos entonces ser claros, estableciendo límites y consecuencias, sin condenar y juzgar a las personas? Una parte del motivo para escribir este libro es ayudar a ver qué hay detrás de la infidelidad a fin de que podamos acercarnos a las personas sin juicio y ofrecerles ayuda.

Voy a hacer una distinción entre la vivencia de quien fue engañado y la vivencia de quien ha traicionado, ya que son algo diferentes.

La identidad y la reputación de quien fue engañado

Hablemos por un momento sobre tu reputación y tu identidad. Muchas veces guardarás el secreto de la infidelidad para no sentirte avergonzado delante de otras personas. Aunque no tuviste la culpa del comportamiento de tu pareja, haber sido engañado es una situación que nadie quisiera revelar y seguramente preferirías mantenerla en secreto.

«Me verán cara de tonto» o frases similares suelen describir estos sentimientos. En un primer momento, es posible que te veas como alguien débil, estúpido y vulnerable debido a que tu sentido de «identidad» se afecta. A los seres humanos no nos gusta vernos así.

Muchas personas admiten que antes de vivir la traición estaban seguras de que eso no les sucedería a ellas. Pensaban que una infidelidad solo ocurría cuando descuidabas tu relación. Habían sentido pena y vergüenza ajena por otras personas que fueron traicionadas por sus parejas en el pasado. Por eso les produce un profundo sentido de vergüenza que la infidelidad forme parte de su propia realidad. Imaginan que otros estarán en la posición de verlos con pena, algo que ellos sentían hace poco tiempo por los que se encontraban en la misma condición en que ellos están ahora.

Para hacerlo aún más complicado, hay familiares y amigos que, ante la revelación de que en tu matrimonio ha habido infidelidad, se van a alejar por completo no solo del traidor, sino de ti y hasta de tus hijos. Esto es inmensamente doloroso y confuso. A pesar de no ser culpable de infidelidad, estás cosechando consecuencias devastadoras.

Es posible que acabes repentinamente excluido del grupo de amigos o del círculo eclesiástico. Lo más seguro es que tengas que abandonar el puesto ministerial que ocupas por un tiempo (lo cual es recomendable y tremendamente doloroso a la vez). Las personas te miran con pena, muchas se alejan y algunos solo te buscan para enterarse bien del chisme de tu matrimonio roto.

Tu identidad y reputación han quedado quebradas, los amigos se han alejado y seguramente el puesto de liderazgo ha quedado comprometido. No es de extrañar que muchos de los que sufren traición hayan tenido que cambiar de iglesias o mudarse de ciudad para poder recuperar cierto control, orden y privacidad en medio de la situación.

Para rematar, lo que estás viviendo puede causar trauma, ansiedad, depresión y un descontrol que afectan la forma en que uno se comporta delante de otros. Esto significa que, aunque no quieras, es posible que rompas a llorar delante de personas ajenas, tengas brotes de frustración o estés triste. Puede ser que te conviertas en alguien reservado y aislado o te muestres irritable todo el tiempo. Esto parece la gota que rebalsa el vaso, porque ahora tú también eres insoportable y puedes hacer que los amigos que te quedan se alejen o no quieran estar a tu lado.

Sugerencia para

reconstruir la vida del que ha sufrido el engaño

Sé que no es justo, no has sido la persona que ha cometido la infidelidad. Tu corazón está dañado y solo quieres que las personas te acompañen con amor. Sin embargo, habrá algunos que te juzgarán y te dirán que te equivocaste, ya sea que te quedes o te vayas, sin importar lo que hagas o dejes de hacer.

A pesar de todas esas dificultades, no vale la pena que guardes el secreto, ni que te aísles de todo y de todos. Espero y deseo que la iglesia pueda aprender a amarte mejor y a acompañarte para verte volver a la vida. Pero aun si no lo consiguen hacer, no desmayes.

El tiempo no lo cura todo, pero sí lo hace acercarse a Dios y el trabajo constante. No pierdas la fe en Dios ni en todas las personas. Las reputaciones son fluctuantes, pero al final todo se verá de manera más justa si eres perseverante. *Enfócate en lo que sí tienes, en quién Dios dice que eres y en las personas seguras que están a tu lado.* Medita en estos versos de la Palabra de Dios, pues es la verdad que podrá sostenerte en tiempos de angustia y dolor:

«No temas, porque Yo te he redimido,
Te he llamado por tu nombre; Mío eres tú.
Cuando pases por las aguas, Yo estaré contigo,
Y si por los ríos, no te cubrirán.
Cuando pases por el fuego, no te quemarás,
Ni la llama te abrasará.
Porque Yo soy el Señor tu Dios»
(Isaías 43:1-3a).

«Confía en el Señor, y haz el bien;
Habita en la tierra, y cultiva la fidelidad.
Pon tu delicia en el Señor,
Y Él te dará las peticiones de tu corazón.
Encomienda al Señor tu camino,
Confía en Él, que Él actuará;

Continúa en la página siguiente...

Viene de Consejo para reconstruir la vida del que ha sufrido el engaño

Hará resplandecer tu justicia como la luz,
Y tu derecho como el mediodía.
Confía callado en el Señor
y espera en Él con paciencia»
(Salmos 37:3-7a).

La identidad y la reputación de quien ha traicionado

Me frustra que se realce la figura de muchos personajes que son infieles en las películas y las series de hoy, hasta el punto de que nos lleguemos a poner de su parte. Les concedemos el beneficio de la duda y a veces incluso deseamos que traicionen, ya que aparentemente «merecen ser felices». Tal vez alguien pueda pensar así hasta que la infidelidad se convierte en su realidad, y entonces odiará a esos personajes y todo índice de infidelidad le romperá el corazón.

Aun así, creo que es bueno que podamos hablar de lo que les sucede también a las personas que han traicionado. Primero, descartemos a aquellos que realmente no sienten ningún arrepentimiento ni culpa. Si quien traicionó forma parte del pequeño porcentaje de personas que tienen perfiles narcisistas u otros trastornos mentales, es posible que no sienta remordimientos y que, desde su percepción, su identidad y su reputación no hayan sufrido ningún impacto. Sin embargo, no ocurre así con la mayoría de la gente.

La mayor parte de los que son descubiertos se sienten «malos» o «sin corazón», pero como hemos dicho anteriormente, al ser humano no le gusta sentirse mal, así que se dedican a justificar sus acciones de la forma que puedan y por eso tienden a convertir a su pareja en la persona «mala» para evitar tener que mirarse al espejo.

El que engaña vive diferentes síntomas y confusiones que normalmente están acompañados de cierto grado de culpa y hasta de autodesprecio en momentos puntuales. No se pasa todo el tiempo reflexionando en su comportamiento porque eso no sería sostenible debido al nivel de ansiedad que le produciría, pero de vez en cuando sí se hace la pregunta: «¿Qué estoy haciendo?».

Esto puede suceder sobre todo cuando recibe diferentes tipos de elogios y reconocimientos antes de que se haga público su comportamiento. Alguien podría estar felicitándolo, pero él o ella no pueden dejar de pensar: *Si solo supieras...* Eso causa un bloqueo que le impide experimentar una felicidad plena y puede repercutir de forma negativa en la relación, porque luego llega a casa y manifiesta su frustración contra su pareja, creando una pelea por un contratiempo insignificante. De esa forma, logra justificarse en su mente una vez más, alegando que su relación en casa es mala y por eso tiene una relación indebida con alguien más.

El que cometió la infidelidad suele intentar que sus acciones queden entre los dos cuando su pareja descubre la traición. No quiere perder su estatus a la vista de los demás. Este es un deseo egoísta y que a la larga tampoco le beneficia.

Nadie puede sentirse realmente amado si no es en verdad conocido. Así que el infiel no podrá recibir el elogio de estar actuando de forma «genial» a no ser que su pareja sepa lo que hizo, haya visto un cambio y luego le elogie. Tenemos que sentirnos conocidos para poder recibir elogios verdaderos. La persona que fue infiel tiene que dejarse conocer si quiere llegar a volver a estar orgulloso de sus acciones. Tiene que confesar lo que ha hecho por lo menos en sus círculos internos.

Es importante resaltar en este punto que el hecho de perder la reputación o tener que sufrir las consecuencias de la vergüenza no tiene por qué ser malo, aunque resulte realmente difícil. El hecho de que la persona asuma la responsabilidad por sus acciones y comportamientos y se dé cuenta del daño causado es clave para el proceso de sanidad. Que el traidor reconozca que fue y es capaz de hacer muchísimo daño, debe ser una experiencia que humille y lleve al arrepentimiento. El punto de esperanza está en que el término «traidor» no tiene que convertirse en su identidad, sino que cometió un pecado del que puede arrepentirse y cambiar.

La pérdida de la reputación es muy difícil porque suele ir acompañada por la pérdida de otras cosas como el trabajo, algunos amigos o hasta el apoyo de los familiares. Todo esto puede llevar a la persona al aislamiento y hasta a tener pensamientos de querer hacerse daño o abandonar a la familia para aligerar el dolor. Esas cosas son peligrosas y dañinas para cualquier lado de la pareja.

Sugerencias para

reconstruir la identidad de quien ha traicionado

Todo dentro de ti se quiere justificar, quisieras explicarles a los demás el porqué de lo que has hecho, o al menos encubrir las partes más desagradables de lo que ha pasado. Sin embargo, eso no vale la pena. Si algo puedes aprender en este viaje, es a ser más honesto con los que te rodean y con tu pareja. Darte cuenta de que no eres infalible y tus errores tienen consecuencias es bueno. Aprender de toda esta situación para convertirte en una persona más cuidadosa, más vulnerable y amorosa puede ser lo mejor que vayas a extraer de esta experiencia tan dolorosa.

Levanta la cabeza y acepta tu error. Asume tus fallos y las consecuencias que han provocado y a partir de ahí aprende a amar de nuevo y a ser consecuente con tus decisiones.

Es posible que pienses que Dios te descartó, que está lejos de ti y no hay manera de que puedas recuperar la relación con tu Padre celestial. Debes recordar que con Dios siempre hay oportunidad, porque Él es compasivo, lento para la ira y abundante en misericordia (Éxodo 34:6). ¿Qué necesitas? ¡Acercarte! Reflexiona en su Palabra:

> «Porque no tenemos un Sumo Sacerdote que no pueda compadecerse de nuestras flaquezas, sino Uno que ha sido tentado en todo como *nosotros, pero* sin pecado. Por tanto, acerquémonos con confianza al trono de la gracia para que recibamos misericordia, y hallemos gracia para la ayuda oportuna» (Hebreos 4:15-16).

Dios no desprecia un corazón contrito y humillado (Salmos 51:17). Tienes que recurrir a Dios y que Él te recuerde que también murió por ti, a pesar de tus pecados y justamente para perdonarlos. Dios puede animarte con su amor y la revelación de cómo Él te ve.

La clave será que el infiel use esta pérdida para aprender cómo ha llegado a traicionar y descubrir que le impulsó a buscar atención fuera del matrimonio. Estas respuestas le ayudarán a enfocarse en sanar esas áreas débiles o enfermas para que la infidelidad no vuelva a ocurrir.

En este sentido, la reputación dañada de quien cometió la infidelidad puede ser una «bendición encubierta» si quienes le rodean dejan de considerarlo alguien «perfecto» y se dan cuenta de que es una persona que ha batallado con estos sentimientos y esta debilidad durante un tiempo. Si los amigos y mentores son capaces de proporcionarle ayuda, llevarle a la búsqueda de una rendición de cuentas y confrontarle en amor, es posible que esa caída sea justo lo que necesita para enderezar su vida y sus relaciones.

La pareja traicionada NO debe ser quien le acompañe en esta recuperación de identidad. Si te han traicionado, tú estás en tu propia UCI (Unidad de Cuidados Intensivos). Estás sangrando y no tienes la capacidad de poder sanar las heridas del otro. Quien te traicionó necesita ayuda, necesita a gente que camine a su lado y le recuerde que no es infiel, sino que cometió una infidelidad.

No puedo dejar de enfatizar también la necesidad de ayuda por parte de un profesional especializado para la persona que fue infiel. Esto se debe a que uno de los motivos principales para la infidelidad puede ser el trauma emocional en su propio pasado.

Al final del día, la identidad de ambos integrantes de la relación debe ser restaurada por Dios. Puedes condenar a tu pareja todo lo que quieras o puedes alabarla intentando que se vuelva a sentir persona, pero si tu pareja, quien te traicionó, no decide reconectarse con Dios y fundamentar su identidad en Él, entonces será muy difícil que pueda sanar.

Detonantes

Bien, hasta aquí hemos visto que la infidelidad deja estragos en la relación, la confianza y nuestra visión de nosotros mismos, hasta llegar a tocar nuestra identidad. También te he dado algunos recursos para ir trabajando en estas áreas. Parte de la dificultad de este camino de reconstrucción es que, debido al grado de trauma experimentado al descubrir la traición, ahora se manifiestan detonantes asociados.

Un detonante se entiende como algo que percibes a través de los sentidos y «detona» o «abre el acceso» a un recuerdo que está asociado al trauma. Su presencia causa malestar, tristeza, rabia, inseguridad, dudas y otras emociones que hacen que te aísles o te enfades de nuevo con quien te traicionó, aunque las cosas ya estaban bien. Lysa TerKeurst lo describe así:

> Las imágenes del pasado son algunos de nuestros tesoros más valiosos, hasta que se convierten en recordatorios dolorosos de lo que ya no es. Y cuando tu teléfono inteligente envía al azar esas imágenes de recuerdos de lo que sucedió ese mismo día hace cuatro años, la respiración se te corta.[3]

Esto significa que tendrás una lista, que parece sin fin, de cosas que te van recordando el dolor y el engaño, aunque es posible que no tengan nada que ver con la realidad. Recuerdo la explicación de una paciente:

> *Todo había empezado a ir mejor. Pero el jueves él llegó tarde, le escribí un mensaje y no me contestó. Lo llamé y tampoco me contestó. Mi mente se trasladó al 3 de febrero, que era también un jueves, en el que no respondió mi llamada y luego resultó que estaba con ella. Me empecé a poner muy nerviosa y a llorar. Dos minutos*

3. Lysa TerKeurst, ob. cit., p. XII.

más tarde entró por la puerta con un ramo de flores, lo cual me dio aún más rabia, porque recordé que me trajo flores el día después de haberse acostado con ella. Me vino a dar un beso y me dijo: «Hola amor», pero esa fue la gota que rebalsó el vaso, pues a ella también la llamaba «amor». Yo ya estaba totalmente fuera de sí, enfadada y dolida. Lo insulté, le grité y me fui a encerrar al cuarto llorando. Me daba mucha rabia sentirme así, pero no podía evitarlo. Era como si hubiera vuelto al principio.

Esta mujer tiene grabadas en su mente cosas como que su esposo no le conteste, llegue tarde, le traiga flores, las fechas, la hora o las palabras exactas de esos mensajes entre su marido y su amante. Debido a lo que vivió, posee ciertos detonantes que la ponen mal, aun si no está sucediendo nada malo.

Los detonantes pueden estar asociados a los siguientes ejemplos, aunque pueden abarcar muchas cosas más.

- Espacios físicos: el trabajo, el baño, la cama matrimonial, el coche, la casa de alguien, una ciudad específica, un restaurante.
- Palabras de cariño: mi amor, mi vida, cariño, te quiero, te amo, te echo de menos.
- Piezas de ropa: una camisa específica, una chaqueta, un sujetador, unos calzoncillos, un pijama, un vestido.
- Personas (que escondieron los hechos): un hermano, primos, los padres, el amante (obvio), amigos que son parte del círculo.
- Eventos: ir en coche, que se llegue tarde, que haya silencio, la Navidad, un cumpleaños, San Valentín, la noche, la madrugada.

- Acciones: dar *like* a una foto, entregar un regalo, colgar una foto con ciertas características, no dar los buenos días, no contestar la llamada enseguida, traer flores.
- Los sentidos: olores, ruidos, sabores.

La lista podría ser interminable, porque todo depende de las asociaciones que hagas. También depende de si la infidelidad se descubrió y los detalles se «vieron» (lo descubriste o viste fotos), o si tu pareja confesó y tienes una versión más bien narrada. Los detonantes son muy importantes, ya que pueden afectar mucho la relación y suelen estar asociados a la sintomatología del *gato asustado* que se explica en el capítulo dos.

Tal vez parezca que los detonantes entorpecen el avance, ya que está todo «bien» y surge uno y sientes que das diez pasos atrás al revivir sentimientos y recuerdos del trauma de la traición. En un primer momento, estos detonantes pueden ser funcionales para verificar si están ocurriendo cambios, pero tienen que ser atacados de frente a lo largo del proceso con paciencia y amor.

Sugerencia para reconquistar los detonantes

Es útil que puedas identificar los detonantes para verbalizar y reconocer cuándo uno de ellos está transportándote de nuevo al dolor. Debes llevarle la lista al profesional que está acompañándote para poder afrontarlos de forma sabia, es decir, desconectando los elementos individuales del dolor de modo que no entorpezcan el avance, sino que se usen como hitos de reconquista. Te lo explico a continuación.

Hay que buscar la forma de «reconquistar» el 3 de febrero si se ha convertido en una fecha dolorosa. Eso se consigue asociando recuerdos y experiencias nuevas que fortalezcan a la persona o la pareja (si es que siguen juntos).

No te frustres con los detonantes ni permitas que te produzcan desesperación. Úsalos para ayudarte, aprovechando esas explosiones para recordar lo que has avanzado, los cambios que han ocurrido y, por supuesto, para acudir a Dios con algo más que sanar en su presencia.

Gracias a Dios que no tenemos que sanar todo de golpe. Aunque suene muy atractivo, imagina que todo el dolor que has estado sintiendo en los últimos meses o hasta años se redujera a un momento. Seguramente no podrías sobrevivir a ese inmenso quebranto. En cambio, Dios nos permite tener un mecanismo que nos va avisando «en el camino» (detonantes) y así podemos ir sanando poco a poco. Con cada detonante puedes descubrir un lugar más que quedó herido y debe ser restaurado.

Ten paciencia y, por qué no decirlo, compasión contigo. Aprende a ser curiosa con respecto a tus detonantes y pregúntate de dónde vienen y cuál es la raíz de ese nuevo dolor. Úsalos para seguir fortaleciendo tu identidad y alimentándote de la verdad.

Nunca subestimes el poder de la oración en medio de los días de confusión y desesperanza. Orar será el mejor recurso para volver a enfocar tu mente en la verdad. Dios nos creó con la necesidad de comunicarnos, de expresar lo que nuestra alma piensa y experimenta. Él no espera que nos acerquemos de manera «adecuada», solo con las palabras correctas. Acude a Él con toda honestidad, tal y como estás, con tus dudas, quejas y temores. No tiene sentido ocultarlos, pues Él conoce todos tus pensamientos. Ven a Él reconociendo que es tu lugar seguro, donde serás comprendido, confrontado y sanado. Dios no se sorprende si hay un momento para el lamento. La Biblia registra muchos de esos momentos elevados delante de Dios. Convierte este salmo en una oración:

> ¿Hasta cuándo, oh SEÑOR?
> ¿Me olvidarás para siempre?
> ¿Hasta cuándo esconderás de mí Tu rostro?
> ¿Hasta cuándo he de tomar consejo en mi alma,
> *Teniendo* pesar en mi corazón todo el día?
> ¿Hasta cuándo mi enemigo se enaltecerá sobre mí?
> (Salmos 13:1-2).

Entrégale tu dolor a Dios y quéjate con Él. Eso está bien. Él lo puede soportar y tomarte por completo entre sus brazos para consolarte y ser tu fortaleza mientras experimentas tu máxima debilidad.

Muchas áreas rotas, pero hay esperanza

La infidelidad significa romper el vaso de cristal lleno de semillas y desparramar las experiencias vividas por la pareja. Tratar de recomponer ese vaso con los fragmentos de vidrio es una tarea peligrosa e imposible. Mi consejo es adquirir un vaso nuevo y empezar a llenarlo con experiencias nuevas, reconquistando los detonantes y construyendo la confianza desde cero.

El matrimonio, el sexo y la atracción son conceptos que hay que redefinir y redescubrir. Aprovecha lo que se rompió para construir nuevas estructuras más estables y seguras. Esto no es fácil, pero no debe ser el fin del mundo. Hay que aprovechar el espacio que brinda el hecho de que haya menos distracciones para construir una identidad más centrada en Dios y desde allí explorar de nuevo las relaciones.

Ahora que hemos visto los destrozos de la infidelidad, ha llegado el momento de ver qué es lo que se requiere de una pareja si quieren trabajar en este dolor. En el próximo capítulo vamos a descubrir los cuatro puntos necesarios si has decidido que quieres luchar por tu matrimonio.

Capítulo 6

Quiero sanar, ¿por dónde empiezo?

Kari Clewett

Yo siempre había dicho que si mi esposo me fuera infiel, en el momento en que me enterara me marcharía por la puerta sin mirar atrás. Pero luego, cuando me confesó su traición, no pude ni moverme. Estaba tan conmocionada que simplemente me quedé allí llorando. Días más tarde, al volver a pensar sobre lo que había pasado, quise ser fiel a lo que siempre había dicho, pero pensaba en mis hijos, en la vida que habíamos construido juntos, en los «y si...», sintiéndome muy confundida. Parecía que un día me quería marchar y al siguiente quería seguir luchando por lo nuestro. La gente no me entendía, ni yo misma me entendía a veces, fue un momento muy confuso.

Una de las decisiones que parecen más urgentes una vez descubierta una infidelidad es si te quedas o te vas. Esa decisión puede ser muy debatida si vienes de un trasfondo cristiano, aunque será igual de difícil en cualquier caso. Las personas alrededor que observan esta situación suelen parecer sumamente seguras con respecto a lo que harían en caso de sufrir una infidelidad, pero no saben en realidad lo que es vivir una traición. Pareciera que suponen que bastan unas pocas horas después del descubrimiento del hecho para tener la información suficiente que permita tomar una decisión que repercutirá en los días, meses y años que vienen, no solo en ti, sino en tus hijos y muchos más. La tentación en medio del descubrimiento de la traición es decidir en un abrir y cerrar de ojos si quedarse o irse. Quisieras tener una decisión lista y preparada, con argumentos sólidos para apoyarla, pero sufrirlo en la realidad de tu vida hace que reconozcas que no es tan fácil.

Mi recomendación es que te detengas y respires profundamente antes de tomar una decisión final sobre tu matrimonio. Necesitas darte un espacio para calmarte, evaluar las consecuencias y descubrir qué pasa con tu pareja, es decir, si él o ella también están considerando en serio las decisiones que van a tomar. No decidas sobre el destino de tu matrimonio con premura.

Tengo la sincera convicción de que es posible salir de esta crisis siendo una persona con más experiencia, que crecerá y hasta mejorará al atravesar la tormenta. En este capítulo vamos a detallar los cuatro puntos que consideramos necesarios para poder tomar la decisión de quedarte o irte, mientras caminas hacia la sanidad de tu corazón y la restauración de tu capacidad para confiar.

1. Voluntad para trabajar en ti mismo.
2. Disposición a no tomar decisiones drásticas durante un tiempo prudente.
3. Una red social y espiritual de personas seguras.
4. Un buen acompañamiento profesional.

Estos cuatro puntos no se encuentran en orden, pero deben estar todos presentes para poder avanzar de forma segura en tu toma de decisiones.

Voluntad para trabajar en ti mismo

Este punto te puede hacer enojar. ¿Por qué tengo que trabajar en mí si soy la víctima? Aunque tu pareja puede ser quien cometió la infidelidad, ninguno de nosotros somos libres de pecado (Romanos 3:23). Déjame darte el siguiente ejemplo. Imagina que te vas a dormir y al día siguiente te despiertas y todo ha cambiado y se ha «arreglado». ¿Me podrías decir que no hay absolutamente nada que necesites cambiar, ajustar o trabajar para ser la mejor versión de ti dentro de esa ecuación de cambio total? Por supuesto, todos tenemos que mejorar algo en nuestra relación.

Si quieres sanar y avanzar, es imprescindible que tengas la disposición de mirarte al espejo y hacerte preguntas como las siguientes para que también aprendas de todo lo que estás viviendo.

- ¿Qué actitudes he tenido que llevaron al alejamiento?
- ¿Qué comportamientos puedo poner de manifiesto que lleven a un acercamiento?

- ¿Cómo he llegado hasta aquí?
- ¿Cómo estoy gestionando el dolor, la frustración y la rabia, y cómo eso está afectando a mi pareja y a los demás?
- ¿Qué querría cambiar en una nueva relación?
- ¿Con respecto a qué situaciones tengo que pedir perdón o perdonar?
- ¿Vale la pena luchar por mi matrimonio o me debo marchar?

Estas no son preguntas fáciles, ni tampoco son preguntas con las que uno debe lidiar en solitario o aislado. Requieren de vulnerabilidad y la posibilidad de mirar al pasado, a veces hasta a la infancia, para ver patrones de comportamiento y creencias que se han construido durante todo este tiempo.

Si en tu relación ha habido adicción al sexo, la pornografía o las sustancias necesitarás identificar cómo has sido afectado por la adicción de tu pareja al nivel de tu identidad y la vida familiar, y si has ayudado a mantener o encubrir las acciones de tu cónyuge.

También es posible que necesites averiguar si has sido un buen comunicador de tus emociones, necesidades o miedos. Debes descifrar si te has refugiado en tu trabajo, tus hijos o tu familia. Quizás veas que has «idolatrado» a algo o alguien que puede haber causado distancia.

La encuesta[1] que realizamos en el verano del 2024 mostró que en el 15,3 % de las parejas encuestadas, los dos habían sido infieles. Es posible que *los dos hayan cometido infidelidad,* ya sea en el mismo momento o en momentos diferentes. Eso hace que cada uno conozca el dolor de haber traicionado y también de haber sido engañado. Estas situaciones son complicadas y

1. En el capítulo doce lo explicaremos más ampliamente.

requieren de mayor delicadeza, pero repito, el primer paso es que cada uno esté listo para mirarse al espejo y asumir su propia responsabilidad.

Cualquiera sea la posición en que te encuentres —traidor, traicionado o ambos— si no estás dispuesto a arrepentirte y a anhelar implementar cambios, el futuro tenderá a repetir el pasado. Sin reconocer los fallos de uno mismo y pedir perdón será complicado crear algo estable y verdadero.

Consejo para quien acompaña

En el capítulo doce hablaremos más de cómo la iglesia o los acompañantes pueden ayudar. Es bueno mencionar aquí que uno de los roles que pueden tener los amigos, familiares o la iglesia en la situación que enfrenta una pareja afectada por la infidelidad es ayudarlos a ver que no deben tomar decisiones apresuradas, que necesitan ayuda y que no deben intentar caminar solos en medio de esta crisis.

Disposición a no tomar decisiones drásticas durante un tiempo prudente

Descubrir una infidelidad es un trauma que suele crear un estado de pensamientos acelerados y contradictorios. Hay traidores que contemplan hacerse daño, desaparecer o como mínimo abandonar a sus parejas por el mero hecho de ser testigos del dolor que han causado y no saber cómo resolverlo.

Hay traicionados que piensan en abandonarlo todo, aislarse del mundo, ignorarlo o hasta tomar venganza contra su pareja cometiendo infidelidad para que sientan lo mismo (por si te lo estás planteando, no lo hagas, ¡es una mala idea!).

Lo más seguro es que cada uno haya estado pensado tanto en abandonar la relación matrimonial como en luchar por ella. Ambos pensamientos y las ideas que giran alrededor de esas dos decisiones se suelen ir alternando. Los hijos, las pertenencias, las razones económicas, la influencia o la reputación también intensifican este mar embravecido de pensamientos que parecen lanzar la mente de un lado a otro, dando tumbos dolorosos y contradictorios.

Asumiendo que se han seguido las pautas ya mencionadas en el capítulo dos y no se corre peligro de abuso físico, emocional ni sexual, la recomendación general es evitar la separación y no tomar ninguna decisión hasta que haya pasado un tiempo prudente (sugiero un mínimo de tres meses si la pareja está siendo acompañada). Es más fácil trabajar con respecto a la relación si se mantienen en el hogar bajo un mismo techo, porque el dolor y la tensión misma es un aliciente para buscar la ayuda que necesitan y pueden ir observando mutuamente los cambios positivos o negativos. Una decisión que no admite discusión es que, si siguen bajo el mismo techo, hace falta que quien fue infiel haya dejado de verse y comunicarse con su amante («contacto cero»). El acompañamiento es imprescindible, puesto que los dos necesitan a alguien para ventilar sus pensamientos y sentimientos que no sea directamente la pareja, ni delante de sus hijos.

Es posible que tu pareja no te permita tomar la decisión de mantenerse bajo un mismo techo. Tal vez tu cónyuge haya tomado la decisión irrevocable de marcharse de la casa y no puedes impedirlo. Incluso una decisión de ese tipo no tiene por qué ser determinante. Si ese es tu caso, lo que te pediría es que tomes esta pausa para evaluar lo que vas a hacer independientemente de lo que él o ella vayan decidiendo.

Durante esta primera fase de mirarse al espejo y empezar a ver todo el daño causado, cada uno puede sentirse tentado a tomar decisiones espontáneas porque es difícil soportar el dolor. Nuestro consejo es que no tomen ninguna decisión en cuanto a la separación ni la restauración del matrimonio en este momento. Esta pausa es una oportunidad para darte tiempo a experimentar diferentes emociones sin sentir la presión de tener que interpretarlas y actuar según lo que tú o tu pareja sientan en un momento determinado.

La Biblia señala que el corazón es engañoso (Jeremías 17:9) y los sentimientos que produce durante este tiempo pueden subir y bajar como si estuvieran en una montaña rusa. Por lo tanto, la meta es permitir que la emoción se estabilice y puedas tomar una decisión con la cabeza que tenga en cuenta muchos más aspectos que tus sentimientos, mientras cada uno trabaja en sí mismo.

No tomar ninguna decisión ahora no significa que no te prepares, por ejemplo, contactando a un abogado, buscando consejo en la familia o creando un plan de acción. Tales acciones pueden ser necesarias para lograr la paz mental y demostrar la seriedad del asunto. En algunos casos, esta pausa sirve para reforzar tu decisión de irte, permitiendo que ates todos los cabos sueltos y te marches con menos odio o rencor. En otros casos, la pausa sirve para que te vuelvas a encontrar con la esposa o el esposo con el que habías dejado de relacionarte y decidas luchar por tu matrimonio.

Tengo que advertirte que no tomar decisiones drásticas no siempre acabará en la reconstrucción del matrimonio. Aunque desearía poder decir que todos los matrimonios se arreglarán y se reconstruirán, no siempre será posible, ni tampoco sería la mejor decisión en determinadas ocasiones. Sin embargo, en casi todos los casos, aprovechar este espacio para pensar es beneficioso a fin de evitar decidir algo apresurado de lo que luego se arrepientan.

Quisiera preparar tu corazón para que tengas la paciencia que vas a necesitar con los que te rodean, ya que, sea por preocupación real o por chisme, te seguirán preguntando: «¿Qué vas a hacer?». Esta pregunta puede ser inocente y hasta bien intencionada, pero golpea fuerte el corazón porque provoca ansiedad ante la necesidad de tener que dar una respuesta, desencadenando una batalla entre tus sentimientos y tus pensamientos. Además, eres consciente de que lo que sientes cambia de un día a otro, hasta de un momento a otro. Así que esta tensión por tener que dar respuestas inmediatas puede empeorar el proceso de sanidad y hacer que estés tan irritable y ansioso que el camino se complica aún más.

En cambio, si te relajas porque sabes que de momento no tienes que tomar decisiones, sino que puedes sentir y pensar muchas cosas distintas, poniendo solo un pie delante del otro, esa actitud reduce la ansiedad y evita la confusión. Avísales a quienes te rodean que vas a crear un espacio que te permita dar un paso hacia atrás, observar todo desde una perspectiva más amplia, y ver así todo el panorama de forma más completa y sin presiones. De ese modo, puedes observar si tu pareja está arrepentida y dispuesta a trabajar o no, conocer cómo están tus hijos, evaluar tu propio estado de salud mental y relacional, y poco a poco, en su debido momento, tomar las mejores decisiones considerando todos los factores.

Las decisiones apresuradas no suelen tener un buen resultado porque no atacan la raíz del dolor. En las relaciones que han seguido adelante sin una profunda reflexión, muchas veces surge el rencor y la amargura. La misma historia se repite de alguna forma en el futuro próximo. Por otro lado, las próximas relaciones de los que se han separado rápido y sin un proceso suelen estar plagadas de desconfianza y dolor, lo cual impide poder crear una nueva relación saludable, ya sea de amistad o romántica.

Pensar antes de actuar es la forma de asegurar que la decisión tomada sea la mejor y acarree el mínimo de consecuencias negativas de cara al futuro. Sin embargo, tengo que reiterar que esto será imposible sin una red social y espiritual de personas seguras.

Una red social y espiritual de personas seguras (Cornelia Hernández de Matos)

Fuimos creados por diseño de Dios como seres relacionales. Esa es la razón de nuestra necesidad de relacionarnos con Él y los demás. Las relaciones se afectaron producto del pecado, y el ser humano, en lugar de ser vulnerable y acercarse a Dios y los demás, tiende a aislarse, perdiéndose así la oportunidad de estar acompañado durante los procesos de la vida. Por supuesto que hay quienes son más sociables que otros, pero todos necesitamos conectarnos profundamente con Dios y, por lo menos, con un grupo de personas.

En los momentos de crisis, como lo es una infidelidad, esa necesidad relacional hace eco en nuestro interior. Tus pensamientos y emociones se alteran y no podemos actuar con sabiduría, por lo que resulta vital recibir el apoyo de personas seguras. *Los traumas causados en una relación se sanan a través de relaciones seguras.* Por supuesto, la relación más segura que podemos tener es con Dios, pero el Señor también nos coloca en una comunidad y una familia para que podamos recibir su amor y su cuidado a través de las relaciones humanas.

Muchas personas se aíslan debido a los sentimientos de vergüenza y culpa. Esto no es recomendable, pero tampoco significa que no se necesite tiempo a solas para reflexionar, orar y meditar. De lo que sí debemos cuidarnos es de no aislarnos por completo. Los extremos no son buenos, porque lo único que logran es que evadamos lo que deberíamos estar enfrentando. Es necesario encontrar el balance entre la reflexión personal y la ayuda de los demás.

Encontrar una red de personas seguras, tanto social como espiritual, es algo prioritario y a la vez delicado. No resulta necesario que sean muchas personas, sino unas pocas que brinden un espacio emocional que inspire confianza y provea descanso.

¿Quiénes conforman esta red?

La selección de las personas que caminarán contigo en momentos tan difíciles debe ser sumamente cuidadosa. Es necesario orar y reflexionar con diligencia, porque tal vez a tu alrededor haya personas con buenas intenciones, pero que no necesariamente serán idóneas para estos fines.

Me gustaría sugerirte algunas características que considerar, las cuales pueden orientarte a encontrar ese tipo de personas seguras. Es sabio que en su mayoría sean de tu mismo sexo. Esto no significa que una pareja de esposos no pueda acompañarte, pero lo importante es que cuides la cercanía emocional y por supuesto física con personas del sexo opuesto. La perspectiva de una persona del sexo opuesto puede ser un aporte valioso a tu reflexión personal, pero el problema radica en hablar de temas profundos estando sensible y vulnerable, ya que eso puede traer confusión y convertirse en un riesgo para ambos. Solo hazlo con límites saludables, por ejemplo, acompañada de otra persona durante la conversación o de su pareja si está casado.

Nuestra mente no siempre procesa las situaciones del día a día de manera adecuada cuando pasamos por momentos de confusión, dolor y ansiedad. Sin embargo, recuerda que muchas de las decisiones que tomes en este momento difícil de tu vida tendrán un impacto en tu futuro. Así que necesitas una persona madura que pueda observar la realidad de manera objetiva sin dejar de sentir tu dolor. Tenemos la tendencia a hablar de nuestros problemas con nuestros mejores amigos y eso puede ser bueno, pero ellos no siempre poseen las herramientas para guiarnos de la mejor manera en cuanto a cómo tomar decisiones. No me malinterpretes, necesitamos buenos amigos para que nos presten sus oídos y hombros, su compañía es de mucho valor, pero la red de apoyo para estos casos debe incluir personas que sean objetivas y maduras, tanto en lo emocional como en lo espiritual.

Una persona madura espiritualmente es alguien que conoce al Señor y lo hace evidente por su testimonio de vida. Se trata de una persona que aplica los principios revelados en su Palabra con sabiduría. Es difícil que alguien maduro espiritualmente no lo sea también en el área emocional. Conocer a Dios y su Palabra transforma el carácter. Eso no significa que los cristianos maduros sean perfectos, pero sí que Dios va formando la imagen de Cristo en nosotros en la medida en que caminamos fielmente con Él. Además, una persona espiritualmente madura y con convicciones firmes es empática, paciente y cálida.

Es muy posible que esa madurez espiritual represente cierto nivel de autoridad para ti, lo cual puede ser muy recomendable. No necesitas más personas que simplemente te den su opinión y sean tan superficiales que no te inviten a una profunda reflexión antes de tomar decisiones. Hay situaciones en la vida, como el afrontar una infidelidad, en que tener acceso a un pastor, líder o consejero bíblico es de mucho valor.

¿Será un familiar cercano una persona idónea que te ayude a enfrentar estos casos? ¿Podría manejarse con total objetividad? Es posible que sí, pero no siempre será fácil que te acompañe con la objetividad necesaria. El apoyo de la familia es invaluable, necesitas encontrar entre tus familiares un lugar seguro donde puedas expresar tus emociones con libertad, encontrar descanso y sentirte amado (esto sirve aun para quien cometió la falta). Sin embargo, en este mundo caído los miembros de la familia no siempre manejan de manera adecuada la información, son discretos ni tienen la capacidad de contener las emociones que ellos mismos experimentan en medio de una situación de la que se sienten parte. Por lo tanto, es prudente escoger con cuidado al familiar que sea parte de tu red de apoyo.

Es importante que tu familia sepa lo que está sucediendo, pero ellos no siempre serán las personas con las que puedas procesar cada paso de tu camino de sanidad. Aunque por supuesto, si tienes un familiar en mente, debe cumplir con las características antes expuestas. Eso sí, el beneficio de contar con un familiar como acompañante cercano en el proceso de sanidad es que también te ayudará a saber cómo pasarle la información sobre tus decisiones a los demás miembros de la familia.

De seguro ya te diste cuenta de que no muchas personas cumplen con estos requisitos y eso podría ser bueno, porque en realidad no deben ser muchos. Esta es una red integrada por personas cercanas, confiables, objetivas, maduras, disponibles y discretas. No deberían ser solo amigos que estén de acuerdo en todo contigo y nunca te confronten, sino más bien que puedan amarte de verdad, llevándote a Cristo, escuchando tus temores y tu dolor, acompañándote en oración, estando pendientes de ti. En fin, caminando contigo al ritmo determinado por Dios.

No pierdas de vista que tu experiencia también bendice a las personas de tu red de apoyo. En esta vida no somos expertos, sino hermanos que vamos caminando juntos mientras aprendemos los unos de los otros. Es posible que en algún momento tú seas de ayuda para alguno de ellos y te sorprenda que tengas tanto para dar, aunque a Dios no le sorprenda porque te preparó por medio de tu propia experiencia de dolor. Dios es capaz de usar el aprendizaje de las experiencias dolorosas de sus hijos para bendecir a otros.

Consejo para quien acompaña

Si no eres un profesional de la salud mental y relacional, no intentes serlo por ningún motivo. Las personas afectadas por la infidelidad necesitan a sus amigos y familiares en su rol de amigos y familiares, de modo que los acompañen sin tratar de ser lo que en realidad no son ni intentar desempeñar una tarea para la cual no tienen las credenciales. Quizás una de tus tareas de acompañamiento sea justamente ayudarlos a encontrar a un buen profesional para que puedan recibir esa dirección clínica.

Sé que vivimos un tiempo de mucha información por internet. Sin embargo, debemos cuidarnos de transmitir información o consejos de los que no conozcamos la fuente o que solo puedan ser realmente provistos por profesionales capacitados.

Un buen acompañamiento profesional

Es importante contar con una red de apoyo y también en paralelo dejarte asistir por un profesional calificado. El consejo profesional podría marcar una gran diferencia en el proceso de sanidad.

Los elementos a considerar al buscar a un profesional son varios:

- La especialidad
- La experiencia
- Los valores
- La accesibilidad

La especialidad

Los psicólogos, al igual que los médicos, tienen diferentes especialidades. El que atiende niños y adolescentes no suele trabajar con adultos y viceversa. El que trabaja en trastornos alimenticios no suele abordar la terapia de pareja, ni el que trabaja en sexología atiende a personas con trastorno de hiperactividad. La especialidad permite adentrarse en un tópico particular y desarrollarlo con cuidado hasta alcanzar maestría en el tratamiento de esos problemas.

En este sentido, la terapia de pareja es diferente a la terapia individual.[2] La terapia individual, desde la visión cognitivo conductual, busca brindar un espacio seguro para expresar cualquier emoción mientras se acompaña a la persona y se le contiene en ese espacio donde va expresando sin filtros y sin miedo lo que siente. En el caso de las adicciones, por ejemplo, será imprescindible que el adicto tenga un acompañamiento específico individualizado para la situación que está enfrentando. La gran mayoría de las personas se benefician de un espacio en el que no se sienten juzgadas, sino que son escuchadas y ayudadas a reflexionar sobre sus pensamientos y emociones.

2. Véase John Gottman, *Siete reglas de oro para vivir en pareja*, Debolsillo, 2019.

En la terapia de pareja, en cambio, no es saludable crear este espacio de expresión libre en un primer momento. Eso es así porque se trata de dos personas, y si cada una se expresa sin filtro, pueden acabar en insultos, humillaciones y exponiendo al otro delante de un testigo (el terapeuta) sin medir ni procesar las palabras. La pareja puede salir de la terapia más dañada de lo que estaba antes de entrar.

Resulta crucial que la terapia de pareja tenga un espacio de mediación en el que el terapeuta dirija hábilmente la conversación para llegar a los sentimientos profundos que residen por debajo de las quejas y la frustración del diario vivir. La tarea del terapeuta es enseñarles a discutir en lugar de pelear. No significa que siempre los vamos a proteger del dolor o las emociones fuertes, pero la terapia tampoco puede convertirse en un tiempo de desahogo sin barreras. Se requiere el manejo profesional de otras técnicas que ayuden a mostrar lo que hay en el corazón sin producir más daño.

Debes buscar que el profesional que vaya a acompañar el caso esté formado en terapia de pareja (o familiar) para poder asegurar que no va a usar técnicas de terapia individual con una pareja. La terapia tendrá éxito si se usa la técnica correcta.

La infidelidad crea una dificultad añadida dentro de la terapia de pareja. La terapia normal de pareja intenta que entre los dos se cree un balance de escuchar y hablar, en el que cada uno se sienta valorado y apreciado. En la terapia por infidelidad es importante que, bajo supervisión, se genere un desequilibrio en el que la persona traicionada tenga el privilegio extra de poder exigir ciertas respuestas y verificaciones del comportamiento para poder reconstruir la confianza (esto lo veremos con más detenimiento en los capítulos de protocolo). Tal desequilibrio es temporal y está controlado por el terapeuta, pero es parte necesaria del proceso de reconstrucción. Buscar un terapeuta que tenga formación y especialización en temas de infidelidad ayudará a que el proceso pueda ser profundo y llegue al punto que es necesario acceder y tratar.

La experiencia

La experiencia que posea el profesional trabajando en esta temática también importa. No tengas miedo de preguntarle al profesional por su experiencia en el tema.

- «¿Has tenido un caso parecido?».
- «¿Has trabajado con alguna infidelidad anteriormente?».
- «¿Qué consideras como éxito en un caso de infidelidad?».
- «¿Qué formación tienes en terapia de parejas e infidelidad?».

Estas son preguntas válidas e importantes que te harán sentir seguro de que estás en buenas manos.

Los valores

Casi más significativo que los puntos anteriores es el hecho de que la persona con la que vas a trabajar comparta tus valores. Un médico puede colocarte un yeso para componer tu muñeca rota y no creo que sus valores morales o espirituales influyan mucho en tu sanidad. Sin embargo, podrían darse resultados muy diferentes si eres atendido y guiado en tu proceso de sanidad de una infidelidad por un profesional que no comparte tus mismos valores.

Por ejemplo, he sabido de profesionales especialistas en infidelidad que anuncian que te ayudarán a terminar el matrimonio y tener éxito con tu amante. Hay otros que no consideran la pornografía como algo negativo, o hasta profesionales que piensan que relaciones de tres o cuatro personas son beneficiosas. Por otro lado, también hay consejeros que creen que uno jamás se puede divorciar, aun en casos extremos de abuso. Esta variedad de enfoques del problema hace que sea de suma importancia que hagas una pequeña investigación de los profesionales que tienes a tu alcance para verificar si los consejos y protocolos que usarán están alineados con tu cosmovisión y tu moralidad.

Basta que navegues por la página web o revises las redes sociales del especialista, porque la gran mayoría de los profesionales exponen algún tipo de línea de pensamiento o valores en estas plataformas. Si no las tuviere, siempre te queda realizar algunas buenas preguntas:

- «¿Qué conductas considera infidelidad?».
- «¿Cree que un matrimonio se puede reconstruir tras una infidelidad?».
- «¿Piensa que una infidelidad podría llevar a un divorcio?».

También es cierto que a veces es necesario llevar a cabo una primera sesión con un profesional a fin de poder realizar las preguntas pertinentes, ya que muchos no están disponibles para que los puedas llamar sin que ya hayas contratado sus servicios. Sin embargo, vale la pena pagar una sesión e investigar antes de comprometerte a seguir adelante con ese especialista.

La accesibilidad

El proceso de sanidad requiere de un gran esfuerzo. Así que el último punto que quisiera resaltar es que la persona con la que se elija trabajar sea accesible para que ese esfuerzo dé resultado. Con accesibilidad me refiero a varias cosas: finanzas, tiempo, formato y personalidad. «No fue fácil, no fue rápido y no fue barato, pero sí valió el sacrificio. Como todo en la vida, sabíamos que para recibir grandes resultados no podíamos entregar esfuerzos mediocres».[3] Esta frase es una cita del libro biográfico de una pareja que caminó por la infidelidad.

Lo primero que debes saber es que muchos profesionales, para no decir la gran mayoría, tienen una tarifa que puede ser elevada. En la mayoría de los países, la atención mental/emocional no está cubierta por los seguros ni se puede acceder a ella con facilidad. Se trata de una realidad que espero que cambie algún día, pero de momento es así. No debes quedarte sin comer para poder atenderte, pero, a la vez, piensa que sí vale la pena hacer algunos sacrificios en términos de tus gastos para salvar tu matrimonio o por lo menos tu salud mental (si es que acudes a terapia individual). Pregúntate: ¿Qué es más importante y urgente para mí en este momento? ¿Qué consecuencias tendrá a largo plazo no atender este asunto? Si fuese un problema médico tangible, ¿qué estaría dispuesto a hacer?

Te animo a pensar de forma creativa, por ejemplo, pidiéndoles a familiares y amigos que te ayuden con un trabajito extra o realizando algún sacrificio de tiempo o inversión. Hemos visto a familiares, amigos y hasta a la iglesia misma pagar por la terapia de otros cuando ven que hay disposición y voluntad. No dejes que el dinero sea un impedimento para tu sanidad.

Con respecto al tiempo es importante que estés preparado para realizar la terapia completa. Acudir a una sesión aislada puede ser una ayudita, pero sería como poner una gasita para detener una hemorragia. Debes tener claro que necesitarás este tipo de acompañamiento durante un tiempo (el mínimo suele ser seis meses para temas de infidelidad, pero es sabio calcular un año). Procura tener acceso a la ayuda hasta el final. Mi mentor siempre me recuerda que sacó una segunda

---

3. Susana y Ricardo Rodríguez, *¿Y si comenzamos de nuevo?*, Casa Creación, Florida, 2016, p. 122.

hipoteca para pagar sus terapias y que esa decisión salvó su matrimonio y su familia. Aunque espero que nadie tenga que hipotecar su casa, sí espero que le des a tu recuperación el valor que merece y hagas los sacrificios que sean necesarios para alcanzar tu bienestar.

La terapia requiere que le dediques un mínimo de una hora a la semana durante varios meses, a lo cual debes añadirle el tiempo para realizar las tareas que se asignen. El daño al matrimonio no ocurrió de un día para otro, por lo que tampoco podemos esperar que se arregle en un par de horas.

El formato y el lugar de las sesiones también pueden ser evaluados. El formato virtual actual es una herramienta increíble para poder trabajar y te permitirá contar con más opciones de profesionales y horarios. Hay parejas que funcionan muy bien *online* y hay otras que son incapaces de concentrarse o tan volátiles que podría generarse cierta agresividad al otro lado de la cámara, la cual el profesional no podría ayudar a calmar si no está presente. Verifica qué formato necesitas para que solicites el que resulte más apropiado.

Por último, es interesante evaluar la personalidad del profesional. En general, un buen profesional se adapta al paciente y puede trabajar con casi cualquier persona. La personalidad de un profesional no debería ser una gran barrera. Lo importante es que te sientas seguro y cómodo con la persona con la que vayas a trabajar. Si el o la profesional te sigue generando rechazo o malestar después de algunas sesiones, es sabio que busques a otra persona que te brinde seguridad. Sin embargo, ten en cuenta que el profesional no está allí para ser tu amigo o amiga, no tiene por qué caerte bien, y hasta quizás necesites un perfil confrontativo o duro para ayudarte en tu proceso.

Todo lo dicho hasta este momento podría hacer que pienses que el proceso de elegir a un profesional competente resulta demasiado complicado. Es cierto, son muchos los factores que debes considerar, pero al final *lo importante es que le pidas dirección a Dios para que teniendo estos factores en mente te guíe a la persona indicada.*

Es posible que no haya muchas opciones si vives en un lugar con pocos profesionales o los que están disponibles no comparten tus valores. Encontrarlo será difícil, pero no pierdas la esperanza. Quizás tengas que comprometer algún punto de esta lista, como por ejemplo, acudir a terapia *online*, tener que invertir más tiempo para llegar al consultorio o pedir un préstamo. También existen consejeros y pastores, instructores, psiquiatras o médicos que se han formado para trabajar en estos temas y pueden ser un recurso algo más accesible. Reitero, el consejo es ponerlo todo en oración. Sabemos que Dios permanece en control de todas las cosas y Él puede suplir todo aquello que no puedas conseguir por ti mismo.

Ya hemos dicho que no todas las relaciones matrimoniales sobrevivirán a una infidelidad, pero las que sí podrán lograrlo necesitan que no solo tú, sino ambos, tengan la voluntad para trabajar con paciencia en su situación y así ir avanzando paso a paso en la toma de decisiones. Si los dos lados están dispuestos, entonces se puede agarrar un vaso nuevo y empezar otra vez a recolectar semillas nuevas, viendo cómo se va avanzando. Analizaremos los pasos siguientes para estos casos en el capítulo ocho.

Ahora bien, ¿qué pasa con las relaciones en las que ya sea una o las dos partes no están dispuestas o no tienen la voluntad para seguir juntos? ¿Qué opción hay para estas parejas? ¿Es el divorcio una opción? En el próximo capítulo vamos a responder a esas preguntas.

CAPÍTULO 7

El divorcio, ¿es una opción?

Kari Clewett

Entramos a un tema difícil y en primer lugar quisiéramos reconocer que ninguna de nosotras somos expertas en teología, aunque las dos tenemos estudios en dicha área. Si tienes preguntas sobre el divorcio y la doctrina desde tu posición como cristiano, te recomendamos que lo hables con tus pastores, leas libros que traten el tema, además de orar y conversar directamente con Dios sobre el asunto.

Es posible que este capítulo te sorprenda si no eres cristiano o llevas poco tiempo en la iglesia. La posibilidad del divorcio es una de las primeras opciones que viene a la mente luego de una infidelidad, pero lo cierto es que existen muchas opiniones diferentes sobre si está permitido o no divorciarse. No veremos el tema del divorcio desde una perspectiva teológica porque hay muchos libros escritos al respecto. Por el contrario, queremos acercarnos al tema desde nuestra posición profesional, entendiendo la dinámica del matrimonio y sus relaciones y explorando así el divorcio dentro de los casos de infidelidad.

Una frase de Jay E. Adams que leí me ha ayudado a explicar el divorcio tal como yo lo percibo. «Aunque todos los divorcios son el resultado del pecado, no todos los divorcios son pecaminosos».[1] Hay muchas personas que se encuentran divorciadas en contra de su voluntad, producto de los pecados cometidos por su ahora excónyuge. Estas personas han intentado hacer las cosas bien, respetar el pacto matrimonial y ser fieles, pero su pareja no ha permitido que el compromiso en la relación se mantenga. También están los que han pensado en el divorcio debido al dolor que han sentido al verse traicionados y creer que será imposible restablecer la confianza. Y además están los que han traicionado y sienten que le han hecho tanto daño a su pareja que piensan que la única opción es divorciarse y así liberarla de su compromiso.

El punto en común entre todos ellos es que el dolor y la confusión de la infidelidad se exacerban al añadir o siquiera mencionar la palabra divorcio. Y se añade aún más confusión si uno o ambos cónyuges se consideran cristianos debido a que pareciera que no hay suficiente claridad sobre lo que Dios piensa sobre el divorcio.

Mi intención es ofrecer un poco de claridad, ya que considero que un libro sobre la infidelidad para un público cristiano debe incluir información sobre el divorcio de acuerdo con la Biblia. Lo que haré es reflexionar brevemente en los textos bíblicos sobre el divorcio, la importancia de entender qué consecuencias tiene la infidelidad sobre el matrimonio,

---

1. Jay E. Adams, *Marriage, Divorce and Remarriage in the Bible* [El matrimonio, el divorcio y el nuevo matrimonio en la Biblia], p. 30. Citado en Jim Newheiser, *Matrimonio, divorcio y nuevo matrimonio. Preguntas comunes; respuestas bíblicas*, Poiema Publicaciones, Colombia, 2019, p. 227.

qué opciones tiene esa pareja y, si elige quedarse, qué tipo de compromiso requiere esta relación.

El divorcio y la Biblia

En el mundo cristiano hay mucha controversia alrededor del tema del divorcio y el nuevo matrimonio. Sin embargo, existe cierto acuerdo general.[2]

- El matrimonio debe ser para toda la vida. «Pero desde el principio de la creación, *Dios* LOS HIZO VARÓN Y HEMBRA. POR ESTA RAZÓN EL HOMBRE DEJARÁ A SU PADRE Y A SU MADRE, Y LOS DOS SERÁN UNA SOLA CARNE; así que ya no son dos, sino una sola carne. Por tanto, lo que Dios ha unido, ningún hombre lo separe» (Marcos 10:6-9).
- Dios odia el divorcio. «"Porque Yo detesto el divorcio", dice el SEÑOR, Dios de Israel, "y al que cubre de iniquidad su vestidura", dice el SEÑOR de los ejércitos. "Presten atención, pues, a su espíritu y no sean desleales"» (Malaquías 2:16).
- La mayoría de los estudiosos de la Biblia coinciden en que no puedes pensar en el divorcio solo por «no ser feliz». «Pero Yo les digo que todo el que se divorcia de su mujer, a no ser por causa de infidelidad, la hace cometer adulterio; y cualquiera que se casa con una mujer divorciada, comete adulterio» (Mateo 5:32).
- Debes respetar los votos matrimoniales y, por lo tanto, hacer todo lo que está en tus manos para mantener unido lo que Dios unió. «Así que ya no son dos, sino

---

2. Jim Newheiser, *Matrimonio, divorcio y nuevo matrimonio. Preguntas comunes; respuestas bíblicas,* Poiema Publicaciones, Colombia, 2019, p. 185.

> una sola carne. Por tanto, lo que Dios ha unido, ningún hombre lo separe» (Mateo 19:6).

Estos principios generales son aceptados por la gran mayoría de los cristianos. Sin embargo, a partir de ese fundamento empieza a haber mucha variedad de posiciones.

Las palabras de Jesús en Mateo son sumamente claras: «Pero Yo les digo que cualquiera que se divorcie de su mujer, salvo por infidelidad, y se case con otra, comete adulterio» (Mateo 19:9). La mayoría de las ramas del cristianismo aceptan que puede haber divorcio tras una infidelidad. No obstante, todavía la discusión permanece sin alcanzar un consenso total.

Las opiniones van desde aceptar el divorcio por diferentes motivos (sobre todo por abandono y pecado sexual) hasta no permitir el divorcio bajo ningún concepto. Algunas ramas del cristianismo que no creen en el divorcio usan la nulidad del matrimonio o la «separación legal» para crear una separación física sin que ocurra legalmente un «divorcio». También hay muchas variantes en cuanto a lo que viene después del divorcio, es decir, la posibilidad de un nuevo matrimonio.

Te quisiera pedir que leas este capítulo con paciencia y tolerancia, porque es posible que no estés de acuerdo con todo. Puede ser que los términos para fundamentarlo o la misma palabra «divorcio» te provoquen un rechazo inmediato. Tal vez estés considerando el divorcio o ya hayas firmado los papeles y leer sobre esto te causa malestar. Mi oración es que llegues hasta el final y que a través de estas páginas puedas sentir el corazón de Dios y cómo Él te ama y vela por ti.

Así que acompáñame a descifrar la complejidad y la posibilidad de un divorcio tras una infidelidad.

No es, ni debe ser visto como una opción fácil

El divorcio nunca debe ser planteado como una opción fácil, como la primera elección, ni como algo obligado. El matrimonio tras una infidelidad ha quedado roto y requiere de un proceso de restauración para los cónyuges. Es necesario decidir cómo proceder, pero sin que parezca que hay solo dos soluciones: el divorcio o seguir como si nada. Ninguna de estas dos opciones, sin un trabajo detrás, suele dar buen resultado; hay que trabajar duro para sanar las heridas.

En este proceso, lo primero a tener en cuenta es que *a Dios le importa tu matrimonio, pero le importa más tu corazón.* Si te desvives por restaurar tu matrimonio sin ocuparte de tu corazón, la raíz del asunto se queda sin atención y los problemas surgirán a la vuelta de la esquina.

La decisión sobre qué hacer con el matrimonio no es sencilla ni rápida. Tienes que disponer del tiempo suficiente para observar la relación y su estado actual y poder vislumbrar el trabajo y el compromiso necesarios para cambiar la situación. Hace falta tomar un tiempo para el duelo y llorar la pérdida, lamentar la muerte de sueños y deseos, así como la desaparición de la imagen que habías proyectado en cuanto a tu vida futura.

¿Por qué es necesario saber lo que dice la Biblia?

Una persona conocedora del evangelio se casa asumiendo que se trata de un pacto de compromiso para toda la vida (Mateo 19:6). La pareja se une en matrimonio para siempre, para cumplir los votos que prometieron delante de Dios y sus testigos.

Piensa un momento en los votos tradicionales que se dicen mutuamente dentro de la ceremonia de casamiento. Las palabras pueden ser un tanto diferentes, pero el sentido es el mismo. Los novios se prometen fidelidad pase lo que pase, hasta la muerte:

> «Te recibo a ti, ______________, como esposa(o) y me entrego a ti, prometiendo serte fiel en la prosperidad y en la adversidad, en la salud y en la enfermedad, y así amarte y respetarte todos los días de mi vida, hasta que la muerte nos separe».

Algunas de las grandes preguntas para ti podrían ser:

- «¿Hasta dónde tengo que ser fiel en esta adversidad?».
- «¿Cómo puedo seguir amando a mi pareja si no me está siendo fiel?».
- «¿La infidelidad es una parte de la adversidad o hasta de la enfermedad, o está en otra categoría?».

Aquí es importante informarnos con una teología del divorcio para conocer las diferentes opciones. Si Dios ha dejado sumamente claro que odia el divorcio (Malaquías 2:16), entonces uno no quiere ni puede tomar la decisión a la ligera.

Jim Newheiser, en su libro *Matrimonio, divorcio y nuevo matrimonio. Preguntas comunes; respuestas bíblicas,* lo resume así:

> Aunque la causa de todos los divorcios es el pecado, no todas las personas divorciadas son responsables de separar lo que Dios ha unido. Muchos [...] creen que la Escritura enseña que el pecado sexual es una violación tan grave del pacto matrimonial que le da una razón válida al cónyuge inocente para divorciarse.[3]

---

3. Jim Newheiser, ob. cit., p. 221.

Estés de acuerdo o no con divorciarse y volver a casarse, creo que todos podemos coincidir en que el cónyuge infiel ha roto los votos matrimoniales, ¿no? Si es así, entonces el matrimonio ha quedado dañado y tiene una gran grieta que lo ha quebrado. Recordemos una vez más que el Señor Jesús afirmó que el divorcio estaría permitido en estas situaciones (Mateo 19:9). Esa sería la forma de legalizar la realidad de la situación (un matrimonio roto) para que la persona inocente quede libre de su compromiso matrimonial. Por lo tanto, el cónyuge inocente no está *obligado* a divorciarse, pero puede hacerlo.

Resulta importante reflexionar sobre la legalidad o la posibilidad del divorcio, ya que habrá muchas opiniones entre las personas que te rodean. Como hemos mencionado antes, casi lo primero que te van a preguntar es: «¿Qué vas a hacer, te vas a divorciar?». Estás todavía en medio de la conmoción causada por el engaño y ya hay personas que están preguntando o animándote a hacer un cambio y a separar tu vida radicalmente de la de tu pareja.

Según lo que he estudiado y entendido de la Biblia, creo firmemente que Dios permite que la persona inocente pueda elegir un divorcio tras una ruptura debido al pecado sexual, aunque en breve abundaremos en cuanto a mis consejos y parámetros. Sin embargo, de seguro te preguntas qué hay sobre el perdón bíblico, porque también es un tema muy común en las Escrituras.

Es posible que algunos te sugieran el divorcio inmediato después de hablar de la infidelidad sufrida, pero en el otro extremo estarán los que te recuerdan versículos sobre el perdón, como por ejemplo:

> «Porque si ustedes perdonan a los hombres sus transgresiones, también su Padre celestial les perdonará a ustedes. Pero si no perdonan a los hombres, tampoco

> su Padre les perdonará a ustedes sus transgresiones» (Mateo 6:14-15).

> «Entonces acercándose Pedro, preguntó a Jesús: "Señor, ¿cuántas veces pecará mi hermano contra mí que yo haya de perdonarlo? ¿Hasta siete veces?". Jesús le contestó: "No te digo hasta siete veces, sino hasta setenta veces siete"» (Mateo 18:21-22).

¿Es este perdón el que exige Dios también en casos de infidelidad? ¿Se puede curar una infidelidad con un «te perdono»?

Muchas parejas simplemente quieren barrer la infidelidad bajo la alfombra, perdonar rápido y seguir adelante. Esto es como intentar cerrar la herida de una cesárea con una venda. No se puede, pues la cesárea atraviesa siete capas diferentes de piel, músculo y tejidos, así que no es posible suturar con un pequeño vendaje. La infidelidad ha roto capas de confianza, compromisos, promesas y experiencias que no se pueden sanar con un simple: «Te perdono y seguimos adelante».

Déjame darte un ejemplo. Pablo le fue infiel a su esposa Yesenia con una amiga en común. Él se lo confesó e inmediatamente después de hacerlo se convirtió en el esposo más maravilloso del mundo. Le traía flores, le hablaba con amor, se encargaba de los hijos y se mostraba muy atento con ellos. Leía su Biblia a diario y asistía a todas las reuniones en la iglesia. Era paciente con su esposa y respetaba sus momentos de altibajos emocionales mientras procesaba lo que estaba pasando.

Yesenia se sintió totalmente traicionada con esa confesión, no entendía por qué le había hecho eso. A la vez, ella se había casado para permanecer juntos en lo bueno y en lo malo, por eso sentía que, aunque había hecho algo que estaba muy mal, ahora Pablo estaba siendo el esposo perfecto. No quería traer caos a sus vidas, ni poner en riesgo las funciones importantes que desempeñaban los dos en su iglesia. Ella veía que Pablo estaba muy arrepentido y hacía cualquier cosa que le pedía. Sentía que había recuperado a su esposo luego de ese comportamiento, aunque también seguía muy dolida.

Él le pedía perdón todo el tiempo y le prometía que había aprendido la lección. Yesenia decidió simplemente perdonar y seguir adelante. No pidieron ayuda ni le informaron a nadie de lo que estaba pasando.

Al poco tiempo, Pablo se empezó a relajar. Ya no le traía flores ni tenía cumplidos para ella. Dejó de pedirle perdón y ya no estaba tan dispuesto a hacer cualquier cosa que Yesenia le pidiera. Empezó a retarla cuando tenía mala actitud, cuando lloraba o no cumplía con sus promesas o las tareas de la casa. El trabajo lo estaba agobiando y tenía poca paciencia. También mostraba muchos deseos de tener relaciones íntimas con su esposa, pero ella no estaba dispuesta.

Yesenia se muestra cada día más exigente y amargada y Pablo cada vez más aislado y demandante...

Asumo que puedes imaginar cómo sigue la historia. Yesenia lo perdonó, pero Pablo no estaba arrepentido realmente y no sufrió casi ninguna consecuencia por sus acciones. Si pudiéramos observarlos en seis meses o hasta cinco años después, de seguro encontraríamos una nueva infidelidad o un matrimonio que no tiene intimidad sexual ni emocional. Es posible que vivan como meros compañeros de casa por amor a sus hijos. Pasados unos años, tal vez acaben en un divorcio complicado porque en ese momento no habrá un «motivo» claro, solo un «ya no nos queremos ni sabemos comunicarnos».

Tengo la seguridad de que vivir así no es lo que Dios quiere. No funciona perdonar rápido sin tratar el problema y simplemente permanecer en el matrimonio tal y como está, intentando seguir adelante. Al menos, no funciona a largo plazo. Hay que detenerse y admitir que el pacto se rompió. Newheiser dice: «El quebrantamiento deliberado del pacto matrimonial es un pecado no solo en contra del cónyuge, sino en contra de Dios, quien es el juez del pacto».[4]

La gravedad radica en que se pecó contra Dios y contra la pareja. Por lo tanto, un perdón superficial no es suficiente y la separación legal (el divorcio) podría ser una opción. Jesús nos muestra lo que hay que hacer ante un pecado así:

> «Si tu hermano peca, ve y repréndelo a solas; si te escucha, has ganado a tu hermano. Pero si no *te* escucha, lleva contigo a uno o a dos más, para que TODA PALABRA SEA CONFIRMADA POR BOCA DE DOS O TRES TESTIGOS. Y si rehúsa escucharlos, dilo a la iglesia; y si también rehúsa escuchar a la iglesia, sea para ti como el gentil y el recaudador de impuestos» (Mateo 18:15-17).

Este pasaje es clave. Me muestra una de las razones por la que se tiene que trabajar con algún profesional o mentor durante este proceso. Confrontar a tu pareja por llegar tarde, olvidar una cita o alzar la voz se puede hacer estando tú y él a solas, y en general puedes recibir respuestas honestas o llegar a conversar y solucionar la dificultad. Pero la confrontación por una infidelidad resulta muy compleja y generalmente conlleva que quien ha sido traicionado esté en estado de *shock*, permaneciendo así durante un buen tiempo y recibiendo los golpes de la noticia. Considerando lo anterior, es posible enfrentar a tu pareja en solitario en algún momento, pero luego necesitarás el apoyo de «dos o tres» para las confrontaciones posteriores.

Este apoyo resulta necesario debido a la vulnerabilidad emocional en la que te encuentras tras descubrir el engaño. Y por otra parte, también lo necesitarás porque, como hemos

4. Jim Newheiser, ob. cit., p. 199.

visto en el capítulo tres, tu pareja no suele ser honesta en un primer momento.

La gran mayoría de los que han cometido infidelidad y son confrontados piden un «perdón de boca». Eso significa que la persona tiene remordimientos, pero no suelen estar acompañados de un arrepentimiento profundo que produzca cambios verdaderos. El que ha traicionado desea que el mal rato pase rápido y que el mínimo de personas posibles se enteren del problema para mantener su reputación intacta.

El Señor Jesucristo señala en el pasaje anterior que es muy posible que el confrontado no te escuche, sino que continúe con sus engaños y mentiras. También puede ser que el traicionado haya llevado a cabo acciones dañinas y dolorosas que aumentaron la distancia y el dolor entre los dos. La pareja necesita realizar esta confrontación acompañada para no hacerse más daño en el proceso.

Siguiendo con el proceso señalado por Jesucristo, si fuese el caso de que, a pesar del acompañamiento de dos o tres personas, el cónyuge infiel continúa sin mostrar conciencia de sus acciones ni cambios, entonces es importante que la iglesia se involucre buscando un arrepentimiento. Y por último, si continúa con la misma actitud, se debe alejar a esa persona para proteger al cónyuge inocente.

Repito que la infidelidad es tan grave que puede terminar en el rompimiento del matrimonio. No *tiene* que resultar en rompimiento, pero sí *puede* conllevar a una separación total. *Solo si los dos miran de frente a la posibilidad de perder su matrimonio, podrán darse cuenta de la responsabilidad que tienen de cuidarlo y del nivel de arrepentimiento y respuesta que requiere sanar.* Una traición no se soluciona con un «lo siento / te perdono» verbal, sino que requiere de cambios reales y profundos.

Perdonar es importante, pero no es suficiente para restaurar el matrimonio. Para que esto quede más claro, en el capítulo ocho hablaremos de la diferencia entre perdonar y restaurar, y entre remordimiento y arrepentimiento, así como de en qué momento hay que hacer una cosa y otra. Por el momento, veamos a continuación por qué la posibilidad de perder el matrimonio puede aumentar el sentido de responsabilidad.

El divorcio como una opción promueve la responsabilidad

Mis terapeutas y yo aconsejamos que el divorcio (la separación legal delante del gobierno) se contemple como una opción con respecto a la cual no se debe actuar de forma inmediata, pero sí considerarse como una consecuencia posible. No es la única opción, sino una de ellas y un posible resultado de la terapia. Esto ayuda a aclarar la gravedad de la situación en la mente de la pareja y promueve la apertura voluntaria a trabajar de forma profunda.

Que el divorcio sea una opción es para *tu* beneficio, ya que idealmente eres tú quien debe decidir si quieres quedarte o no en el matrimonio. Lo ideal sería que tu pareja no abandonara el matrimonio, sino que se dispusiera a luchar por restaurarlo. Sería un pecado adicional que la persona que te engañó decidiera abandonarte. Dicho eso, está claro que no podemos controlar lo que vaya a hacer tu pareja.

La decisión sobre el futuro del matrimonio no se debe tomar de manera rápida. Aunque pongas el divorcio sobre la mesa, el proceso no se debe poner en marcha durante un tiempo de entre tres y seis meses. También es importante enfatizar que durante ese tiempo deben estar acompañados. Un tema tan delicado requiere de mucha reflexión y no de una decisión apresurada, además de que necesitamos una cabeza pensante que no sea parte del problema y nos ayude a decidir qué vamos a hacer con el matrimonio. Ahora bien, esto último no aplicaría si hay un peligro físico o sexual, porque se tiene que asegurar la seguridad de cada uno.

Sigamos con el ejemplo de Pablo y Yesenia. Ella no supo confrontar a su esposo en su debido momento. Él se lo contó todo muy rápido y de inmediato pidió perdón. Luego empezó a elogiarla y a mostrarle «amor» como es debido. Ella no sintió que tenía otra elección, sino que su única posibilidad solo era perdonar y seguir adelante. Mientras el comportamiento de Pablo siguiera siendo estelar, ella podría embotellar su dolor y sobrevivir. Pero ningún ser humano es perfecto, ni su comportamiento estelar será constante.

Entonces, en cierta ocasión, Pablo llegó cansado del trabajo y le pidió que le recordara los planes para el fin de semana. Yesenia se había estado sintiendo menos importante durante esos días y la petición fue la gota que colmó el vaso. La conversación fue algo así:

> *Y: El «plan» es visitar a mi familia y luego ir al zoo, cosa que ya te he comentado dos veces. Pero bueno, quizás tú solo quieres que te lo repita con el fin de saber cuándo te puedes escabullir y refugiarte en tu teléfono para tener conversaciones paralelas con otras mujeres.*
>
> *P: ¿Pero qué dices? ¡Cómo es posible que me eches eso en cara! Sucedió hace meses y ya te pedí perdón.*
>
> *Y: Hace nada más y nada menos que tres meses. Y sí, claro, me engatusaste para que te perdonara, pero quién sabe si todo eso fue real o solo querías quedar bien delante de los demás.*
>
> *P: No puedo creer que sigas dolida por esa tontería. Ya te pedí perdón y me arrastré durante un montón de tiempo.*
>
> *Y: ¡Ah «arrastrarte»! Así le llamas a tratarme bien ¿no? Ya ves, ni siquiera lo hiciste por amor, sino para que no te*

dijera nada. ¿Crees que pedir perdón por ponerme los cuernos así es suficiente?

P: Baja la voz que los niños duermen.

Y: Por supuesto, no quieres que tus hijos se enteren de que su padre es un adúltero, ¿cierto?

P: Pues si estuvieras más dispuesta a tener sexo quizás no me hubiera fijado en otra en primer lugar.

Y: Anda, fíjate, y ahora es mi culpa...

Las peleas son peores y esta pareja se está haciendo cada vez más daño. La amargura y el resentimiento ahora son parte de su día a día porque no trabajaron el problema en su momento. Yesenia sigue recordando temas del pasado. La infidelidad debe ser confrontada de raíz. Cuando se contempla el divorcio como una opción, se abre un nuevo camino hacia la aceptación de la responsabilidad, el cambio y la toma de decisiones saludables. El apóstol Pablo nos explica la importancia de una confrontación saludable que puede causar tristeza, pero luego produce sanidad y restauración.

> «Porque si bien les causé tristeza con mi carta, no me pesa. Aun cuando me pesó, pues veo que esa carta les causó tristeza, aunque solo por poco tiempo; *pero* ahora me regocijo, no de que fueron entristecidos, sino de que fueron entristecidos para arrepentimiento; porque fueron entristecidos conforme a *la voluntad de* Dios, para que no sufrieran pérdida alguna de parte nuestra.
>
> Porque la tristeza que es conforme a *la voluntad de* Dios produce un arrepentimiento *que conduce* a la salvación, sin dejar pesar; pero la tristeza del mundo produce muerte» (2 Corintios 7:8-10).

La confrontación buena trae tristeza y dolor, pero es una tristeza de Dios que lleva al arrepentimiento y precede a la sanidad. *El arrepentimiento verdadero causa cambios duraderos.* Ser consciente del estado personal, el dolor causado y lo complicado de la situación debe servir como aliciente para realizar el trabajo duro de *cambiar*. Además, sirve como motivador para alejarse de forma activa de cualquier tentación en el futuro, porque uno no quiere volver a verse en una situación similar.

Promover una buena confrontación, que fomenta una pausa para la reflexión y lleva al arrepentimiento, permite que la pareja se dé cuenta de que el matrimonio quedó roto y podrían perderlo todo. Poner el divorcio sobre la mesa permite que si decides seguir adelante con tu matrimonio, esto sea una *decisión* y no una *imposición*. Y esa decisión conlleva a que ambos asuman una responsabilidad.

Un nuevo matrimonio con las mismas personas

Dos verdades son descubiertas cuando ambos se ven confrontados con la realidad de que el pacto está roto:

1. Quien te traicionó se da cuenta de que no va a haber un arreglo rápido e indoloro.
2. Tú te das cuenta de que tienes un espacio para sanar y tomar decisiones.

Repito, la meta no es el divorcio, sino darles seriedad a las consecuencias de la infidelidad y obtener un espacio para sanar. ¿Por qué hacerlo de esa manera? El vaso está roto y sus semillas desparramadas. ¿Cómo se arregla este matrimonio? Hay que tomar un vaso nuevo y empezar a llenarlo de semillas nuevas. *La forma de avanzar es creando un nuevo matrimonio con las mismas personas.*

Si Yesenia y Pablo hubieran puesto sobre la mesa la posibilidad de perder su matrimonio, dándose cuenta de que las acciones de Pablo rompieron el pacto, cada uno hubiera empezado a asumir la responsabilidad desde sus propias posiciones en el matrimonio.

1. Pablo buscaría ayuda para saber cómo llegó a actuar de la forma en que lo hizo porque no quiere repetirlo. Él no desea volver a ponerse en una situación en la que pueda perder a su familia.
2. Yesenia comprendería que podría marcharse, pero no se sentiría presionada a hacerlo. Tiene espacio y tiempo suficientes para ver los cambios de Pablo y también para reflexionar sobre qué es lo que no estaba funcionando en su matrimonio y cómo debe cambiar ella. Ahora puede decidir sin presiones si quiere volver a elegir a Pablo como esposo.

Tomar la decisión de quedarse tampoco se debe hacer de manera apresurada, porque primero hay que demostrar que ha habido cambios. Sus estrategias anteriores de resolución de conflictos y de comunicación no sirvieron. El matrimonio no funcionaba, por eso se hace necesario evaluar el pasado, no para condenarlo, sino para aprender de los errores y caminar en una dirección diferente. La meta es ver si es posible volver a formar un matrimonio nuevo, más fuerte y estable.

Cuando ponen el divorcio sobre la mesa y lo piensan con sumo cuidado, cada uno adquiere una responsabilidad mayor si deciden quedarse en el matrimonio. El que ha sido infiel debe averiguar qué le llevó a cometer traición y tiene que resolver esas causas para que nunca más se repita una traición. No es suficiente con pedir perdón, porque hay muchos otros factores en juego y por eso tiene que haber cambios y nuevos límites.

En tu caso, tras sufrir el engaño, tienes que ver si estos cambios nuevos en tu pareja te devuelven la confianza, porque esa es la única manera en la que vas a poder operar como iguales y no como el policía de tu cónyuge. *La incertidumbre no se gestiona con control, sino con confianza.*

Si aceptas quedarte, debes dejar de controlar, y confiar. Esto es *muy* difícil. Necesitas deshacerte de la etiqueta de «traicionado» o «víctima» y elegir de nuevo a tu pareja conociendo sus acciones pasadas. Tienes que decidir serle fiel y permitir que ocupe un lugar y tenga autoridad en tu vida. También debes evaluar tus propias acciones o actitudes, las cuales pueden haber producido cercanía o alejamiento entre los dos, creando nuevos hábitos y costumbres que protegerán tu «nuevo» matrimonio.

La meta jamás será llevar a cabo el divorcio, pero el hecho de darse cuenta de que el matrimonio está roto y el pecado cometido podría acabar en la separación definitiva provoca que todas las partes hagan una pausa y reflexionen sobre sus propios pasos. Es imprescindible que caminen acompañados por sus pastores y/o consejeros bíblicos, además de profesionales. Esta ayuda se enfocaría en que puedan salir al otro lado dando testimonio de cómo superaron la infidelidad, ya sea que permanezcan en el matrimonio o que terminen en una separación o posterior divorcio.

El propósito de hablar del divorcio no es divorciarse

Dios odia el divorcio, y la separación de un matrimonio trae dolor y confusión a todos los afectados, incluidos los hijos y los familiares. «Los estudios demuestran que los hijos de padres divorciados son más propensos a experimentar abuso, a tener un bajo rendimiento académico, a involucrarse en actividades criminales y la drogadicción, y a tener dificultades financieras cuando son adultos».[5]

El divorcio no debe ser planteado como una opción fácil ni rápida. El mismo legaliza la ruptura del matrimonio y también evita situaciones que pueden llegar a ser abusivas o dañinas. El planteamiento del divorcio dentro de tu proceso tiene la intención de que los dos vean los efectos del pecado sobre su matrimonio y la gravedad de la situación. Sirve para motivarte a tomar cartas en el asunto con el fin de restaurar tu propia vida y decidir si estás dispuesto a crear un nuevo matrimonio con la misma persona o si quieres «legalizar» el quebrantamiento absoluto de tu relación matrimonial.

Sin importar la decisión que tomes, siempre se requerirá de un proceso de reconstrucción de la confianza en los demás y hasta en ti mismo. No olvides que sigues siendo una persona a la que Dios ama mucho. Debes tener en cuenta que, para Dios, un corazón sometido a Él es la meta principal de tu vida.

En los próximos capítulos desarrollaré el protocolo de restauración del matrimonio. Intentaré ser lo más práctica posible para ayudarte a descubrir las áreas que tienen que ser trabajadas y hasta la forma en que debes hacerlo. Estos consejos no deben sustituir en ningún momento a la terapia o el acompañamiento profesional, sino servir para dar esperanza a lo largo del camino y ver que puedes salir del pozo de dolor que es la infidelidad.

Si tienes claro que te vas a divorciar o ya te has separado, siéntete libre de saltar al capítulo once y revisar el protocolo en otro momento para ver ideas y sugerencias de procesos que puedes poner en práctica en un espacio terapéutico.

---

5. Citado en Jim Newheiser, *Matrimonio, divorcio y nuevo matrimonio. Preguntas comunes; respuestas bíblicas*, Poiema Publicaciones, Colombia, p. 201.

CAPÍTULO 8

Protocolo de reconstrucción marital

Fase I: El pasado — *yadá* temporal

Kari Clewett

Sanar y recuperar una sensación de control y estabilidad, llegando a confiar de nuevo en ti mismo y en los demás, requiere de un trabajo profundo.

> *«Te he sido infiel...».* Estas fueron las palabras que escuché de mi esposa. Aquellas que, en un instante, con resultados inmediatos y agonizantes, sepultaron nuestro matrimonio, arrasaron mis sueños, y dieron fin a toda esperanza de una vida feliz con mi esposa. Éramos una estadística más. Otra pareja fracasada.[1]

---

1. Susana y Ricardo Rodríguez, *¿Y si comenzamos de nuevo?,* Casa Creación, Florida, 2016, p. XXV. Este libro cuenta la historia de la infidelidad que tuvo lugar en el matrimonio de sus autores. En este caso, ella le fue infiel a él. Aprovecharé varias citas y comentarios de la obra para dar más ejemplos de la dificultad que enfrenta un matrimonio que intenta reparar ese daño.

Este capítulo y los dos siguientes están dedicados a explicar el proceso que permite reconstruir el matrimonio. Sin embargo, antes de empezar a considerar cada una de sus fases, voy a detallar cuáles conductas son las que tratamos en esta terapia de reconstrucción marital por temas de infidelidad y también a qué se refiere la Biblia cuando habla de infidelidad.

¿Qué es la infidelidad y qué tipos de infidelidad hay?

Primero que todo, necesitamos definir qué es la «infidelidad» a la que se refiere la Biblia. Las Escrituras son claras al señalar que la infidelidad, el adulterio y la inmoralidad sexual son pecados.

> «El que comete adulterio no tiene entendimiento; el que lo hace destruye su alma» (Proverbios 6:32).

> «*Sea* el matrimonio honroso en todos, y el lecho *matrimonial* sin deshonra, porque a los inmorales y a los adúlteros los juzgará Dios» (Hebreos 13:4).

> «Porque esta es la voluntad de Dios: su santificación; *es decir*, que se abstengan de inmoralidad sexual; que cada uno de ustedes sepa cómo poseer su propio vaso en santificación y honor, no en pasión degradante, como los gentiles que no conocen a Dios» (1 Tesalonicenses 4:3-5).

Estos tres textos bastan para que se haga evidente que, según la revelación bíblica, la infidelidad, el adulterio y cualquier inmoralidad sexual traerán serias consecuencias a quienes los cometen. ¿Pero qué conductas incluyen y a qué se refieren en nuestros tiempos?

Infidelidad sexual

- La realización de la penetración sea vaginal o anal, con cualquier persona que no sea el cónyuge, sea hombre o mujer, esté vivo o muerto, o sea un animal.
- La estimulación genital de otra persona (que no sea el cónyuge) o un animal, sea con la boca (sexo oral), la mano, los genitales, un juguete o cualquier otra cosa.
- Sexo virtual. Las llamadas a líneas eróticas, videoconferencias eróticas o mensajes con contenido sexual también son considerados infidelidad. Esto se debe a que la interacción seductora, sensual y sexual entre dos personas, aunque sea virtual, es una parte importante del sexo matrimonial. Cuando uno hace uso del erotismo y las imágenes sexuales (ya sean visuales o en la imaginación) con otra persona, está entregando una parte del sexo matrimonial a alguien fuera de esta relación, rompiendo el pacto de «una sola carne». «Ustedes han oído que se dijo: "NO COMETERÁS ADULTERIO". Pero Yo les digo que todo el que mire a una mujer para codiciarla ya cometió adulterio con ella en su corazón» (Mateo 5:27-28).

Todas estas acciones son consideradas adulterio y quebrantamiento del pacto matrimonial, ya sea que ocurran una vez o en repetidas ocasiones. Hasta aquí quizás estaremos todos de acuerdo, pero la «inmoralidad sexual» a la que se refiere la Biblia —que se suele traducir como *porneia*— abarca más que eso, de modo que en la infidelidad se deben incluir más elementos.

- La visualización y el consumo de pornografía. La pornografía y la masturbación en solitario implican compartir actos sexuales con otra cosa (en este caso una foto o la

pantalla), robándole así el privilegio del sexo a tu pareja. Esta explicación puede sorprender a algunas personas. Sin embargo, «la pornografía siempre será [fornicación (estando soltero) o] adulterio (estando casado), porque lo que estás viendo no eres tú con tu pareja, sino a otras personas. Siempre será codiciar al hijo o a la hija, al esposo o a la esposa de otra persona. Aunque no conozcas a esos actores o personajes que interpretan en la pantalla, no son tu cónyuge. Y la lujuria es la codicia; estás deseando e interactuando sexualmente con alguien con quien no tienes un matrimonio».[2]
- La pornografía visualizada en pareja. Esto también sería considerado infidelidad, porque se introduce a terceras personas en la relación. La pornografía no te entrena para que te fijes y te enfoques en tu pareja, sino para ser voyerista; es decir, te excitas al ver a *otros* tener sexo en vez de cuando compartes una conexión entre dos personas.

Con respecto a la pornografía y la masturbación, hay que diferenciar entre una caída ocasional, donde hay un arrepentimiento inmediato junto a la modificación del comportamiento, alejándose del consumo, y alguien que se deja llevar por sus malas decisiones. Newheiser lo explica así:

> Por otra parte, existe una diferencia entre un cónyuge que lucha en contra de la lujuria y tropieza ocasionalmente y una persona que busca incansablemente el pecado sexual por medio de la pornografía y la masturbación, sin pedir perdón ni esforzarse por cambiar. He conocido a hombres que no estaban interesados

2. Kari Clewett, *El Buen Sexo,* Andamio Editorial, Barcelona, 2024, p. 137.

> sexualmente en sus esposas debido a su adicción obstinada al pecado sexual privado (lo cual también podría involucrar el pecado del abandono). Algunos de los hábitos relacionados con la pornografía involucran perversiones grotescas (o ilegales) [...] Aunque se deben hacer todos los esfuerzos posibles para salvar un matrimonio afectado por la lujuria pecaminosa, creo que existen casos aislados tan severos que pueden ser *porneia* y que serían causales de divorcio.[3]

Hay que distinguir también las infidelidades que involucran a una tercera persona física de las que involucran el consumo continuado de pornografía pregrabada. Las dos cosas son graves y constituyen infidelidad, pero si «el amante» es una persona física, eso significa que habrá mayores consecuencias e implicación emocional.

Aun así, puede ser que el consumo de pornografía sea de un estilo más violento, menos «normativo» o hasta ilegal, provocando que este descubrimiento resulte más traumático que descubrir que el cónyuge mantiene una relación sexual con una persona física. Todo eso es muy grave y rompe la relación.

Ahora bien, según todas estas especificaciones, es posible que estemos ante muchos más casos de infidelidad de lo que pensabas. Sin embargo, el propósito de dar una definición tan exhaustiva no es hundirte más, sino tener claridad sobre en qué se va a trabajar y ayudarte a crear límites más saludables caminando hacia el futuro. Si minimizamos estas prácticas, de manera implícita damos permiso a que se fomenten sin repercusiones. Hay que ser explícitos y marcar líneas muy claras con consecuencias muy concretas.

3. Jim Newheiser, ob. cit., p. 253.

Traición «no sexual»

Hay otros tipos de traiciones catalogadas como no sexuales, pero que también dañan de forma severa la relación matrimonial y pueden abrir la puerta a una infidelidad sexual. Estas no cumplen con la definición «bíblica» de infidelidad, pero rompen la confianza y pueden ser un motivo para acudir a terapia. Cosas como la infidelidad emocional, la mentira, un mal uso de las redes sociales o retirar el interés sexual, entre otras, pueden vivirse como traiciones que destruyen la confianza en la relación. Aun sin ser «infidelidad sexual», pueden traer graves consecuencias y deben ser atendidas antes de que produzcan un daño mayor. El Dr. John Gottman, en su libro *What Makes Love Last?* [¿Qué hace que el amor perdure?], señala:

> La deslealtad no parece «tan mala como» una aventura. Pero lo es. Una relación comprometida es un contrato de confianza mutua, respeto, cariño y protección. Cualquier cosa que viole ese contrato puede convertirse en traición. Es cierto que algunas traiciones son inevitables entre las parejas. Se cuelan incluso en el vínculo más fuerte porque es imposible estar sincronizados todo el tiempo. Lo que separa a las parejas de confianza de las demás es que han encontrado la forma de corregir o superar estos errores para que la traición no consuma su relación.
>
> Los asesinos de relaciones se basan en dos pilares: el engaño (no revelar las verdaderas necesidades para evitar conflictos desagradables) y un anhelo de conexión emocional que parece no estar disponible por parte de la pareja.[4]

---

4. John Gottman, *What makes Love last,* Simon and Schuster, Nueva York, 2013, p. 66. Existe una edición del libro en español con el título *¿Qué hace que el amor perdure?*, Ediciones Paidós, 2013.

A continuación he resumido la lista de traiciones no sexuales que se encuentra en el libro del Dr. Gottman. Sin embargo, el objetivo no es que la uses para condenar a tu pareja ni como arma de batalla, más bien es identificar los problemas y poder luego trabajarlos. Según Gottman, el orden no es importante, sino saber que todas son puertas peligrosas que se abren a mucho dolor.

1. **Compromiso condicional:** La actitud subyacente es: «Estoy aquí para ti... hasta que aparezca alguien mejor». Este es un compromiso superficial. El problema puede aparecer si uno presiona al otro para avanzar un paso más en su compromiso, pensando que esa acción profundizará la conexión.

2. **Una aventura no sexual:** Se puede llegar a establecer una amistad platónica con alguien del sexo opuesto fuera del matrimonio cuando una persona pasa por una situación difícil. Se comparte el día a día, las alegrías y los temores, y poco a poco se deja de compartir o conectarse con el cónyuge. Es posible que todo comience compartiendo algo pequeño, pero al sentirse vista, escuchada o consolada, la persona empieza a abrir más y más el corazón. Esto puede llegar a convertirse en una infidelidad sexual o se puede quedar en este estado «emocional platónico», pero resulta igualmente dañino, ya que se quebranta la amistad entre la pareja.

NOTA: La cercanía es peligrosa si tu pareja empieza a sentirse incómoda viendo tus interacciones con esta persona o se molesta por las confidencias que has compartido. Y si se ocultan detalles de la amistad, seguramente es demasiado íntima.

3. Mentiras: Toda mentira es peligrosa. Y las que resultan innecesarias son las más peligrosas de todas. Cuando una persona miente en cosas pequeñas sin importancia, puede que sea un mentiroso crónico, y eso va a traer problemas.

4. Formar una coalición contra la pareja: Tiene lugar cuando alguien se une a sus progenitores o a algún amigo en contra de su pareja.

5. Absentismo o frialdad: Ocurre cuando uno está ausente para su pareja constantemente de forma física o emocional. También puede pasar porque simplemente están distanciados y son incapaces de ponerse en el lugar del otro.

6. Retirada del interés sexual: La diferencia en el deseo es normal entre una pareja, pero cuando uno de los dos se retira de la interación sexual sin haber comunicación, el dolor y el rechazo pueden consumir la relación.

7. Falta de respeto: Insultos, malas palabras, humillaciones o hacer sentir al otro inferior son faltas de respeto y abuso emocional. Estas son formas de ir limando la confianza hasta destruirla.

NOTA: Por temas de espacio y temática no hemos incluido aquí el abuso sexual, físico ni emocional, que son daños profundos a la relación. El comportamiento de una pareja abusiva no agrada a Dios. Si estás pasando por esto, pide ayuda de forma urgente.

8. Injusticia: Puede evidenciarse en cosas como dónde se gasta el dinero o quién elige el restaurante. Sin embargo, lo más común es que tenga que ver con las tareas domésticas y el manejo de las finanzas.

9. Egoísmo: Es un acto de egoísmo que uno de los dos sea incapaz de poner las necesidades de su pareja por delante de las suyas. Durante la relación hay que ir negociando y renunciando de vez en cuando a los deseos de uno para honrar al otro.

10. Romper promesas: El compromiso se rompe cuando uno de los dos no hace lo que dice que hará. Una de las grandes promesas que se rompen tiene que ver con las cuestiones de adicciones. Se prometen cambios, pero luego no se pueden cumplir.

Esta lista nos puede hacer pensar que todos en algún momento hemos cometido actos que quebrantan la confianza. Por un lado, esto es cierto. Ninguna pareja es perfecta y todos en algún momento quebramos la confianza. Lo que marca la diferencia es cómo se maneja la situación y cuán rápidamente se pueda volver a construir la confianza.

Todas estas definiciones de infidelidad, incluyendo las no sexuales, se pueden trabajar a nivel terapéutico. Si ha habido infidelidad por parte de los dos, trabajaremos primero la infidelidad más reciente o la que más está afectando a la pareja en el presente.

Las redes sociales

Antes de cerrar esta sección, quiero dedicar un momento a reflexionar acerca de las redes sociales, las cuales no dejan de ser otro espacio para crear «amistad» o mostrar interés. Esta forma de comunicarnos es relativamente nueva, pero he notado en consulta el daño que su uso inadecuado puede provocar. Tal y como he definido antes, si está habiendo comunicación sexual o videollamadas eróticas, eso entra dentro de la infidelidad sexual, aunque no haya habido un contacto físico. Sin embargo, ¿qué pasa con otros tipos de conexiones que no sean sexuales? Cuando uno invierte más tiempo en sus relaciones virtuales que en su pareja, esto puede considerarse una forma de abandono del otro, construyéndose más conexión hacia fuera que hacia dentro.

Con frecuencia recibo en consulta a esposas quejándose de que observan cómo su esposo le da «me gusta» a fotos de mujeres con poca ropa o que promueven un contenido erótico/sensual. No obstante, sin importar si las conoce o no, tal comportamiento debe ser considerado como un uso inapropiado de las redes sociales y una forma de traicionar a su esposa. Esa atención sensual/sexual pertenece a la esposa y no debe entregársele a otras personas a través de sus fotos o perfiles en las redes.

Lo mismo puede pasar si una esposa está dedicando mucha atención a los perfiles de otros hombres y realizando comparaciones negativas con su esposo. También si está interactuando con amigos «virtuales» y teniendo conversaciones en las que abre y comparte su corazón y sus quehaceres del día a día.

Las redes sociales no son cosa del diablo ni son inherentemente malas, pero sí requieren conciencia, una negociación entre la pareja para establecer límites y prácticas de buen uso. Un desliz esporádico en las redes puede ser algo que requiere de arrepentimiento y un rápido cambio de corazón, pero no estar dispuesto a honrar a la pareja a través de un buen uso de las redes es abrirle puertas a la traición. En principio, no trabajaríamos el mal uso de las redes dentro de la terapia de infidelidad, aunque sí se haría en una terapia de pareja más tradicional.

Ahora que tienes claro las conductas que se abordan en la terapia, quisiera describir el *protocolo de reconstrucción marital*. Voy a escribir dirigiéndome a los dos, a ti que te han traicionado, pero también a tu pareja que te engañó. Recomiendo que cada uno lea ambos lados para que pueda entender lo que te está pasando y lo que el otro está viviendo también. Estos capítulos están diseñados con el objetivo de que descubran qué deben trabajar para ir reconstruyendo su matrimonio. No son una guía clínica, sino una descripción para comprender mejor y enfrentar el dolor, sabiendo hacia dónde deben caminar en el futuro. Si al final deciden separarse, igual te invitamos a leerlo para entender los procesos y pasos y que luego leas el capítulo once para saber cómo proteger tu corazón en este tiempo.

Si anhelas profundizar en el camino de la restauración, recomiendo mucho el libro de John Gottman que mencionamos antes, del cual he tomado mucha inspiración y dirección para estos capítulos. Voy a dividir este proceso en tres fases y explicaré cada una de ellas en este capítulo y los siguientes.

- Fase I: El pasado — *yadá* temporal.
- Fase II: El presente — *yadá* emocional.
- Fase III: El futuro — *yadá* sexual.

En estos capítulos veremos la importancia de tener una perspectiva sobre el pasado, el presente o el futuro para aprender de la experiencia de la infidelidad y evitar que se repita. Quizás has notado la palabra *yadá* en cada fase. Es una palabra en hebreo [יָדַע] que se traduce generalmente como «conocer» y significa «adquirir sabiduría a través de la experiencia».

Para mí (Kari), ha sido una de las palabras «revelación» en todos mis estudios, tanto de psicología, sexología, como también de la Biblia. La uso aquí en las fases porque *para sanar hay que conocer*. Es necesario conocer el pasado, conocer el presente y conocer lo que se quiere conseguir en el futuro. Así que en cada capítulo indagaremos más en este conocimiento y cómo puede traer transformación y sanidad.

Sin más preámbulos, pasemos a analizar la primera fase del proceso de reconstrucción marital: el pasado, *yadá* temporal.

La meta de la primera fase es tratar específicamente los incidentes de la infidelidad y cómo han llegado a suceder. Para lograrlo, es necesario mirar al pasado y entender que el mismo es revelador, no para condenar, sino para poder avanzar. Esto ayuda a reconstruir la confianza, pero para lograr ese objetivo se necesita de tacto y paciencia a fin de saber cómo indagar sin causar mayor trauma.

La terapia por infidelidad es diferente

En el capítulo seis dije que la terapia de pareja es diferente a cualquier otra terapia, y la de infidelidad es aún más delicada. En la primera fase de la terapia por infidelidad se va a acentuar un desequilibrio entre la pareja, ya que el traidor debe tener una posición de arrepentimiento, rendición y disposición absoluta.

Puede parecer injusto (desde la perspectiva de quien engañó) y realmente lo es, pero no por ello resulta malo. La justicia sería ojo por ojo, infidelidad por infidelidad, y eso no es lo que se quiere. Por lo tanto, este desequilibrio sirve para:

- Permitir que la persona que ha sido engañada tenga un espacio para expresar dolor, pasar por el duelo y exigir respuestas.
- Ayudar a quien traicionó a llegar al arrepentimiento para que pueda tener lugar un cambio.
- Exigirle un gran esfuerzo a la persona que engañó para recuperar sus privilegios.
- Desmotivar la posibilidad de una nueva traición.

No recomiendo que esto se haga de forma «casera», sino con el acompañamiento de un profesional. Un desequilibrio controlado sirve para ayudar a entender que sin arrepentimiento profundo y consecuencias difíciles no habrá buenos resultados.

Es importante que toda esta confrontación se lleve a cabo sin faltarle el respeto al otro, lo cual puede ser difícil, porque a veces todo lo que uno quiere hacer es expresar lo «mala persona» que fue el que traicionó. Sin embargo, la manifestación del dolor y la frustración no debe realizarse con insultos, condenas o lanzando veredictos contra la otra persona. Por eso es importante que puedas apartarte y procesar con otros todos tus sentimientos y pensamientos. El dominio propio con respecto a tus palabras será un ejercicio constante que irás trabajando durante todo el proceso.

En terapia

En esta sección quisiera presentar una vista panorámica de los posibles temas a tratar en esta primera fase de trabajo. El enfoque está en el pasado y la meta sigue siendo construir un *yadá temporal*, es decir, conocer lo que ha ocurrido en el tiempo. Según el método Gottman,[5] a esta primera fase se le llama «expiar» (*atone* en inglés) y está conformada por:

- La confesión.
- El cambio de comportamiento (siendo transparente y verificable).
- Entender lo que falló.
- Explorar los motivos por los que el infiel volvió.

5. Su método se describe en su libro *¿Qué hace que el amor perdure?*, Ediciones Paidós, 2013.

- Ponerle un alto precio a la traición para erradicar la posibilidad de futuros engaños.
- El proceso del perdón.

A nivel terapéutico, me gusta mucho cómo lo describe Gottman. Voy a tomar como base su trabajo para describir la forma en que todo esto nos ayuda y voy a añadir el arrepentimiento como primer punto crucial.

El arrepentimiento

La historia de Susana Rodríguez nos muestra cómo ella sintió la convicción de la maldad por lo que hizo, lo pasó realmente mal, se arrepintió por el daño que le causó a su esposo y empezó a actuar de acuerdo con su arrepentimiento. «No importaba cuántas veces le dijera a Ricardo o a mi familia que lo sentía, nunca sería lo suficiente para compensar todo lo que había hecho. Me di cuenta de que requeriría más que simples palabras para ganar de nuevo su confianza y su amor. Tendría que mostrarles lo arrepentida que estaba, viviendo una vida digna de una segunda oportunidad. No había garantías, ni promesas de reconciliación, pero sabía que no había nada imposible para Dios».[6]

Diferenciemos un momento entre el remordimiento y el arrepentimiento. *El remordimiento* tiene lugar cuando uno se muestra frustrado por sus acciones. Los resultados no han sido los que esperábamos y deseamos haber tenido otros distintos. El protagonista es la persona que erró, la cual tiene remordimientos, y su meta es intentar borrar o eliminar las consecuencias cuanto antes. Es posible que haga uso de la agresividad o lleve a cabo actos de autopreservación para conseguir

6. Susana y Ricardo Rodríguez, ob. cit.. p. 53

tal resultado. Puede parecer que protege a la víctima, pero en verdad se protege a sí misma y constantemente se justifica, pudiendo llegar a culpar a otros. Esta es una actitud egoísta. El fruto es las excusas, las mentiras y el encubrimiento.

En *el arrepentimiento*, en cambio, el énfasis está en la víctima (en este caso, la persona que ha sufrido la traición). Quien erró está dispuesto a hacer lo que haga falta para proteger a la víctima a cualquier precio. El verdadero arrepentido se da cuenta de que no merece el perdón y está dispuesto a pedirlo cada día, en cada momento que haga falta y ante cualquier persona o entidad que lo requiera. La actitud es de humillación y sumisión, con intención de amar y proteger a la víctima. El fruto que se obtiene es la restitución y la compasión.

Aunque al traicionado le duela escuchar: «Lo siento, ojalá no lo hubiera hecho», estas palabras sirven a su vez como un bálsamo para el corazón. Dios puede usar cada muestra de arrepentimiento para ir sanando ese corazón que quedó destrozado por la traición. Esto me recuerda a una paciente que le dijo a su esposo infiel: «Me duele y puede que llore cada vez que me pides perdón, porque me recuerda lo que hiciste. Pero, a la vez, me ayuda a descubrir que lo sientes, que te das cuenta de que me hiciste daño y que casi pierdes nuestro matrimonio. Así que escucharlo también me alienta, porque veo que quieres hacer las cosas de otra forma».

Un cambio de comportamiento será el fruto natural de un arrepentimiento genuino verdadero. El traidor será capaz de demostrar honestidad y transparencia en cuanto a sus acciones. Uno de sus primeros actos será la confesión de los hechos de la infidelidad. Ahora, junto a un arrepentimiento verdadero, toca *obtener una confesión completa*, con detalles suficientes para que la persona engañada entienda hasta dónde llegó la traición y no sea sorprendida en el futuro con ningún elemento desconocido.

Consejo para quien fue engañado

Si la palabra «perdóname» te está ayudando, díselo. Muchas veces te querrás callar por despecho o porque duele demasiado, pero parte del aprendizaje es ayudar a la otra persona a saber lo que necesitas. Ayúdala a entender la fuerza que tienen sus palabras para ti.

La confesión

«El pasado, pasado está, ¿por qué no lo podemos dejar allí?», me preguntó un paciente desesperado. «Estoy arrepentido, no le quiero hacer más daño, la aventura ya acabó, no quiero que sufra más, no le quiero contar nada más sobre lo sucedido. ¡Ya todo se terminó!».

Esta reacción es típica de la persona que engaña, ya que no quiere revelar detalles del pasado o de sus acciones, sino simplemente seguir adelante dejando todo atrás. Sin embargo, como hemos visto en el capítulo dos, la persona traicionada necesita reconstruir el pasado, su línea de tiempo, y conocer lo que realmente ha ocurrido.

Resulta de gran importancia clarificar que *nunca* será útil conocer los detalles sexuales (posturas, nivel de disfrute, preferencias sexuales), pero sí ubicar las cosas en términos de espacio y tiempo. Dónde pasó, cuántas veces sucedió, hasta dónde se llegó, qué mentiras se dijeron, quién más lo sabía y asuntos similares. Deben centrarse en preguntas que respondan a:

- ¿Cuándo?
- ¿Dónde?

- ¿Con quién?
- ¿Cuánto tiempo?
- ¿Por qué?

Consejo para

quien cometió la infidelidad

No te puedes «arrepentir» solo si tu pareja accede a quedarse contigo. Eso sería sentir «remordimiento» ante la posibilidad de perder tu matrimonio. No te estarías preocupando por tu pareja en sí, sino por el resultado. Incluso podrías pensar: *He hecho todo lo que ella quiere durante tres meses y aun así parece que no me perdona. Estoy harto de que no lo supere y deje en el pasado mi infidelidad.*

Tener esa actitud condicional no es una muestra de arrepentimiento. Debes servir como Jesús lo hizo, ceñirte la toalla y lavar los pies de tu pareja, tu familia y hasta de quienes te rodean (Juan 13:2-5). El arrepentimiento involucra perder temporalmente tus derechos para demostrar constancia y empezar el proceso de reconstrucción. Esto es lo único que va a apaciguar la fase del *gato asustado* de tu pareja (capítulo dos).

Otro aspecto importante es a quién debes incluir en la manifestación de tu arrepentimiento. *Cuánto más pública fue la infidelidad, más público debe ser el arrepentimiento.* Si la familia sabe de la infidelidad, no solo será necesario pedirle perdón a tu pareja, sino también a los familiares, los miembros de la iglesia, los hijos y cualquier persona que haya sido afectada por la traición.

El traicionado necesita tener el espacio para formular todas las preguntas que desee que sean contestadas. A su vez, el terapeuta debe trabajar con la persona para que no se sabotee con sus propias preguntas, ayudándole a descubrir cuáles van a ayudarle y cuáles no le hará bien saber la respuesta.

En paralelo, hay que trabajar con quien traicionó para que sepa contestar con franqueza, sin sarcasmo ni justificaciones, añadiendo su pesar siempre que pueda por haber dañado a su cónyuge.

Estas preguntas, al menos la primera vez, deben realizarse en presencia del terapeuta para mediar entre los dos y asegurar que la persona traicionada se sienta segura de poder preguntar todo lo que su corazón necesite y que su pareja entienda el valor que tienen su honestidad y sus respuestas.

Las respuestas no resolverán mucho en una primera sesión, por lo que lo más probable es que la persona traicionada haga las mismas preguntas una y otra vez, a veces cambiando un tanto el formato o haciéndolas exactamente de la misma forma. Puede parecer un disco rayado, pero en realidad esta es una técnica inconsciente para verificar que el otro está siendo honesto. Quien fue infiel no se debe desanimar cuando escuche la misma pregunta varias veces, sino que debe aprovechar cada oportunidad para demostrar arrepentimiento y ser alguien honesto y constante con sus respuestas.

El cambio de comportamiento (siendo transparente y verificable)

Este punto se profundizará más en la fase II, pero recuerda lo que hablamos sobre la pérdida del equilibrio en la pareja. Si se quiere sanar tras la confesión de una infidelidad, el infiel debe perder ciertos privilegios.

Consejo para quien cometió la infidelidad

Considera este versículo: «Y conocerán la verdad, y la verdad los hará libres» (Juan 8:32). Cuando confieses, puedes experimentar cierto descanso y libertad; en cambio, debes saber que ese peso recae ahora sobre tu pareja. Así que no es suficiente con confesar y pedir perdón una vez. La bomba ha estallado y la onda expansiva de dolor está causando sus primeros estragos.

El reto que tienes delante de ti es rendirte ante tu pareja y contestar las preguntas con honestidad de forma constante, mostrando un arrepentimiento real. Esto es difícil, porque después de confesar tu traición quisieras dejarla en el pasado, pero debes responder a la necesidad de tu cónyuge.

«No lo entiendo, pensaba que habíamos avanzado más, pero me lo sigue recordando, me sigue hablando de que le hice daño y que no entiende por qué le fui infiel. Ya le pedí perdón, no sé por qué no pasa la página». Esta actitud es común en la persona traicionada. Tú has revelado un secreto guardado durante meses o hasta años. Sin embargo, tu pareja aún está lidiando con esta información traumática, así que le va a costar más tiempo poder avanzar. Tu cónyuge está en la UCI con el corazón roto. Necesita tu amor y tu paciencia.

También es posible que no hayas convencido a tu pareja de tu arrepentimiento. Uno de mis consejos en terapia

Continúa en la página siguiente...

Viene de Consejo para quien cometió la infidelidad

es que llegues a pedir perdón un mínimo de cien veces (sí, CIEN VECES), de forma sentida y de corazón (sí, DE CORAZÓN), sin justificarte (sí, SIN JUSTIFICACIONES). Tu meta debe ser «saturar» con tu arrepentimiento a tu cónyuge. Tus acciones afectaron las áreas más profundas del corazón y la mente de tu pareja, por eso pedir perdón un par de veces no es suficiente. Las palabras son importantes, escucharte decir: «Lo siento, si pudiera cambiarlo, lo haría. Siento mucho haberte hecho daño», sin justificarte ni culpar a otros, es clave para que tu pareja te pueda creer. Es obvio que las acciones tienen mucho peso y de ello hablaremos en la próxima sección, pero reitero que las palabras abren el camino.

John Gottman lo explica así: «La pareja herida necesita confirmación de que el futuro no le deparará otro golpe devastador. Eso significa reafirmarla incesantemente durante bastante tiempo. Para que la relación sobreviva, el miembro culpable debe tolerar esta necesidad, comprendiendo que es un síntoma del estrés postraumático que creó la traición. No desaparecerá hasta que la terapia restablezca la confianza suficiente».[7]

Este control excesivo que puede ejercer el traicionado sobre el traidor no debe ser algo permanente, pero sí resultará necesario para ir reconstruyendo la confianza, demostrando honestidad y transparencia.

7. John Gottman, *What Makes Love Last,* Simon and Schuster, Nueva York, 2013, p. 157.

Gottman añade: «No importa cuántas veces diga el transgresor: "Te lo dije, se acabó", la pareja necesita pruebas. Esto significa darle al cónyuge engañado acceso al calendario, el derecho a sondear registros telefónicos, la tarjeta de crédito, recibos, etc. Esta invasión de la privacidad puede parecer exagerada e injusta, pero es necesaria. La confianza no volverá sin pruebas continuas de fidelidad».[8]

Consejo para
quien cometió la infidelidad

No te has mostrado confiable en el pasado, por lo que asuntos como la privacidad y la independencia ya no se pueden otorgar con el mismo privilegio.

Deberías ofrecer de forma voluntaria tus contraseñas, tus movimientos y contestar a preguntas constantes sobre el presente, dónde has ido o con quién has estado. Recuerda que la confianza es la capacidad de operar saludablemente sin toda la información, pero en estos instantes no hay confianza, por ello tu pareja necesita poder tener acceso a la información completa.

Esto puede ser agotador, pero la clave está en reformular la perspectiva para preguntarse: «¿Cómo puedo demostrar que soy de confianza hoy?», y operar aprovechando la oportunidad de mostrarse confiable en vez de amargarse por el control adicional del momento.

8. John Gottman, ob. cit., p. 164.

Uno de mis pacientes, quien traicionó a su esposa, logró cambiar la perspectiva y tomó decisiones con buenos resultados.

> *Yo activo el GPS todos los días y comparto mi ubicación con mi esposa. Es un alivio poder decir la verdad y saber que ella está más tranquila así. Veo cómo la calma saber dónde estoy. Aprovecho y se lo digo, y la llamo más a menudo también. No lo considero como una carga, sino como una forma de compartir mi vida y mi día con ella.*

Entender lo que falló

La infidelidad es cosa de uno, no de dos. Siempre estás a tiempo para tomar una decisión en la dirección opuesta antes de ser infiel. Ambos pueden ser responsables por la distancia que se ha creado en la pareja, pero quien traicionó no puede culpar al otro por sus acciones de infidelidad.

Una de las interrogantes más insistentes sobre el pasado será «por qué». *¿Por qué lo hiciste?* No suele haber una respuesta que satisfaga, porque finalmente no es un comportamiento justificable. Sin embargo, escuchar las justificaciones del traidor puede ayudar a ver dónde estaba la desconexión en la pareja para fortalecerla de cara al futuro. Susana nos cuenta en la introducción de su libro:

> Dejé de ser la esposa que quería cocinar y complacer a su esposo. Dejé de ver mi hogar como el regalo de Dios que era, y más como una casa vacía y aburrida. Ya no contemplaba todo lo que tenía con un corazón agradecido, y comencé a enfocarme en aquello que me faltaba.[9]

---

9. Susana y Ricardo Rodríguez, *¿Y si comenzamos de nuevo?*, p. 27.

Nunca se debe ver la respuesta al «por qué» como una justificación, sino como una ventana al corazón del problema y lo que hay que trabajar.

Entender qué fue lo que falló en el matrimonio y cómo se ha llegado hasta el desastre de la infidelidad le permite a cada miembro de la pareja valorar qué cambios haría falta realizar para no volver a llegar a ese punto doloroso. Es posible que la persona que fue engañada se dé cuenta de que no estaba siendo vulnerable o se sentía muy cansada para poder conectarse con el otro. Ricardo Rodríguez comenta en su libro:

> Al igual que Susi, yo tuve que buscar el arrepentimiento, tuve que reconocer mis faltas y dejar que Dios me quebrantara en mil pedazos y me moldeara de nuevo con un corazón sensible, misericordioso y lleno de amor.[10]

Por su parte, el transgresor podría darse cuenta de que se sentía rechazado o falto de herramientas para comunicarse de forma honesta con su pareja. Susana explica:

> Ahí me encontraba yo, frágil, frustrada y sin salida; atrapada en un mundo que ya no me agradaba. Había abandonado la oración, y mi relación con Dios había llegado a ser una pasajera y sin intimidad. Esto aumentaba el profundo vacío emocional y añadía duda a mi corazón, hasta el punto de llegar a cuestionar si aún Él me podía escuchar.[11]

---

10. Susana y Ricardo Rodríguez, ob. cit., p. 83.
11. Susana y Ricardo Rodríguez, ob. cit., p. 29.

Es necesario identificar todos los motivos posibles que crearon distancia entre la pareja, así como darse cuenta de que la forma en que resolvían los conflictos no les estaba funcionando y por eso necesitan herramientas nuevas.

Consejo para
quien cometió la infidelidad

Una de tus tareas principales en esta primera fase es que puedas ver con claridad tus acciones y entiendas lo que has hecho y sus consecuencias. Te toca identificar por qué razón no pediste ayuda antes, cuáles fueron los detonantes que te llevaron a actuar y cómo tu mente se justificaba mientras daba esos pasos. Responder a estas preguntas te permitirá descubrir cómo llegaste a ser infiel. Es importante que desees averiguar qué mensaje recibió tu pareja producto de tus acciones, el daño que provocaron las mentiras y cómo se debilitó la confianza y dejaste de ser confiable. Estarás en riesgo de ser infiel de nuevo si no indagas en todo lo que ha sucedido.

Explorar los motivos por los que el infiel volvió

También resulta importante saber por qué ha vuelto el transgresor. Una de las grandes inseguridades del que sufrió la traición es ver que su pareja «ha vuelto», pero sin tener clara la razón. Esa duda causa en la persona el miedo de que, ante cualquier problema o situación adversa, el que traicionó volverá a abandonarla, abriendo un nuevo dolor. Este miedo acaba saboteando la relación, porque el engañado inconscientemente puede ser grosero o se distancia ante el miedo a volver a ser traicionado.

Me fui porque pensaba que no me necesitabas, nunca me expresabas cómo estabas, ni cómo te sentías. Tras todo lo que ha pasado, veo tu dolor y confirmo que realmente me amabas. He vuelto porque siento que puedo serte útil y aprender a expresarte cómo me siento, y tú puedes también descansar en mí.

Conocer los motivos no «soluciona» nada, pero sí da pie a conversaciones más honestas y fomenta la confianza en que la relación tiene esperanza. De la misma manera, se aprenden nuevas habilidades para ser más transparentes.

Consejo para
quien cometió la infidelidad

Sé que es difícil y muchas veces no sabrás por qué lo hiciste, ni tampoco por qué volviste. Sin embargo, indagar en tus pensamientos y emociones para averiguarlo puede darle razón al esfuerzo que conlleva trabajar sobre la relación. Tu pareja percibe que con esta información hay esperanza de que pueden mantener la relación.

Ponerle un alto precio a la traición para evitar la posibilidad de futuros engaños

El transgresor necesita ver que sus acciones tienen consecuencias y que no se aceptará una nueva infidelidad. Tiene que haber un precio alto a pagar —que sea real y por decisión propia del traicionado— si vuelve a suceder algo parecido.

Me acuerdo de un mensaje que me llegó de una mujer frustrada:

> *Mi esposo me fue infiel con una novia de su pasado. Me enteré de que llevaba un año viajando a su ciudad para verse con ella. Lo puse al descubierto y me juró que todo había acabado, lo perdoné y seguimos tal cual. Ya hace dos años de eso y he descubierto que no terminó esa relación, sino que sigue viajando a su ciudad para verla. Él me dice que no la puede dejar, que nos ama a las dos.*

Esa mujer no trató con la infidelidad la primera vez que se enteró de ella. Pensó que con hablar, perdonar y restaurar sería suficiente, y lo más seguro es que fuera así durante unos meses y el esposo se alejara de su amante. Pero al haber solo remordimiento sin arrepentimiento y no experimentar consecuencias severas y claras, luego de un tiempo el esposo volvió a buscar a su amante y ahora es posible que sienta que puede seguir con su conducta sin perder a su esposa.

Si estamos trabajando para crear un nuevo matrimonio con la misma persona, tiene que ser muy evidente de que se trata de un esfuerzo de una sola vez, una oportunidad única. Si la conducta se repite tras finalizar el proceso, entonces no habrá una segunda oportunidad.

Por otro lado, recuerda que no toda queja o confrontación hacia tu pareja es traición. Gottman lo explica así:

> A veces, expresar la desaprobación de los actos de tu pareja puede ser la acción más cariñosa y solidaria que puedes llevar a cabo. La aceptación ciega nunca es una estrategia saludable. A veces es necesario sostener un espejo para el otro. Nadie es inmune al narcisismo, al egoísmo ni a los juicios importantes. Llamarle la

atención a tu pareja sobre tal comportamiento es saludable. Y al hacerlo, te centras en los beneficios de tu pareja, no en los tuyos. Necesitamos confiar en la honestidad del otro para cuestionar nuestros valores, aunque eso signifique escuchar el escozor de «¿en qué estabas pensando?», o «¿cómo has podido hacer eso?».[12]

Tu pareja te puede confrontar con un «¿cómo has sido capaz de hacer esto?», y por orgullo o vergüenza quieres empezar a esconder, mentir o justificar para no tener que afrontar que realmente te equivocaste y no lograste hacer las cosas bien, tal y como deseabas.

Jesús nos habla de esto en la Biblia: «Porque todo el que hace lo malo odia la Luz, y no viene a la Luz para que sus acciones no sean expuestas. Pero el que practica la verdad viene a la Luz, para que sus acciones sean manifestadas que han sido hechas en Dios» (Juan 3:20-21). Yo me voy a equivocar y tú también. Pero cuando lo hagas, permite que alguien te confronte y responde con arrepentimiento y transparencia.

Es muy fácil alejarse de la pareja sin querer y que esa distancia traiga dolor o frustración. Si eso te ocurre, lo que debes hacer es confrontar rápido y con amor, porque en ese momento aún es posible arreglarse, perdonar, hablar y sanar. No permitas que se llegue de nuevo a una infidelidad. Ante eso no habrá una segunda oportunidad.

Consecuencias claras

Comunicar que la infidelidad no se puede repetir no es suficiente, sino que será clave ser claros en las consecuencias que resultarán tras las infracciones. Por ejemplo, las leyes de

12. John Gottman, ob. cit., p. 81.

tránsito en la carretera son claras, si sobrepasas el límite de velocidad y te descubren, eso conlleva una multa. No te sorprenderías si conocieras la velocidad permitida y recibieras una multa. Te puedes enfadar o quizás molestar, pero no te vas a *sorprender*, porque la ley es clara. Por otro lado, los demás tampoco se sorprenden cuando les dices que te han multado por ir demasiado rápido en la carretera.

La definición de lo que es la infidelidad en sí, al igual que sus posibles consecuencias, no suelen estar claras en el matrimonio (ni tampoco en la iglesia). Tal cosa permite que los cruces de límites no dejen constancia de las consecuencias y se cree un estado de permisividad o mantenimiento de conductas. Esto hace que las personas se *sorprendan* ante las consecuencias y haya mayor probabilidad de autojustificarse o mentir. Si las consecuencias son claras, serán más fáciles de asumir y la confrontación no se realizará de forma tan violenta.

El proceso del perdón

Nuestros círculos cristianos equiparan con frecuencia el perdón con la restauración. Me han llegado muchas historias de parejas que acuden a consejería o hablan con personas de la iglesia sobre la infidelidad y el consejo que reciben es: «Debes perdonar como Jesús perdonó». Sin embargo, no se están refiriendo al perdón en sí, sino que están pidiendo que el traicionado *restaure* la relación y que todo vuelva a ser como antes.

Diferenciemos estos dos términos. El *perdón* es «renunciar al derecho de devolverte el daño». Perdonar es decir que desistes de que te paguen «ojo por ojo», aceptas que el daño está hecho, que no hay vuelta atrás, y «asumes» las consecuencias sin buscar venganza. Debes perdonar, porque sostener la amargura o el dolor solo te hace daño. Lysa TerKeurst lo explica así:

> Aquellos que cooperan más plenamente con el perdón son los que bailan con más libertad en la belleza de la redención. ¿Y qué es exactamente esta redención bella? Es aceptar el intercambio que Dios está ofreciendo. A LO QUE RENUNCIAS: al derecho a exigir que quien te hirió pague o sufra por lo que hizo. Dios se encargará de esto; e incluso si nunca ves cómo Dios lo hace, sabes que Él lo hará. LO QUE OBTIENES: la libertad de seguir adelante.[13]

Perdonar es difícil, pero Dios te permite participar de ello para tu bendición y libertad. En cambio, la *restauración* es devolver algo a su estado original. Restaurar, en este caso, es permitir que el otro recupere sus derechos. *Debes perdonar, pero eso no significa que debas restaurar los privilegios en un primer momento.*

La infidelidad tiene consecuencias y no debe carecer de ellas. Esta ausencia de restauración inmediata permite un espacio para que el traidor pueda demostrar que está arrepentido y sea posible recuperar la confianza a través del esfuerzo.

Consejo para quien fue engañado

Perdonar a tu pareja es un proceso en el que muchos días sentirás que fracasas. «Le perdoné desde el primer momento, pero a la vez no logro olvidar, y ayer no pude evitar insultarlo y atacarlo».

Continúa en la página siguiente...

13. Lysa TerKeurst, *Perdona lo que no puedes olvidar: Descubre cómo seguir adelante, hacer las paces con recuerdos dolorosos y crear una vida nuevamente hermosa*, Grupo Nelson, 2020. Edición en Kindle. p. 9.

Viene de Consejo para quien fue engañado

Lisa TerKeurst, lo explica así: «El perdón es un mandamiento en la Biblia, la reconciliación no lo es [...] ¿Alguna vez te has sentido como un fracasado del perdón? Porque perdonaste y dos días después sigues sintiéndote provocado y amargado [...] Cada trauma tiene dos partes, los hechos y el impacto. Podemos perdonar los hechos "lo que pasó", eso cumple el mandamiento de Dios de perdonar. Entonces tenemos que caminar a través del dolor del impacto, lo que hemos perdido a causa de lo que nos hicieron [...] Los detonantes son una bendición, nos van enseñando el impacto para que poco a poco podamos sanar. Los detonantes nos muestran lo que aún queda por reconciliar».[14]

El perdón es un proceso, y al igual que le pides a tu pareja que pida perdón múltiples veces, también es importante que perdones a diario y vayas reconociendo qué detonantes te siguen despertando emociones difíciles.

No te apresures, no hay una fecha límite para culminar con el perdón y sentirte bien. Es como un maratón, no una carrera de cien metros. Debes tomarlo con calma. Perdona para no amargarte y concédete gracia y tiempo para llegar a la reconciliación.

14. Extraído de la predicación de Lysa TerKeurst, «Forgiving what you can't forget», en la Iglesia Elevation. https://www.youtube.com/watch?v=vVGhokxRolQ

Fuera de terapia

Déjame contarte un poco de mi historia. Yo no quería que nadie supiera que mi matrimonio se había estrellado contra el suelo. Me sentía avergonzada de ser «aquella mujer», de la que decían: «Pobrecita, su esposo la engañó». Pensaba que lo podría solucionar sola con mis herramientas personales. Es más, estaba segura de que podría restaurar mi matrimonio y, una vez que estuviera todo en el pasado, entonces lo contaría y sería un testimonio de la gracia de Dios sobre nuestra vida (¡porque obviamente iba a luchar por mi matrimonio y vencer!).

Visité una sala de oración dos años después de descubrirlo todo. Le pedí a Dios que me diera sabiduría. Cerré los ojos durante el tiempo de la alabanza y me refugié en una imagen muy vívida que me suele dar paz. Imaginé que estaba en un campo verde lleno de flores. Yo siempre aparezco como una niña rubia con coletas altas, feliz. Jesús estaba jugando conmigo y disfrutando del campo.

Luego Jesús me miró fijamente a los ojos y me dijo: «Vamos a correr, ven conmigo», y se lanzó a correr. Yo me levanté y comencé a seguirlo, pero enseguida me paré y empecé a mirar sobre mi hombro. Jesús se dio cuenta, se detuvo y me preguntó: «¿Qué pasa?». Le contesté: «Estoy mirando a ver si veo a mi marido, es que no quiero que se pierda esta aventura». Jesús me agarró con cariño y mirándome a los ojos me dijo: «Tú tienes que seguirme a mí, tienes que correr detrás de mí. Si tu esposo quiere encontrarse contigo, tendrá que seguirme también. Si lo esperas, me perderás el rastro».

En ese momento fue cuando sentí que Dios me reveló lo que he denominado *el triángulo de la restauración*.

Triángulo de la restauración

Presta atención a la gráfica. Dios está en la punta superior y cada uno de los esposos está en una de las otras dos puntas del triángulo. Si el esposo va en búsqueda de su esposa, nada le asegura que estará a la misma altura que él y es posible que acabe aún más lejos de ella. Si la esposa busca a su marido, nada le asegura estar más cerca de Dios ni de su esposo.

La distancia más corta entre los esposos existirá en el punto en que los dos se encuentren con Dios. Si cada uno va escalando su camino, sanando sus heridas y aprendiendo nuevos recursos, llegará un momento en el que se volverán a encontrar junto a Dios en la punta del triángulo.

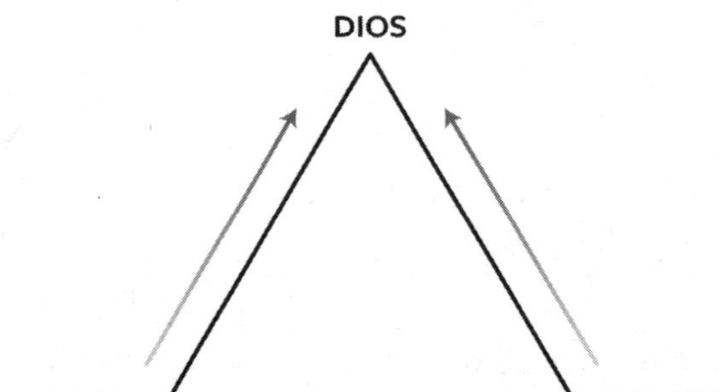

Llevaba tiempo intentando solucionar mi situación y «arreglar» a mi esposo, hasta había hablado con la amante para intentar resolver las cosas. Pero en esa sala de oración, en medio de un tiempo de alabanza, Jesús me mostró que la solución no tenía nada que ver con mis habilidades de resolución de conflictos, sino con el hecho de que me encontrara con Él, corriera detrás de Él y lo siguiera con todo mi ser. Si mi esposo quería reconciliarse, él también debía seguir a Jesús, porque allí es donde me encontraría.

Estoy recalcando lo que ya he mencionado antes. A Dios no le importa tanto el matrimonio como el corazón de cada cónyuge. Si cualquiera de los dos realiza cambios que estén condicionados por el estado de su matrimonio, al final quedarán defraudados, porque como seres humanos en algún momento vamos a fallar.

La meta para cada uno es sanar sus heridas y buscar reconciliarse con Dios. Ambos deben centrarse en realinear su vida con su Creador en vez de condicionarse al estado del matrimonio. Solo así se puede realmente restaurar la relación.

En resumen

Es importante tratar de responder a estas preguntas sobre el matrimonio: «¿De dónde venimos?», «¿qué ha pasado?» y «¿cómo hemos llegado hasta aquí?». Y para responderlas con honestidad, se requerirá de una confesión completa y un arrepentimiento de corazón. La persona traicionada estará en medio de la fase del *detective loco*, intentando controlar todos los detalles y además teniendo brotes de agresividad debido al miedo que le produce ser abandonado otra vez.

Es muy importante avanzar sin prisa. El traidor debe abandonar los privilegios de la privacidad y la independencia, velando por la transparencia y la disposición a entregar múltiples oportunidades de demostración de confianza ante las inseguridades y los miedos de la pareja.

Durante la exploración, a través de preguntas y la introspección, buscaremos averiguar qué es lo que falló y la razón para la reconciliación. Esta búsqueda ayudará a descubrir dónde hay que trabajar. Tal proceso no debe ser un pequeño vendaje, sino una operación importante y compleja que tiene consecuencias devastadoras si volviera a abrirse la herida.

Durante esta fase el traicionado empieza a perdonar y a recolectar hechos que comienzan a facilitar la reconstrucción de la confianza.

La pareja debe darse cuenta de que la única forma de volver a conectarse es acercándose los dos a Dios y encontrándose en su regazo. Los familiares y amigos pueden hacer un gran bien animando y ayudando a la pareja a crear espacios para conectarse con Dios.

Si la pareja pasa la prueba del descubrimiento y la investigación del pasado y se acerca a Dios, estarán listos para poder mirar el presente y descubrir dónde habrá que implementar cambios.

CAPÍTULO 9

Protocolo de reconstrucción marital

Fase II: El presente — *yadá* emocional

Kari Clewett

En la fase I se han hecho muchas preguntas sobre el pasado y la infidelidad con el propósito de empezar a reconstruir la confianza, pero eso no necesariamente ayuda en el presente a que se forme de nuevo la amistad. Si buscan poder seguir juntos, hay que abrir puentes de comunicación que les permitan desarrollar de nuevo una amistad en la que se puedan apoyar el uno al otro para el resto de la vida.

Es muy posible que desarrollaran una gran amistad durante la temporada del noviazgo. Se pasaban horas al teléfono contándose cómo había sido el día, se enviaban mensajes o correos durante la semana y siempre andaban buscando momentos para verse, abrazarse y pasar horas perdiéndose en la mirada del otro, ya que anhelaban descubrir cada rincón de sus personas.

La complejidad del día a día y la velocidad actual de la vida hicieron que con el paso de los años vivieran juntos sin realmente estar unidos, creando una situación de distancia emocional y desconocimiento de la persona que duerme al lado.

Vivir de esa manera no es sostenible, hay que cambiar la situación para evitar un desastre. El *yadá emocional* resulta clave para el éxito de cualquier matrimonio, sin importar que haya pasado o no por una infidelidad. ¿Recuerdas la definición de *yadá?* Se trata de adquirir sabiduría a través de la experiencia. Implica intimidad, conocerse y ser conocido, convertirse en expertos el uno del otro. Ahora tienen en sus manos un nuevo vaso de cristal y deben ir añadiendo nuevas semillas, es decir, experiencias y descubrimientos mutuos.

Ser amigos de nuevo

Tanto antes como durante la infidelidad se suele perder la posibilidad de compartir la vida diaria. De novios seguro que se contaban mil acontecimientos sin importancia, como la hora en que salieron de casa, que una compañera se cayó subiendo las escaleras o que tuvieron un sueño raro. Son tonterías y muchas veces cosas sin importancia, pero son parte de «conocer» del otro. Fíjate cómo esta pareja empieza a recuperar la amistad contándose cosas durante su proceso de restauración.

> Ayer noté a mi esposa más cortante de lo normal, le pregunté cómo estaba, y al principio no me quiso contar. Pero le insistí con paciencia diciéndole: «Estoy aquí para lo que necesites». Si te soy sincero, pensé que tendría algo que ver conmigo, pero se abrió y me contó que una de sus amigas del trabajo estaba pasando un mal rato. La conversación

no duró mucho, pero hacía casi dos años (desde antes de la infidelidad) que no la sentía como «amiga» ni podía estar ahí con ella escuchando sobre su día. La echo de menos como amiga, espero que esto sea el principio de recuperar eso que teníamos.

Para quien traicionó, compartir cómo te sientes, qué estás pensando, a dónde fuiste y con quién son cosas que van a promover conversaciones que incentiven darte a conocer y ser conocido por tu pareja. Además, esta información irá aumentando la seguridad del traicionado al sentir que sabe qué está pasando en la vida de su cónyuge.

He aquí algunas estrategias para conseguir este tipo de conversaciones saludables:

- Hablar con la pareja mirándola a los ojos.
- Tener el teléfono apagado o por lo menos lejos cuando estén conversando. Esto demuestra que la prioridad o el interés está en el cónyuge y no en lo que pasa fuera del matrimonio.
- Enviar una foto, un mensaje o hacer una videollamada sin que haya una petición previa.
- Activar el localizador y entregar información complementaria de la ubicación de manera anticipada.
- Compartir detalles triviales sobre el día sin que los pregunten.

Como terapeuta, considero que el hecho de que la persona que traicionó adquiera la capacidad de mostrarse confiable y renunciar a sus derechos para que el cónyuge confirme su honestidad será clave para saber si el matrimonio puede llegar a la fase III.

Consejo para
quien cometió la infidelidad

Hay acciones que no requieren de mayor esfuerzo con los amigos, pero tras una infidelidad es posible que demanden un gran esfuerzo realizarlas con tu pareja. Sé que no quieres sentirte controlado ni dependiente, pero debes recordar que cada día tienes la oportunidad de mostrarte *confiable*. Realizar estos actos de verificación puede motivarte a compartir sobre cómo, dónde y con quién estás de forma amigable y poco a poco integrarlo a la rutina saludable de la conversación.

En terapia

La meta terapéutica en la fase II es que ambos se redescubran emocionalmente. John Gottman le llama a esta segunda fase «sintonización» (*attune*, en inglés) debido a que ambos miembros de la pareja se tienen que conocer y sincronizar mutuamente. Esto no significa que las cosas van a ser perfectas si consiguen volver a ser amigos, sino que aprenden a escucharse y comunicarse. Una mejor comunicación permitirá momentos buenos y malos como parte de un fluir natural de la relación.

Hay cuatro procesos básicos que se deben trabajar en esta fase:

1. Aprender a comunicarse y hablar.
2. Saber reducir la tensión emocional.
3. Aplicar el protocolo de limpieza posterior a la infidelidad.
4. Crear el seguro matrimonial.

Aprender a comunicarse y hablar

Hay muchas técnicas de comunicación que es posible practicar y pueden ayudar; sin embargo, quisiera enfatizar que no es suficiente con aprender a hablar, sino que uno también debe aprender a escuchar.

Somos rápidos para dar respuestas, buscando justificar o solucionar el problema de otro, cuando en general el anhelo de las personas es ser escuchadas. Practica la escucha activa, en la que escuchas hasta el final e intentas poder resumir lo que el otro está diciendo sin añadir tu opinión o interpretación de lo que han dicho.

A la hora de tu propia comunicación, tienes que aprender cómo tener conversaciones íntimas en las que eres y te muestras vulnerable. Gottman resume el arte de las conversaciones íntimas en cuatro pasos:[1].

- Poner tus sentimientos en palabras.
- Hacer preguntas de respuesta abierta.
- Proseguir con declaraciones que profundicen la relación.
- Expresar compasión y empatía.

Saber reducir la tensión emocional

Aunque tu pareja use bien las habilidades para comunicarse, si alguno se altera, no podrán interpretar correctamente las respuestas del otro, ni tampoco escuchar bien. Las parejas que perduran en el tiempo han aprendido a usar dos claves ante situaciones complicadas. Por un lado, saben autorregularse, es decir, la persona nota cuándo se empieza a alterar y

1. Gottman, ob. cit., pp. 93-99.

emplea algunas técnicas para poder recomponerse y no dejarse llevar por el malestar interior. Por otro lado, ha aprendido formas de ayudar a su pareja a reducir la tensión cuando esta se presenta en ella.

Algunos practican estas técnicas de forma inconsciente, pues quizás fueron modeladas en su familia de origen o surgieron de forma natural y se condicionaron para bien al ver que funcionaban. Normalmente, si se está saliendo de una infidelidad, esto no será algo natural. Se tendrá que instaurar de forma programada y consciente, probando técnicas de regulación y desarme de la tensión hasta encontrar las que funcionan para ti y tu pareja, pero constituye un gran paso en la construcción de una amistad verdadera entre los dos.

Además, para seguir aumentando la confianza dentro de esta nueva amistad que se está creando como pareja, será importante eliminar los rastros y accesos a la infidelidad.

Aplicar el protocolo de limpieza posterior a la infidelidad

Se hace muy necesario cerrar puertas, tomar medidas drásticas y proteger al matrimonio ante la posibilidad de una nueva situación de infidelidad. Cualquier persona que ha vivido una traición teme profundamente que la infidelidad no haya acabado en verdad y que su pareja la siga engañando.

El protocolo de limpieza consiste en establecer cuáles serían las acciones requeridas para que el traicionado perciba que su pareja lo considera de nuevo su prioridad y se está protegiendo de un posible contacto con el amante. Se basa en la verificación y la rendición de cuentas.

Hay elementos básicos que pueden ser comunes a todas las situaciones:

- Los dispositivos electrónicos deben estar sin claves o con claves compartidas.
- Tener contraseñas compartidas para las redes sociales y los correos.
- Brindar acceso a las cuentas bancarias.
- Accesibilidad a las cuentas de taxi.
- Contacto cero con la/el amante, bloqueando y borrando el contacto y todos los accesos secundarios.

Estas prácticas son necesarias para todos los casos, pues no se trata solo de medidas de intervención, sino también de prevención ante futuros deslices. Se supone que esto ya se habrá trabajado en la primera fase, aunque quizás aún haya algo de resistencia, porque es común que suceda en estos instantes. Compartir las contraseñas es una buena práctica para todas las parejas, hayan o no sido afectadas por la infidelidad. Vivimos en un tiempo de demasiado individualismo y el teléfono inteligente ha sido un gran disociador de la vida en pareja. ¿Qué necesidad habría para no compartir tus contraseñas con tu cónyuge? Una de mis pacientes, que había sido la infiel en su matrimonio, recientemente me dijo: «Cualquiera que no esté dispuesto a dar la contraseña de su teléfono tiene algo que esconder. Me siento muy en paz sin contraseñas y ya sin nada que esconderle a mi esposo».

Compartir las contraseñas no significa que estemos incentivando la revisión diaria ni constante del dispositivo del otro, pero sí quisiéramos animarlos a llevar una vida de rendición de cuentas y transparencia. Además, los hijos también se pueden beneficiar con esta buena práctica y compartir las contraseñas de sus dispositivos con sus padres.

También recomendaría que se empiecen a usar los dispositivos solamente en zonas públicas de la casa. El dormitorio y el baño no son lugares edificantes para usar el teléfono. Somos criaturas de hábitos y costumbres, y si uno asocia el baño o el dormitorio con el uso de un dispositivo electrónico, será más fácil desconectarse de la pareja y conectarse al aparato. El dormitorio matrimonial es para el descanso y la conexión de la pareja, así que no dejes entrar el agobio del trabajo, las amistades y la sensualidad del mundo al llevar tu teléfono a la cama. El baño es un lugar para eliminar tóxicos y asearnos. De nuevo, ¿por qué dejar una puerta abierta al aburrimiento y la distracción con el teléfono?

Cuando les enseñamos a nuestros hijos buenas prácticas en cuanto al uso del teléfono y los dispositivos, los estamos protegiendo de los peligros de la exposición a la pornografía y las conversaciones inapropiadas en horarios que no son los adecuados. Sin importar la edad o el estado civil, es importante tener buenas prácticas con los dispositivos. Dejar de usarlos dos horas antes de ir a dormir, mantenerlos fuera del dormitorio y no llevarlos al baño es una buena forma de empezar a liberarnos de la esclavitud a ellos. Estas prácticas pueden ser revolucionarias para toda la familia.

Una vez consideradas las prácticas generales, hay que definir qué otras acciones requiere la persona que fue traicionada para «limpiar» la infidelidad del matrimonio. Es importante reflexionar en todo lo que ha pasado y definir acciones claras.

He aquí algunos ejemplos de lo que han solicitado algunas personas con las que he trabajado:

- Servicios de limpieza profesional para limpiar sus casas o ciertos lugares específicos que están asociados a la infidelidad.
- Deshacerse de las sábanas, la cama o la ropa interior.
- Reemplazar las fotos de perfil individuales en las redes sociales por fotos donde aparece el matrimonio.
- Cambiar el número de teléfono.
- Contacto cero con ciertos amigos o familiares del amante.

- Cambio de trabajo.
- Mudanza de la ciudad.
- Búsqueda de una nueva iglesia.
- Eliminar las escapadas espontáneas o ciertas salidas con amigos.

Algunas de estas peticiones pueden parecer frívolas y sencillas, mientras que otras pueden parecer muy complejas y difíciles de llevar a cabo. El traicionado es quien debe definir la lista, porque son las acciones que lo harán sentirse seguro y prioritario en la relación que se está reconstruyendo.

Cuando la persona que sufrió la traición haga la lista, es importante que no esté alimentando al *detective loco*, sino que realmente esté buscando implementar acciones que le devuelven el lugar prioritario ante su pareja y que la harán sentirse amada y valorada.

Hay algo que he comprobado muchas veces en la consulta que me parece sumamente interesante: *la persona traicionada sabe exactamente lo que más le va a costar al traidor y es eso lo que suele pedir*. John Gottman lo explica así:

> Como parte de esta verificación, el traidor debe restringir las actividades y relaciones que estaban relacionadas con la aventura. En otras palabras, se acabaron las visitas nocturnas innecesarias a la biblioteca, al médico, a la consulta, al bar, al gimnasio o a cualquier otro sitio donde acechara la tentación o se produjera la tensión. La pareja culpable puede tener razones inocentes y legítimas para querer seguir asistiendo, por ejemplo, a fiestas o seminarios de *networking*. Pero aquí tiene que sacrificar esos eventos hasta que se recupere la confianza.[2]

2. Gottman, ob. cit., p. 165.

Consejo para
quien cometió la infidelidad

Acatar estos requerimientos es la forma rápida de poder demostrar que tu cónyuge es más importante y la prioridad en tu vida. Es posible que pienses que nada cambiará y todo va a seguir igual a pesar de obedecer sus pedidos, pero la realidad es que lo que te está pidiendo tiene un valor incalculable para tu pareja y la relación puede dar un cambio radical si te adhieres al protocolo de limpieza. *Se trata de una forma profunda de mostrar amor y compromiso, de demostrar la disposición a ser «uno» de nuevo en el matrimonio.*

El protocolo de limpieza es incómodo, engorroso y a veces muy complicado, pero resulta crucial y marcará un antes y un después en el camino y la conexión entre los dos. Una vez en marcha, se verá de repente cómo la pareja se relaja y, quizás por primera vez, se puede empezar a mirar hacia el futuro y a considerar crear un seguro matrimonial.

Crear tu seguro matrimonial

¿Tienes un seguro de vida o un seguro médico? Me acuerdo de una época en que mi lavadora se dañó. Me vi obligada a comprar un seguro ampliado para mi nueva lavadora, porque no quería que se volviera a descomponer y tuviera que gastar mucho dinero en reparaciones.

Solemos estar dispuestos a invertir en un seguro para nuestras «cosas», pero nos cuesta pensar en gastar recursos en un seguro para nuestras relaciones. Uno debe invertir en su relación para que funcione. Hay que apartar tiempo, dinero y esfuerzo para depositarlo en el matrimonio. Los esfuerzos y las inversiones cuestan mucho más después de una infidelidad. Y de ahí nace la idea de que hay que «contratar» un seguro matrimonial, que no deja de ser otra estrategia para la rendición de cuentas entre la pareja.

Este seguro tiene la misma base que cualquier otro. Se trata de un plan de prevención que te protege contra una crisis futura en la pareja. Así como inviertes en un seguro médico que pagas mensual o anualmente para que estés protegido ante cualquier eventualidad de salud y no te gastes una fortuna en servicios médicos, un seguro matrimonial invierte en una serie de recursos, tiempo y conexión con la pareja para protegerlos ante una crisis en el futuro.

Estos seguros hay que crearlos a la medida, porque cada pareja es diferente. Se debe pensar en dónde están nuestras debilidades, cómo podemos fortalecerlas y cómo vamos «ahorrando» para protegernos de problemas en el futuro.

Algunas parejas podrán realizar esta tarea sin supervisión, pero otros van a necesitar ayuda, sobre todo si han sufrido una infidelidad. Resulta necesaria una tercera persona porque cada uno tiene expectativas diferentes de lo que va a funcionar, así que necesitan a alguien que los ayude a negociar las condiciones del seguro.

También se requiere de un tercero o de acudir a consulta cuando son conscientes de lo que necesitan, pero no saben cómo llevarlo a la práctica. Por ejemplo, hemos escuchado decir:

- «No nos entendemos bien y no sé hablar con mi esposa sobre mis necesidades sexuales».
- «No me nace mostrarle afecto a diario, no soy una persona cariñosa».

- «No sé decirle palabras bonitas, y no quiero sonar falso».
- «No sé cómo pedirle a mi esposo que esté más tiempo conmigo sin que suene a queja o reproche».

Aprender nuevas habilidades que «no te nacen» podría requerir de ayuda externa. La clave está en entender que realmente casi nada «nace», sino que la mayoría de las prácticas saludables en el matrimonio hay que aprenderlas con esfuerzo y dedicación. Hasta ahora está asegurado que tienes hábitos dañinos que hay que transformar. Debes aprender de nuevo a comunicarte y a honrar a tu pareja.

Ejercicio práctico para crear un seguro matrimonial

Veamos algunos ejemplos de cómo llevar a la práctica lo que hemos dicho hasta ahora. Planifica un momento tranquilo con tu pareja, asegúrense de que puedan tener entre dos y cuatro horas juntos para evitar sentir prisa. Revisen cada punto y desarrollen la inversión de su seguro matrimonial hecho a la medida.

1. Ritmo de conexión: ¿Qué significa conectar para cada uno y cada cuánto tiempo lo necesitan? Busquen mirarse a los ojos, abrazarse, tener cinco minutos de conversación no interrumpida, crear un ritmo de citas (sin hijos) y acciones similares.
2. Nuevos aprendizajes: ¿Cómo pueden seguir avanzando? Escojan una forma (o varias) de seguir aprendiendo y ser retados en la relación. Algunas ideas pueden ser:
    a. Leer un libro juntos.
    b. Asistir a un curso o taller matrimonial.
    c. Participar en un retiro de parejas.
    d. Asociarse a un grupo de conexión de matrimonios.

   e. Acudir a terapia (ya sea de forma preventiva o por una situación activa).
   f. Quedar con otras parejas «mentores» para rendir cuentas o simplemente conversar.
3. Sentirse reconocidos o amados: Hay que crear listas e ideas sobre cómo pueden hacerse sentir reconocidos mutuamente. Nadie es adivino y no podemos esperar que acierten, por eso tenemos que dar indicaciones claras. Piensa en cosas como los lenguajes del amor o los cinco sentidos para inspirarte a pensar en la manera en que puedes sentirte especial. (En mi libro *El Buen Sexo*[3] hablo de forma más extendida sobre cómo trabajar en estos temas).
4. Procesar el dolor: El dolor no desaparece solo por tener un seguro. ¿Cómo puedes avisarle a tu pareja que alguna cosa te ha sentado mal o que algo externo te ha hecho daño? Crea espacios específicos para discutir y conversar sin pelear.
5. Tener un espacio para rendir cuentas: Este punto es clave y posiblemente sea uno de los grandes motivos por el que apareció la infidelidad. ¿Dónde pueden desahogarse ante pequeños deslices? Cada persona necesita un lugar seguro en el que pueda confesar las frustraciones, dudas, inseguridades y pecados. Un lugar donde será escuchado, pero también será redirigido para trabajar sobre esas cosas. Trae paz a la relación que la pareja sepa que existe este espacio.
6. Apartar un presupuesto: Las cosas valiosas suelen requerir una inversión de recursos. El matrimonio requiere una inversión de tiempo, y para asegurarlo se necesita apartar dinero (para que alguien cuide a los niños,

3. Kari Clewett, *El Buen Sexo: Si Dios creó el sexo, nosotros debemos ser los maestros,* Andamio Editorial, 2024.

comprar un regalo, tener una cita, asistir a terapia, disfrutar de una salida especial o preparar una sorpresa). Revisa con tu pareja cómo desean invertir sus recursos y cuánto quieren y pueden apartar. Tenerlo pactado se convierte en una herramienta que evita la preocupación.

7. Revisión del seguro. Una vez al año (puede ser en el aniversario) se debe programar un tiempo para evaluar cómo ha funcionado el seguro y también para ajustar y renovar el compromiso y los puntos pactados. Apunten en la agenda la fecha para el año que viene, apartando de nuevo un espacio de entre dos y cuatro horas. Evalúen cada punto del seguro y ajústenlo o déjenlo igual. Aprovecha este tiempo para motivar y animar a tu pareja en todos los avances que has visto en su vida y permite que él o ella hable sobre ti y lo que has avanzado. Usen ese espacio para preguntar qué se puede hacer en este nuevo año para seguir protegiendo la relación.

Este no es un momento para justificar ni para mentir, sino para «desnudarse emocionalmente» delante de la pareja y que el otro pueda ver realmente cómo estás. Si resulta muy difícil o parece que todo lo que se dice crea tensión o enfado, quizás eso es una señal de que necesitan ayuda externa para mediar y ayudarlos a ver cosas que subjetivamente no están logrando ver desde dentro de la relación.

Fuera de terapia

No todo el trabajo tiene lugar dentro de un ambiente terapéutico. Gran parte de la sanidad ocurre en el día a día y con los pequeños gestos de uno hacia el otro que dicen: «Estoy aquí, eres importante para mí».

Hasta este momento seguirá habiendo algo de desequilibrio en la relación y quien cometió el engaño debe estar más pendiente de su cónyuge. Esto puede ser difícil porque su pareja tal vez enfrente momentos de *gato asustado* (ver capítulo dos). El transgresor debe ser constante en mostrar que está dispuesto a todo y prepararse para estar presente para su cónyuge en lo bueno y en lo malo. Susana Rodríguez señala:

> Quisiera decirles que todo regresó a la normalidad después de regresar del viaje, pero no es cierto. Ricardo tenía olas de dolor y confusión que le golpeaban con recuerdos de lo que había pasado, y yo no podía hacerlos desaparecer, no importaba lo que le dijera o hiciera. Tuve que darle tiempo para que sanara. La mano de Dios estaba sobre nosotros, pero tenía que dejar a Dios hacer lo que Él solo hace. Aprendería que esto es un proceso y las cosas toman tiempo. Varias veces, en sus momentos de ira, me pidió que me fuera de la casa. Yo todavía seguía viviendo con mis padres y ellos me veían llegar muy triste, pero nunca derrotada. Sabíamos que teníamos que seguir intercediendo sin importar cuánto tiempo fuera necesario.[4]

Las amistades

Las amistades y el círculo que les rodea serán muy importantes en el proceso. Es necesario considerar tanto a las amistades que deberán retener porque les ayudarán a caminar, como a las que deberán eliminar de sus vidas.

4. Susana y Ricardo Rodríguez, *¿Y si comenzamos de nuevo?*, p. 105.

Si hay amigos, conocidos o hasta familiares que están conectados al amante, lo más sabio es cortar esas relaciones y alejarse de ellos. Esto puede ser difícil e incómodo, pero es parte de la destrucción producto de las ondas expansivas de la bomba de la infidelidad. Habrá «inocentes» que acabarán pagando el precio.

Si la «otra persona» sigue asistiendo a la misma iglesia, lo más aconsejable es que el matrimonio en reconstrucción opte

Consejo para quien cometió la infidelidad

Recuerda que ahora que ha empezado el proceso, una de tus virtudes más importantes es tu presencia física y no rendirte. El hecho es que resulta necesario que «estés ahí», aunque tu pareja no sea amable ni bondadosa. Abandonaste tu matrimonio por otra persona en el pasado, entonces ese miedo es muy real. Es posible que tu pareja se muestre agresiva o distante, ya que es una forma inconsciente de probarte para ver si abandonarás de nuevo. Obviamente, si la relación se pone violenta o abusiva, por favor, retírate y busca ayuda. A veces tu pareja puede sobrepasarse y no debes permitir el abuso. No obstante, si reacciona como *gato asustado*, es mejor permanecer a su lado y decirle: «Estoy aquí, te amo y no me voy a ir». Estar presente puede ser poderoso y transformador. Aun si te tienes que apartar un rato para autorregularte o permitir que tus emociones se calmen, siempre será determinante que vuelvas enseguida.

por cambiarse a otra congregación, aunque eso signifique perder sus responsabilidades y amistades. Repito, estas decisiones no son fáciles, pero la pareja debe evaluar dónde van a poder florecer y restaurar la relación sin mayores dificultades.

Algunas parejas hacen cambios radicales con el fin de encontrar el espacio saludable para reconstruir sus matrimonios. Pueden llegar a mudarse de casa, buscar otra iglesia y cambiar de trabajo. Esto no siempre resulta necesario, pero para muchos matrimonios es una forma de «empezar de nuevo». Algunos necesitan sentir que no todos a su alrededor conocen su situación personal. Sin embargo, otros piensan que es crucial mantenerse cerca de las personas que han caminado con ellos y deciden simplemente realizar una limpieza que no implique grandes cambios de localidad.

Consejo para las personas relacionadas con el amante

Si estás perdiendo a un amigo o amiga producto de tu conexión con el o la amante y lamentas que ya no estará contigo, te pido, por favor, que le lleves tu frustración a Dios y permitas que la pareja tome las decisiones que consideren importantes para sanar su matrimonio. Lo más probable es que no tengas nada de culpa y que solo se trate de que tu conexión con el amante hace difícil que tu amigo mantenga su relación contigo. No es justo y será doloroso, pero es vital que tu amigo luche por su matrimonio si así lo ha decidido. Si para ello tiene que cortar la relación contigo, debes facilitárselo con amor, demostrando así tu verdadera amistad.

Consejo para quien acompaña a la pareja

El proceso terapéutico es lento y profundo, pero no todo pasará dentro de la terapia. La pareja va a necesitar que fuera de la terapia haya una red social de apoyo y un acompañamiento espiritual y emocional.

La mayoría de los matrimonios que atraviesan una infidelidad no quieren que nadie más lo sepa, a duras penas han llegado a terapia y no quieren que alguien cercano se entere de su situación. Pero si te lo han comentado, siéntete privilegiado de contar con su confianza y sé un buen administrador de esa información. No se trata de un chisme para ser compartido, sino de un abismo de dolor que debe ser contenido con sabiduría.

La pareja, tanto el transgresor como el que ha sido traicionado, necesita personas a su lado que los estén animando a seguir trabajando, sanando y escalando para encontrarse con el Señor (*triángulo de la restauración*).

Quien cometió la infidelidad necesita personas que le recuerden que cada día tiene una nueva oportunidad de mostrar que es una persona confiable, que sigue pidiendo perdón y valora su matrimonio.

Quien fue engañado necesita personas dispuestas a escuchar sin juzgar ni dar opiniones rápidas. Personas con las que pueda llorar sin temor y sentirse amado, que le ayuden a recordar que no debe precipitarse, que debe darse el tiempo necesario para sanar, y que le dirijan a encontrarse con Dios y depositar sus miedos e inseguridades en el Él. Ricardo Rodríguez comenta:

> Reflexionando en esa noche años después (la que eché a mi esposa de casa), me acordé de que durante todo ese espectáculo nadie se acercó a mí para decirme: «Tómalo con calma», «no te apresures», «mañana será otro día y tu mente estará más clara». Tal vez fue por lo íntimo y delicado de la situación o por no querer ir en mi contra, ya que la furia que tenía era evidente; sin embargo, qué bueno hubiera sido escuchar una voz de paz y un sabio consejo de paciencia y medida.[5]

El matrimonio necesita de personas que los animen a hacer pausas y a enfocarse nuevamente. La pareja requiere que alguien les recuerde que deben buscar a Jesús sobre todas las cosas. Precisan personas que los inviten «como pareja» a sus casas y sean sensibles con las conversaciones. Personas que estén dispuestas a invertir en sus hijos y los saquen de casa para darles un mimo extra. Pastores y amigos que intercedan por ellos y su matrimonio, pero sin poner fechas ni exigencias. Necesitan poder hacer a un lado sus responsabilidades en la iglesia para priorizar su sanidad individual y familiar. Finalmente, necesitan sentir que aún les quedan amigos que están interesados en el bienestar de su salud, más que en el resultado de su matrimonio.

Tú puedes ser parte de su camino de reconstrucción.

5. Susana y Ricardo Rodríguez, ob. cit., p. 59.

Cada matrimonio debe evaluar qué es lo correcto para ellos. Diferentes personalidades requieren respuestas distintas. No hay una fórmula mágica para todos por igual. No obstante, todos necesitan apoyo y personas que puedan tomarlos de la mano en medio de esta tormenta.

En resumen

La fase II se enfoca en la reconstrucción de la amistad entre la pareja, centrándose en el presente y ayudándolos a conectarse de forma emocional mientras van limpiando el espacio físico y las amistades para construir un nuevo matrimonio entre ellos mismos.

En esta fase se deben tomar decisiones sobre cómo se gestionan los dispositivos electrónicos y qué acciones son requeridas para que la persona engañada sienta que el traidor realmente la está priorizando y se compromete a seguir a su lado.

Esta limpieza de las amistades y los espacios, al igual que el hecho de compartir contraseñas y cuentas, tiene como meta seguir abriendo las puertas a la confianza y la conversación mientras se cierran fugas y se construye un muro de protección alrededor de ellos.

Aprender a comunicarse y reducir la tensión fortalece la capacidad de la pareja para entenderse y escucharse mutuamente, llegando a crear un seguro matrimonial en el que se comprometen a invertir en la relación y a ser intencionales con el otro. Un buen grupo de amigos ayuda en todo este proceso a mantener el enfoque en la reconstrucción de hábitos saludables y preventivos.

La pareja que ha llegado a este punto empieza a volver a soñar junta hacia el futuro. Se están acercando al momento en que el equilibrio en la relación será restablecido y podrán volver a considerarse un matrimonio, como uno solo otra vez. Por lo tanto, es momento de mirar hacia el futuro, tener en cuenta la relación sexual y tomar la decisión en cuanto a seguir o no juntos. Ha llegado el momento de la fase III.

Capítulo 10

Protocolo de reconstrucción marital

Fase III: El futuro — *yadá sexual*

Kari Clewett

Quisiera destacar que el proceso de restauración no siempre es lineal. Aunque lo recomendable es pasar en orden por las fases I, II y III, a veces hay que trabajar en paralelo. Es posible que quieran tener una conexión sexual muy al principio de su restauración, por lo que hay que abrir partes de la fase III desde casi el primer momento.

Tampoco hay un tiempo de duración estipulado para cada fase. Un matrimonio puede tardar más en superar la primera fase y otro puede necesitar más tiempo en la tercera fase. Lo importante es ver que los dos están siendo intencionales en su trabajo para reparar el dolor causado por la infidelidad.

La fase III indica el momento de iniciar la conversación sobre las relaciones sexuales. Es bueno aprovechar este momento para educarse en cuanto a lo que es el Buen Sexo (lo describiré en breve) y cómo Dios diseñó el sexo matrimonial. Una infidelidad no tiene por qué dejar marcada las relaciones sexuales para siempre, es más, es posible que acaben siendo mejores que antes.

La meta de esta fase es mirar hacia el futuro y asegurar que puedan estar de nuevo uno al lado del otro y volver a equilibrarse. Además, la persona que haya sufrido la traición debe llegar a confiar lo suficiente para dejar de controlar. Deben poder proyectarse hacia el futuro y que eso suscite ilusión y motivación para seguir adelante.

Por último, esta fase es una oportunidad para renovar los votos, creando un momento marcado en la línea del tiempo, un momento que diferencia radicalmente el antes y el después, *eligiendo* casarte con la misma persona de nuevo. Este paso puede parecer extraño porque en muchos casos no llegaste a divorciarte, pero como he ido mencionando, el matrimonio original se quebró y si quieres seguir debes elegir de nuevo a tu misma pareja, aceptando el error de la infidelidad como parte del pasado. Esta elección y renovación permite que no se pueda usar el pasado para castigar o humillar al otro en el futuro.

Retomando el sexo paso a paso

Cada pareja tiene sus propias particularidades, por eso no hay un momento específico para prohibir o permitir las relaciones sexuales. Mi consejo suele estar enfocado en la persona que ha sido traicionada: no tienes que tener relaciones sexuales con tu pareja, él (o ella) perdió ese derecho, pero puedes hacerlo si lo necesitas o lo quieres. Solo protege tu corazón en este tiempo.

Es posible que seas una de las parejas que tuvieron relaciones sexuales luego de enterarse de la infidelidad. Lo he observado en especial (aunque no solamente) en los casos en que la esposa ha sido infiel. En estas circunstancias, el esposo siente la necesidad de sentir a su esposa de nuevo con él y la busca sexualmente.

El sexo puede ser un arma de doble filo. Por un lado, las relaciones sexuales posteriores al descubrimiento de la infidelidad pueden ser muy buenas. De repente, vuelves a descubrir cierta pasión o cierta «ansia» que habías perdido y te sientes bien al lado de tu pareja en la cama. El problema es que no suele ser una sensación duradera y esto puede ser duro para ambos lados.

> *El sexo con mi esposo está siendo mejor que nunca, me encanta y me siento increíble cuando me busca. Lo que a veces me sabe mal o me cuesta es que media hora antes me está recordando que le puse los cuernos y que eso le dolió mucho. A veces me resulta difícil saber dónde está su cabeza y que necesita de mí.*

Quisiera aconsejarte que seas paciente y que el sexo no constituya un tema predominante en las primeras fases del proceso por los siguientes motivos.

- Distrae. Hay parejas que se engañan diciendo: «El sexo ha mejorado, estamos bien ahora», sin tener en cuenta el dolor de la traición. Así que es posible que dejen de esforzarse hacia un cambio significativo y simplemente usen la química hormonal para seguir adelante, pero sin sanar las heridas.

Consejo para quien cometió la infidelidad

Puede ser difícil tener relaciones sexuales con tu cónyuge tras el descubrimiento de la infidelidad. Es posible que le veas sufrir o no tener una conexión total. Sin embargo, es importante que estés ahí para tu pareja. Si lo que necesita es solo tu abrazo, pues eso le darás; si te necesita sexualmente, siempre que puedas, accederás; y respetarás su decisión si no quiere que le toques. Ya podrás traer el tema a la conversación y empezar a explorar las relaciones sexuales de forma más intencional para compartir los deseos y necesidades que tiene cada uno en la medida en que avanza el proceso.

- Puede hacer daño. Si uno de los dos (con frecuencia la persona traicionada) accede al sexo porque siente que es la única forma de mantener la relación, puede que lo lamente más tarde, se sienta usado o empiece a acumular experiencias negativas, llevándolo a desconectarse de nuevo de la relación o por lo menos de las relaciones sexuales.
- Puede aumentar la culpa. El traidor puede acceder al sexo, pero durante las relaciones observar el efecto que tiene sobre su cónyuge y aumentar su sensación de culpa, hasta sentir que la única forma de ayudar es marcharse y *liberar* a su pareja.

El sexo debe estar basado en CONOCER (*yadá*). Una persona puede reservar partes de su corazón, mente y alma durante el proceso de recuperación de una infidelidad y desconectarse de la relación para sobrevivir. Si durante estos instantes sumamos las relaciones sexuales, es posible crear experiencias negativas o de vacío asociadas al sexo. En cambio, esos momentos de intimidad sexual son para otras personas lo que las trae de vuelta a la realidad y a la conexión con su pareja. No obstante, aun así, hay que caminar con cuidado, ya que tal vez haya confusión y se entienda el sexo como intimidad, sin saber intimar si no hay sexo. El sexo es íntimo, pero no toda intimidad es sexual. Por eso no podemos señalar con certeza una norma estricta.

Quisiera explorar el sexo contigo según el propósito con el que Dios lo creó para el matrimonio. Así sabrás cómo navegar por sus aguas cuando estés listo(a).

El Buen Sexo

Creo firmemente que Dios es el creador del sexo y que, entendiendo su poder, lo colocó intencionalmente dentro del marco del matrimonio para protegerlo y guardarnos a nosotros mismos.

La infidelidad es una violación del pacto matrimonial y del diseño de Dios para el sexo. La mayoría de las infidelidades no tienen su raíz en el sexo en sí, sino en la desconexión entre la pareja. Eso significa que podemos reparar la amistad y la conexión y aprender sobre qué es el sexo que Dios ideó para tener una experiencia satisfactoria y completa en este nuevo matrimonio. Como habrás notado, escribo Buen Sexo en mayúsculas y eso es porque lo considero un nombre propio. El Buen Sexo es aquel que Dios creó para nosotros. Resumamos brevemente este concepto.

El Buen Sexo tiene tres escalones que hay que ir subiendo con la pareja para poder experimentar la plenitud de lo que Dios ha creado. En primer lugar, es íntimo, es decir, está basado en conocerse profundamente. Lo segundo es que debe ser mutuo y consentido, tanto el hombre como la mujer tienen necesidades físicas y emocionales dentro del sexo, por tanto, hay que descubrirlas y negociarlas. En tercer lugar, el sexo de Dios es placentero. Dios lo creó como una forma de unir a la pareja gracias a una cascada de hormonas y respuestas químicas que ayudan a disfrutar y recordar los encuentros.

Íntimo

La cultura contemporánea hace difícil entender el sexo como íntimo. Si le preguntaras a la gente en la calle qué es más íntimo, tener sexo con alguien o conocer a los padres de esa persona, seguramente, si son honestos, la respuesta que obtendrías es más o menos así: «Lo segundo es más íntimo, da más respeto, es más sagrado. Tienes que ir muy en serio con alguien para conocer a sus padres». Sin embargo, Dios no lo ideó así.

La Biblia dice: «Y el hombre *conoció* a Eva, su mujer, y ella concibió y dio a luz a Caín, y dijo: He adquirido varón con *la ayuda del* SEÑOR» (Génesis 4:1, LBLA, énfasis añadido). Este verbo «conocer» en hebreo es *yadá*, que como hemos visto significa «adquirir sabiduría a través de la experiencia». La Biblia no usa el término *yadá* exclusivamente para referirse a las relaciones sexuales, sino para «conocer» en todos los niveles. Por eso yo también he usado la palabra *yadá* como un guía en el protocolo, porque *la clave para superar una infidelidad es conocerse uno al otro en todos los niveles.*

El Dr. John Gottman dice algo que me parece fascinante: «La mayoría de las aventuras no tienen que ver con el sexo. Se trata de sobrellevar un matrimonio solitario encontrando a alguien interesado en ti. Y ese anhelo de compañía no entiende de sexos».[1]

1. John Gottman, *What Makes Love Last?*, Simon and Schuster, New York, 2013, p. 60.

La raíz de la traición suele ser una búsqueda de intimidad, de sentirse reconocido. Para poder superar una infidelidad es imprescindible que la pareja adquiera conocimiento el uno sobre el otro a través de la experiencia de convivir y compartir las necesidades y los miedos. Es necesario que conozcan los detalles de lo que ha sucedido y cómo pasó (*yadá temporal*); las emociones, los sueños y los anhelos de su pareja (*yadá emocional*); y que finalmente se puedan conocer y respetar a nivel sexual (*yadá sexual*).

A estas alturas del proceso entrarán en un espacio en el que se tienen que conocer de forma íntima de nuevo. Esto tendrá mejores resultados si durante las fases anteriores han estado trabajando en conocer sus emociones, pensamientos y acciones. Es una bella oportunidad de hacer un alto y volver a verse como si fuera la primera vez, sin importar si han tenido o no relaciones sexuales hasta este momento.

Permíteme contarte la historia de Rubén y Fernanda. Ellos llevaban treinta años casados cuando descubrieron la infidelidad de Rubén con una líder dentro de su iglesia local. Después de trabajar las primeras fases del protocolo de la infidelidad en terapia, los mandé a realizar el ejercicio del 30/90.[2] Este es un ejercicio en el que se miran a los ojos durante treinta segundos y luego se abrazan durante noventa segundos. Los dos tenían lágrimas en los ojos luego del abrazo. «¿Qué tal?», les pregunté. Rubén me contestó con lágrimas en los ojos: «Parece mentira, pero es como verla de nuevo por primera vez. Cuando la estaba abrazando, no la quería soltar. Sentía su olor, su cuerpo, su cercanía. No era una cosa sexual, sino el sentimiento de volver a tenerla en mis brazos. A la vez me ha dolido, porque de repente recordé que casi pierdo todo esto por mis acciones egoístas. Le quiero pedir perdón y volverla a abrazar».

2. Este ejercicio se describe en el libro *El Buen Sexo*.

No habrá buena interacción sexual si no hay una intimidad afectiva, emocional y corporal constantes. La persona con la que te casaste no será la misma que está delante de ti hoy. Hay que descubrirla constantemente, hacer preguntas, invertir tiempo y ser intencional. Tienen que volver a *conocerse*. El Buen Sexo está fundamentado en la intimidad, en el *yadá*, y solo lo podrán conseguir volviendo a ser curiosos el uno con el otro en cuanto a su cuerpo, sus deseos, sus anhelos y sus miedos.

Mutuo y consentido

El segundo escalón o clave para llegar al Buen Sexo es entender que cada miembro de la pareja es diferente y a la vez cada uno tiene necesidades parecidas. He escuchado decir muchas veces que el hombre tiene una necesidad física y la mujer tiene una necesidad emocional. Aunque para algunas parejas podría parecer que esto tiene sentido, en realidad no es así. Tanto el hombre como la mujer tienen necesidades sexuales, físicas y emocionales. Sin embargo, suelen verse muy diferentes y toca descubrirlas. Dios reconoce esas necesidades en los dos.

El apóstol Pablo aconsejaba: «Que el marido cumpla su deber para con su mujer, e igualmente la mujer *lo cumpla* con el marido» (1 Corintios 7:3). El término «deber» se refiere a «deber conyugal», es decir, «el afecto, el cariño y el placer sexual que necesita el cónyuge dentro del matrimonio».[3] Dios le dice primero al esposo que debe cumplir con su esposa. Dios entiende que ella tiene ciertos deseos que su esposo debe esforzarse por aprender a conocer para satisfacerlos. Y la esposa también debe aprender y cumplir con su esposo.

---

3. Kari Clewett, ob. cit., p. 59.

Los temas sexuales suelen estar demasiado enfocados en la penetración, reduciendo las relaciones sexuales matrimoniales a penetraciones esporádicas durante la semana o el mes. Hace falta aprender del concepto del Buen Sexo para ver que la experiencia sexual entre la pareja es más que una simple penetración. Se trata de una conexión física y emocional en la que cada uno se esmera por aprender, conocer y convertirse en un experto con respecto a su pareja.

Cuando cada uno se esfuerza por descubrir cómo satisfacer al otro, la relación es un constante dar y recibir en el que la relación sexual genital es una continuación de la conversación íntima. Constituye una forma de comunicación entre ellos y un recordatorio de las promesas y el pacto que es el matrimonio.

Lo que acabo de decir jamás permite que un miembro de la pareja obligue o fuerce al otro. No encontramos ningún ejemplo en la Biblia donde se permite que una persona use a otra para su propio beneficio, causándole un daño emocional o físico. Por el contrario, la Biblia nos enseña a amar y servir a los demás.

El consentimiento es profundo e imprescindible en el Buen Sexo, porque no se trata de que uno diga: «Yo consiento en que tú hagas», sino más bien: «Yo estoy comprometido con esta relación, quiero aprender de ti y de mí para que cada día nos vaya mejor y que juntos podamos sentirnos satisfechos».

Sigamos leyendo el consejo de Pablo en la carta a los corintios: «La mujer no tiene autoridad sobre su propio cuerpo, sino el marido. Y asimismo el marido no tiene autoridad sobre su propio cuerpo, sino la mujer» (1 Corintios 7:4). Esta frase puede ser confusa, así que analicémosla. En realidad, se trata del consentimiento de Dios. Si el esposo quiere tener sexo y llega a casa con ganas de intimidad genital, pero su esposa no está disponible por la razón que sea, ese hombre no tiene autoridad sobre su cuerpo o sobre sus ganas de relaciones, sino que la autoridad es de su esposa. Él debe renunciar a sus deseos y someterse a la relación, acercándose a su pareja para ver cómo puede aliviarla.

Lo mismo le pasará a ella si quiere una experiencia sexual, pero su esposo tiene mucha ansiedad o está demasiado cansado. Sus deseos carnales (su cuerpo) no son de ella, sino de su marido. Por lo tanto, la esposa debe anteponer el matrimonio a sus deseos y ver cómo puede amar mejor a su esposo en ese momento.

Esto puede resultar chocante, porque actualmente hay mucho énfasis en que tu cuerpo es TUYO, por completo y sin excepciones. Pero nuestro cuerpo nunca ha sido realmente nuestro:

> «¿O no sabéis que vuestro cuerpo es templo del Espíritu Santo, que está en vosotros, el cual tenéis de Dios, y que *no sois vuestros*? Pues por precio habéis sido comprados; por tanto, glorificad a Dios en vuestro cuerpo y en vuestro espíritu, los cuales son de Dios» (1 Corintios 6:19-20, LBLA, énfasis añadido).

El Buen Sexo tiene lugar cuando la pareja ya no vela por el «yo», sino por el «nosotros». Las decisiones no se toman de forma individual, sino en conjunto, como «una sola carne».

Repito, esto jamás significa que uno pueda abusar o aprovecharse del otro. Por el contrario, la pareja entiende que los dos tienen necesidades que son diferentes y que ellos deben conocerse y aprender sobre el otro para poder amarse bien. Se dan cuenta de que el consentimiento implica honrar al otro por encima del egoísmo innato. Cuando esto se consigue, ya pueden subir al tercer escalón y disfrutar del verdadero placer del Buen Sexo.

Placentero

Dios creó los cinco sentidos: el gusto, el olfato, la vista, el oído y el tacto. Y Él nos dio la posibilidad de experimentar tanto dolor como placer a través de cada uno. El sexo, especialmente designado para los matrimonios, es una forma más de disfrutar de un placer profundo.

> La Biblia contiene pasajes eróticos y un mensaje para los matrimonios sobre cómo pueden ser sus relaciones sexuales. Cantar de los cantares no solo es una canción, sino el *hit* número uno, el cantar de todos los cantares. Además de dirigirnos a Cristo, el esposo de la iglesia, está ahí para enseñarnos que el sexo que Dios ha creado es apasionante, creativo, hermoso y *placentero.*[4]

Es muy posible que tras una infidelidad tengan que redefinir y reaprender que el sexo es una experiencia compartida y profundamente placentera. Esto puede ser porque en el proceso se han ensimismado para proteger su corazón y ahora necesitan volver a abrirse y arriesgarse a ser vulnerables; o porque en algún momento, por temas de comparación o inseguridades, tuvieron conductas incómodas.

> Vi mensajes en los que ella le llamaba «mi amor» y luego él le decía lo mucho que le gustaba que ella gritara su nombre cuando estaban juntos. Me doy cuenta de que

4. Kari Clewett, ob. cit., p. 102.

ahora, cuando hacemos el amor, intento decir «mi amor» y gritar su nombre, pero lo siento todo sucio. Por un lado, estoy feliz de que estemos teniendo sexo, pero siento que estoy pendiente de la otra y no puedo disfrutar como quiero.

El sexo suele quedar manchado tras una infidelidad, por eso hay que redescubrir el placer sexual del Buen Sexo. El sexo es una conversación entre la pareja. La meta del sexo no debe ser imitar o intentar comparar tu experiencia sexual con lo que ha pasado, sino convertirte en un experto de tu pareja, de su cuerpo, sus facciones, sus deseos y sus anhelos. Es trazar su figura con los dedos y la mirada y aprender sobre el otro. *El disfrute único y exclusivo de los dos (placentero) se descubre cuando buscamos conocer al otro (íntimo) y luego aprendemos sobre lo diferentes que somos (mutuo) y continuamos rindiéndonos y velando por el «nosotros» (consentido).*

El Buen Sexo no tiene que salir bien a la primera, porque no es el momento exclusivo genital lo que cuenta. Es un camino que va dando vueltas con subidas y bajadas. Es una actividad en la que vas avanzando, practicando y aprendiendo con el paso de los meses y los años.

El sexo es una parte importante que se debe discutir y trabajar, pero no será suficiente si no pueden proyectarse hacia el futuro y confiar en el otro.

Profundizando el apego, volviendo a confiar

Gottman cita varios estudios que muestran que las personas que se arriesgan a confiar en otros se benefician más que aquellos que tienen sospechas[5] de los demás. Esto no significa que alguien deba ser ingenuo, pero sí nos dice que, al salir de una situación de infidelidad, hay que aprender a confiar de nuevo o decidir de una vez que la persona no es confiable y salir de esa relación.

Gottman define cinco criterios para distinguir a una persona confiable de un engañador.[6]

1. Honestidad: Una persona de confianza no miente.
2. Transparencia: No hay secretos, conoces a sus amigos y te contesta sin problema las preguntas sobre dónde ha estado y con quién.
3. Rendición de cuentas: La verdad dicha debe ser verificable hasta en las cosas más pequeñas.
4. Acciones éticas: Sus valores y moralidad deben estar en línea con las tuyas y su comportamiento hacia los demás ser consistente con esos valores.
5. Demostrar alianza: Debe ser capaz de demostrar que está de tu parte. Quieres ver que no opera por puro egoísmo o se alía en tu contra.

Durante el proceso de arrepentimiento y limpieza, el *yadá temporal y emocional*, se debe haber creado el espacio para poder discernir estos cinco criterios y ver el cambio en la pareja. La fase III es cuando se empiezan a tomar decisiones y hay que verificar la honestidad de quien fue infiel. Si está siendo honesto, entonces es el momento de que el engañado pueda trabajar para volver a arriesgar su corazón y empezar a acumular experiencias positivas que demuestren la confianza y apoyarse poco a poco en esas demostraciones.

5. Gottman, ob. cit., p. 234.
6. Gottman, ob. cit., p. 235.

Consejo para quien traicionó

Es seguro que para este momento ya reconoces ciertas emociones de tu pareja en las que ves que se ha reactivado algo del dolor. La meta es que ahora ya lo tomes como una nueva oportunidad para mostrar confianza, basándote en las acciones y la constancia que has mostrado en los últimos meses. Esto tranquiliza a tu pareja y le permite entrar en su propio proceso de abrir su corazón de nuevo y confiar en tu «nuevo yo».

> Mi esposo [quien fue infiel] me preguntó: «¿Cuándo fue la última vez que dudaste de mi honestidad?». Esto es algo que me pregunta cada cierto tiempo para seguir rindiendo cuentas. Me puse a pensar y le contesté: «Pues la verdad es que no recuerdo la última vez que dudé de ti».

Recuerdo que estaba escuchando esto en un *podcast* y pensé: *Eso ocurre cuando sabes que has pasado por la reconstrucción de la confianza*. Obviamente, habrá momentos en la vida en los que dudas de tu pareja. Ninguno de nosotros es perfecto y vamos a fallar, pero hay que alcanzar un estado en el que ya no estés dudando de cada paso que das.

En este punto es cuando la pareja debería volver a alcanzar el equilibrio. Hasta ahora, terapéuticamente quien fue infiel ha quedado relegado a un puesto inferior, donde ha estado arrepintiéndose e intentando restaurar la confianza, llevando a cabo acciones y respondiendo a las peticiones de su pareja. Recuerda que todas estas acciones son una forma de ayudar al transgresor para que sienta que se ha esforzado y ha trabajado para volver a ganarse su puesto de cónyuge y recuperar sus derechos. Esto es «justo», porque es una forma de «pagar» por sus malas acciones; y es «injusto», porque puede tardar un tiempo y en el proceso sentirse controlado y muy desconectado de su pareja. Sin embargo, se trata de una situación temporal. El momento de volver a equilibrar a la pareja se da cuando la confianza se reconstruye.

Consejo para quien fue engañado

Llegar a confiar no es un proceso de un par de meses, sino más bien se logra después de un año (o más) en el que tu pareja ha sido firme en su honestidad, transparente, fiel en rendir cuentas, constante con sus acciones, y ha demostrado que eres su prioridad. Aun así, puede haber nuevos detonantes que te recuerdan que todavía hay espacio para seguir sanando. Está bien, todo se logra paso a paso. Lo que buscas es sentirte seguro de poder asumir lo mejor de tu pareja de ahora en adelante, aunque te falle.

El equilibrio de la pareja resulta importante si se quiere seguir adelante con el matrimonio. No han sido creados para que uno siempre tenga un poder absoluto sobre el otro. Aunque el hombre sea la cabeza, eso nunca significa que deba ser dominante y controlador. Ambos necesitan estar sometidos mutuamente en una relación funcional de pareja, tal como lo aconseja Pablo: «Sométanse unos a otros en el temor de Cristo» (Efesios 5:21). La rendición de cuentas debe ser de los dos lados. Una vida sin dificultades no está asegurada, porque de ahora en adelante cualquiera se puede equivocar, tener una mala actitud o experimentar un día difícil, necesitando del apoyo, el cariño y a veces una llamada de atención por parte de la pareja.

Los hijos también necesitan a sus padres como una unidad. Cuando el transgresor es descubierto, durante las primeras fases de la restauración puede sentirse empujado a «comprar» el amor de sus hijos a través de acciones y regalos. La culpa que siente por haberles fallado es grande y hay un arrepentimiento profundo inicial que se muestra en desvivirse completamente por ellos. Esa actitud puede ser justificada y hasta beneficiosa en un primer momento. Sin embargo, los hijos no necesitan un siervo con el paso del tiempo, sino que necesitan a su padre o su madre. Precisan que el progenitor infiel se muestre arrepentido, pero que también esté aprendiendo de lo que ha hecho y lo use para llegar a ser un referente y modelo para ellos.

Consejo para quien cometió la infidelidad

La clave para restaurar el equilibrio estará en que puedas sentirte orgulloso de tus acciones «confiables» del presente. Que mires atrás y veas que estás siendo transparente y aprovechando cualquier oportunidad para mostrarte vulnerable y honesto.

Mientras este proceso está en marcha, se acercarán el uno al otro de una forma diferente, más honesta y segura. Han pasado por un infierno juntos y están saliendo al otro lado del túnel. Han aprendido a tener conversaciones difíciles y a ser transparentes. Han vivido el dolor del engaño y están convencidos de que nunca más quieren llegar a experimentarlo nuevamente. Han descubierto los motivos que los llevaron a sentirse distanciados el uno del otro y cada miembro de la pareja ha trabajado en su propia persona y luego en la relación conjunta. Han llegado a la punta del *triángulo de la restauración* y se han encontrado juntos con Dios. Tienen personas a su alrededor que están dispuestas a caminar con ambos y han tomado las medidas necesarias para alejarse de los que no traen nada positivo a su relación.

La suma de todos esos factores hace que estén listos para volver a elegirse, comprometiéndose de nuevo el uno con el otro a tener un nuevo matrimonio con la misma persona. Es tiempo de celebrar un ritual de compromiso.

Consejo para quien fue engañado

Tienes que llegar a confiar en que tu pareja ha sido constante y ahora es confiable, siendo capaz de renunciar al control poco a poco. Debes poder recordar momentos, acciones y palabras que te han llevado a confiar últimamente y ver el esfuerzo y el trabajo que tu pareja ha hecho para cambiar su comportamiento y sus interacciones contigo y los demás, de modo que nunca se repita la infidelidad.

El ritual

Ha llegado el momento de tomar una decisión. Es hora de elegir si renuevan el matrimonio o si se van a separar (divorciar). Esta decisión no debe ser tomada a la ligera, aunque es posible que a estas alturas sea una decisión *clara*. Han pasado por una tormenta y ahora entran de nuevo al matrimonio con los ojos más abiertos, habiendo experimentado sentimientos fuertes de dolor en paralelo con la disposición a tener conversaciones difíciles, sellando así una intimidad más profunda.

Consejo para quien fue engañado

Quizás te sorprenda que debas tomar esta decisión justo en este momento y no antes, pero se tienen que dar un tiempo para ver si hay arrepentimiento y, posteriormente, si hay compromiso por parte de tu pareja para realizar cambios que permitan seguir protegiendo el matrimonio, de forma que la infidelidad no toque su puerta nunca más.

Luego de que hayan tomado la decisión tendrán que elegir qué tipo de celebración o ritual desean realizar para volver a comprometerse el uno con el otro y empezar su *nuevo matrimonio*. La idea del ritual puede ser confusa al principio, pero permíteme explicarlo de forma sencilla. En este proceso ha habido muchos detonantes, recuerdos y momentos traumáticos que han quedado flotando en la mente. El ritual es la ocasión fijada para acumular recuerdos y metáforas simbólicas que permitan crear un acontecimiento —con fecha, hora, colores y recuerdos— en el que los dos reafirman que fueron elegidos por el otro y decidieron volver a comprometerse.

Con el paso de los años tendrán claro el momento en que decidieron aceptar el pasado como una parte más de su historia y volver a casarse con la misma persona. Un recuerdo tan fuerte y claro ayuda a reducir la fuerza de los detonantes y otros recuerdos asociados a la infidelidad, porque ahora existe un «ritual» (recuerdo) que predomina en el proceso de restauración.

Consejo para quien cometió la infidelidad

Tú también tienes que decidir. Tienes que ver si tu pareja es capaz de conceder perdón y asegurar que no va a vivir amargada por el resto de su vida por lo que ha pasado. También querrás percibir ajustes de su parte para ayudar a mantener la conexión entre los dos.

No tiene que ser algo estrafalario, sino que lo mejor es pensar y orar al respecto para ver qué tipo de celebración y símbolos quieren. Voy a darte ejemplos de tres rituales diferentes que eligieron distintas parejas.

> Pareja 1: El ritual lo vamos a realizar cerca de la playa, porque el agua y la arena me ayudan a recordar la grandeza de la misericordia de Dios y cómo Él se puede llevar mi dolor y hasta mis recuerdos. Quiero asociar el agua con mi compromiso. Además, me tuve que casar dentro de una iglesia y siempre me quedé con ganas de poder celebrar mi matrimonio en la playa. Creo que también es una forma de que sea algo diferente y especial. Para mí es importante que puedan estar nuestros hijos y nuestros padres. Realmente no quiero que esté presente nadie más, pero deseo que los que quedaron más afectados puedan también estar ahí para celebrar con nosotros.

Pareja 2: Vamos a hacer una boda con invitados, convite y todo. Nuestra primera boda fue pequeña y muy íntima, pero esta situación nos ha hecho ver lo mucho que necesitamos a nuestra comunidad. Queremos que sea un testimonio para los que nos rodean y que nos ayude a quitar toda la vergüenza o la culpa que hemos estado viviendo en este tiempo.

Pareja 3: Vamos a hacerlo solos en la cima de una montaña. Los dos hemos llevado las cartas con la renovación de votos y nos los declararemos el uno al otro en la cima del monte. Luego hemos quedado para cenar con la familia, pero queremos primero celebrarlo sin público. Vamos a cambiar los anillos en símbolo de un compromiso nuevo.

No hay una forma mejor que otra, sino que hay parejas diferentes, con historias y necesidades distintas. Lo importante del ritual es que sientas que estás volviendo a elegir a esa persona, con los ojos bien abiertos, conociendo los pecados de su pasado, pero viendo todo el trabajo y esfuerzo manifestados para cambiar y habiendo adoptado hábitos más saludables.

Es importante que vuelvas a decir «sí quiero» y que prometan de nuevo que van a cuidarse y amarse. Tu matrimonio ahora tiene una nueva fecha de celebración, un nuevo compromiso. La forma que adopte esta promesa —si va acompañada de actos o celebraciones, vestidos o música, pública o privada— ya depende un poco de sus gustos y de descubrir qué cosas los ayudarán a tener un recuerdo fuerte y agradable de este momento.

En general, recomiendo que al menos haya dos testigos, idealmente que sepan lo que ha pasado, para que puedan sinceramente reconocer el peso de las palabras que se pronunciarán mutuamente. No deben realizar este proceso de restauración y sanidad solos. Debe haber personas con las que procesar los hechos, llorar, reír y hablar.

Recuerda que es un «nuevo matrimonio» con las mismas personas. No se trata de recuperar la vieja relación, porque esa no era funcional. Quieren empezar de nuevo.

«¿Este dolor se irá en algún momento?»

Esta pregunta es una de las primeras que cualquier persona traicionada hace al comenzar un proceso de sanidad y restauración tras una infidelidad. Para él o ella parece imposible que puedan llegar a perdonar y sentirse *bien* de nuevo. No sé en qué momento te encuentras en tu proceso. Es posible que estés recién en la fase del *detective loco* o quizás ya estás entrando en la fase III de reconciliación y restauración del matrimonio. Sin embargo, más allá del momento en que te encuentres, quisiera traerte un poco de esperanza. Después de las tres fases; de mirar el pasado, el presente y proyectarse hacia el futuro; tras restaurar el *yadá temporal*, el *yadá emocional* y el *yadá sexual*, la pareja puede volver a elegirse y sentirse más fuertes que nunca.

> Esta semana tuvimos una crisis, pero logramos hablar sobre ello y discutirlo sin hacernos daño. La discusión acabó en un abrazo en el que nos recordábamos lo mucho que nos amábamos. Esto no lo habríamos podido vivir ni al principio de nuestro matrimonio, ni mucho menos antes de la infidelidad. Nuestra capacidad de comunicación está mejor, se hace evidente el amor que nos tenemos y somos capaces de expresar la frustración sin hacernos daño.

Llegar al ritual es un camino cuesta arriba, pero la visión y la perspectiva cambian y hay una libertad diferente cuando alcanzamos la cima. La confianza ha quedado restablecida y hay hábitos creados para asegurar que esa confianza se pueda ir verificando con cierta frecuencia. Al llegar a este momento habrán aprendido a caminar el uno hacia el otro y a crear circuitos fuertes de conexión. Hay un nuevo vaso de cristal con semillas de experiencias y recuerdos que atesorar.

Sin duda estarán agradecidos por todo lo que han aprendido en el camino. No se sentirán contentos de lo que ha pasado, ni desearán pasar de nuevo por algo similar, pero sí pueden mirar todo lo recorrido, ver la mano de Dios, y comprobar que han acabado en un lugar mejor a pesar de la tormenta.

Llegados a este punto, tal vez quede una pregunta en el tintero, y es si se puede prevenir una infidelidad. Quizás hace tiempo que pasaste por tu tormenta y ahora estás en un buen momento con tu pareja. O si al final te divorciaste, puede que tengas ganas de conocer a alguien nuevo, pero el miedo de que esto vuelva a pasar persiste. ¿Cómo asegurar que esto no suceda otra vez?

«¿Es posible prevenir una infidelidad?»

Por supuesto que sí, aunque el resultado depende del compromiso y la disposición de los dos integrantes de la pareja. Cada uno tendrá que poner de su parte. Por eso, uno de los primeros pasos será elegir una pareja confiable (teniendo en cuenta los cinco criterios que mencionamos anteriormente en este capítulo). Querrás asegurar que tanto tú como la otra persona estén dispuestos a tener conversaciones difíciles (seguro matrimonial) y a ser transparentes y honestos (compartir contraseñas, hablar ante pequeñas frustraciones, reconocer las necesidades). Debes cerciorarte de que el sexo no sea un elemento separado de la relación, sino una continuación de la conversación y la amistad e intimidad que tienen (Buen Sexo). Requerirán que la definición y las expectativas de fidelidad sean explícitas, como también las consecuencias de una infidelidad (capítulo ocho). No tengan miedo de hablar de estos temas sin tabú, de forma clara y sin rodeos.

También deben entender que hay límites pequeños, fácilmente justificables, que en verdad son puertas que se abren a la traición y deben ser compartidas con la pareja sin que ninguno abra una carpeta secreta (capítulo tres). Cada uno precisa contar con un grupo de apoyo que esté dispuesto a confrontarlos si ven que están haciendo alguna tontería o no le están prestando atención a la pareja (capítulo nueve). Como ves, todo lo que has leído hasta aquí puede ayudarlos a protegerse contra la infidelidad. Tu meta principal es crear múltiples puentes de comunicación y conexión con tu pareja y muros de protección (límites claros y explícitos) alrededor del matrimonio.

Quisiera compartir dos sencillas directrices más que tratan con algo que puedes y debes hacer para seguir acercándote a tu pareja y no distraer tu mirada ni tu corazón.

Tú eres responsable de tu felicidad

Hablemos de la felicidad. A veces recibo en la consulta a una pareja en la que uno de los dos no está consciente de sus propias necesidades emocionales ni tampoco de las espirituales. Luce como una persona «insatisfecha», por lo que no importa lo que el otro le diga o haga, le cuesta sentir placer, agradecimiento o contentamiento. Nada es suficiente.

Estas personas están amargadas con el mundo y consigo mismas y pueden culpar a sus parejas de todo, pero no se han dado cuenta de que necesitan realizar un cambio. Deben ocuparse de su «felicidad», colocando primeramente su esperanza en el lugar correcto.

> «Vengan a Mí, todos los que están cansados y cargados, y Yo los haré descansar. Tomen Mi yugo sobre ustedes y aprendan de Mí, que Yo soy manso y humilde de corazón, y HALLARÁN DESCANSO PARA SUS ALMAS. Porque Mi yugo es fácil y Mi carga ligera» (Mateo 11:28-30).

Podemos ejercer mucha presión sobre nuestra pareja para que nos sostenga emocionalmente, para que él o ella sea quien lleve nuestras cargas y nos haga «sentir» felices. Es cierto que tu cónyuge tendrá un efecto sobre tus emociones y tu vida en general. Tu pareja es un aporte a tu bienestar, pero NO es la fuente prioritaria. Tú eres responsable de tus emociones, de llenar tu propio tanque y sentirte pleno. Debes ocuparte de buscar tu satisfacción en Dios de forma diaria y constante. Y para lograrlo necesitas de una relación vertical con Dios.

La pareja puede estar más cerca o más alejada, pero si alguno está desconectado de Dios y de sí mismo, será difícil, si no imposible, que se sienta satisfecho o «feliz». Si sientes que no estás bien, que estás más triste o enfadado de lo normal y que nada ni nadie te hace sentir agradecido, es posible que «ellos» no sean el problema, sino que necesites ayuda. Precisas descubrir cómo volver a Dios y conectar contigo mismo para poder aceptar el amor y las acciones de los demás. Recuerda el *triángulo de la restauración* (capítulo ocho), no debes esperar de tu pareja lo que solo Dios puede darte. En el siguiente capítulo, Cornelia nos va a detallar también cómo realizar esto en la sección «Busca contentamiento en el lugar correcto». Mientras tanto, usa el ejercicio siguiente para evaluarte.

Ejercicio práctico

Es importante ser vulnerable delante de Dios, porque solamente cuando te puedes quitar la máscara y dejarte ver tal como eres, te puedes sentir conocido. Antes de dejarte conocer por otros, debes ser capaz de mirarte al espejo sin reparo y hacerte estas preguntas:

- ¿Quién soy?
- ¿Qué cosas tengo que trabajar?
- ¿Cuándo alejo a las personas?
- ¿Cuáles son mis ídolos?
- ¿Cómo me he alejado de Dios?
- ¿Quién dice Dios que soy?
- ¿Qué necesito hacer para sentirme conectado con Dios?
- ¿Qué necesito hacer para sentirme agradecido?

La gratitud: el elemento vital para una relación saludable

La otra directriz que te voy a dar tiene que ver con ser agradecido. La gratitud mantiene un enfoque positivo y gratificante en la vida cotidiana del matrimonio, brindando todo lo opuesto a lo que produce la crítica constante. La gratitud genera satisfacción y plenitud más allá de las circunstancias. Hay que practicarla de forma individual y también aplicarla dentro del matrimonio. El pacto matrimonial conlleva una decisión de fidelidad y no depende de una condición sentimental. Te dejo mi versículo favorito con relación a este tema.

> «Por lo demás, hermanos, todo lo que es verdadero, todo lo digno, todo lo justo, todo lo puro, todo lo amable, todo

lo honorable, si hay alguna virtud o algo que merece elogio, en esto mediten» (Filipenses 4:8).

Esto puede ser sencillo de leer, pero no es tan fácil de poner en práctica en la vida diaria. Es mucho más fácil ver a la pareja y criticarla que quedarte allí un momento buscando algo verdadero, digno, justo, puro, amable, honorable, virtuoso o que merezca elogio. Sin embargo, esa actitud es precisamente lo que se requiere para cultivar una satisfacción que proteja tu matrimonio.

Ejercicio práctico: tres cosas por los que estás agradecido

Me gustaría sugerirte un ejercicio que es conocido por todos mis pacientes. Así empiezo todas mis sesiones y recomiendo que todo ser humano, casado o soltero, lo practique a diario. Se trata de buscar, apuntar y luego decir en voz alta tres cosas por las que estás agradecido. Pueden ser cosas grandes (la familia, mi casa o Dios) o, idealmente, cosas más cotidianas (mi vista desde la ventana esta mañana, la conversación con una amiga y el calentador de pies que utilizo mientras escribo). La idea es ir «entrenando» a la mente para que se centre en las cosas verdaderas que tienes a tu alrededor.

¿De qué manera se realiza este ejercicio como protección marital? Pues enfocando tu mente en tu pareja y buscando a diario cualidades o acciones del otro por las que estás agradecido. Durante el día, céntrate en aspectos que agradeces o aprecias («Le queda bien esa blusa», «Amo que se despidió con un beso», «Me encantan las empanadas que preparó anoche»). Toma nota de los detalles que hayas percibido y a lo largo del día busca comunicárselo, ya sea con un mensaje, una llamada, o idealmente díselo en persona.

¿Cómo puede este ejercicio prevenir la infidelidad? La virtud de mostrar gratitud de una forma evidente tiene un efecto multiplicador sobre la pareja. Por un lado, te ayuda a mantenerte conectado con el otro, ya que estás pensando en las cualidades de la otra persona, te estás fijando con atención en ellas, las estás tomando en cuenta y se las estás comunicando. Todo eso hace que tu mente esté ocupada durante ese tiempo pensando en cosas verdaderas y buenas sobre tu pareja. Por otro lado, el hecho de que le comuniques estas cosas significa que estás reforzándola y motivándola a seguir poniéndolas en práctica, además de hacerla sentir reconocida y apreciada, y provocando un efecto de conexión saludable entre ambos.

Ya hemos llegado al final del protocolo marital y hemos acabado con unas directrices para prevenir la infidelidad que resultan útiles para cualquier persona. Ahora ha llegado el momento de ver la otra parte. No todas las parejas podrán volver a elegirse y crear un nuevo matrimonio. En estos últimos tres capítulos me he estado centrando en los pasos que debe dar una pareja para llegar hasta el ritual de volver a elegirse; sin embargo, ¿qué sucede con aquellas que no se quedan juntas? Ya sea que hagan todo el trabajo de las tres fases y al final elijan no seguir, como que desde un primer momento se decidan por una separación, creo que es importante poder responder a la siguiente pregunta: *¿Qué pasa si el matrimonio no se puede reconstruir?* Hablemos de esto en el próximo capítulo.

Parte C

La esperanza

Capítulo 11

Si el matrimonio no se restaura, ¿cómo reconstruyo mi vida?

Cornelia Hernández de Matos

Nota de Kari

Sé que este capítulo puede ser duro para algunos que se están planteando el divorcio, pero la decisión no está finalizada aún. También puede ser difícil para los que llevan un tiempo separados, viviendo días buenos y malos. Sin embargo, lee con paciencia. Aquí te ofrecemos muchas ideas y consejos que debes tomar de uno en uno para que vayas reconstruyendo tu vida con amor.

Por otro lado, lo puedes leer igual si no te estás separando, porque está lleno de buenos hábitos que puedes incorporar en tu día a día.

Le he pedido a Cornelia que escriba este capítulo. Creo que sus palabras y sabiduría serán un paraíso de descanso y te arroparán, tanto a partir de la consejería como la medicina. Nuestro objetivo es levantarte y llenarte de esperanza. Queremos mostrarte un destello de lo que Dios puede hacer en medio de tu vida y a pesar de ti.

«Nunca pensé que viviría una experiencia como esta. No me casé para terminar separados, ahora no sé qué hacer». Es común escuchar una frase así de labios de personas que enfrentan un divorcio. Resulta muy doloroso llegar a entender que no hay posibilidad de arreglo para un proyecto de vida tan importante. Es posible que sientas como si hubieras perdido el rumbo y no es para menos, pues los planes que tenías para el resto de tu vida cambiaron drásticamente.

Sin embargo, quisiera decirte que hay esperanza. Tu vida continúa y lo que te espera en el futuro puede ser muy gratificante. Aunque no planificaste separarte de tu pareja, esta situación puede ofrecerte la entrada a una nueva manera de verte y es posible que descubras de forma más profunda el propósito de Dios para ti. Estoy segura de que no hay nada en nuestras vidas que Dios no pueda usar para su gloria y nuestro bien, aunque se trate de una situación tan dolorosa como una ruptura marital.

En este capítulo te invito a asumir el cambio colocando la esperanza en el lugar correcto. No se trata de demostrar que eres fuerte y nada te detiene, sino más bien que eres un ser humano limitado, pero cuentas con un Dios ilimitado, capaz de tornar el sufrimiento en gloria. La realidad es que el dolor bien procesado nos ayuda a madurar emocional y espiritualmente. Esto no significa que será algo fácil ni rápido, pero sí será un camino seguro si pones tu confianza en las verdades que Dios nos ofrece en su Palabra. Además, es muy posible que necesites hacer cambios en tu estilo de vida y, más importante aún, en tu forma de pensar sobre Dios, tú mismo y la vida. De modo que no te desesperes, recuérdale a tu corazón que el Señor camina contigo, Él guiará tus pasos a su velocidad. Él nunca anda de prisa y lo tiene todo bajo control, así que descansa en Él.

«No temas, porque Yo estoy contigo;
No te desalientes, porque Yo soy tu Dios.
Te fortaleceré, ciertamente te ayudaré,
Sí, te sostendré con la diestra de Mi justicia»
(Isaías 41:10).

La comunidad es la clave

Una parte del diseño de Dios al crearnos a su imagen implica que somos seres relacionales. Todo ser humano necesita relacionarse con su Creador y con las personas de su entorno. La idea de aislarnos en medio de las situaciones difíciles es un error y está lejos del plan de Dios para nuestro bienestar.

En toda la revelación bíblica vemos cómo Dios, intencionalmente, nos coloca en una comunidad. Al inicio de la creación instituyó el matrimonio, luego vemos la estructura familiar y la manera minuciosa en que organizó a su pueblo, entregándoles estatutos y leyes para regular la sociedad. El Nuevo Testamento nos permite ver de manera repetitiva mandatos relacionales para el cuidado mutuo. ¡Son muchos los versículos que hablan de «unos a otros»!

Sin embargo, en esta sociedad moderna tan individualista, pensamos en conectarnos con otros solo para las festividades o situaciones alegres, como si los días difíciles no fueran comunes a todos. Intentar vivir la vida de manera individual va en contra del diseño de Dios, ya que necesitamos relacionarnos. Me imagino que estás pensando que fue justamente a través de una relación en la que te entregaste por completo que llegaste a experimentar un dolor tan grande, y por eso es posible que percibas el aislamiento como una alternativa de vida más segura. No obstante, como ya dijimos, *el dolor y el trauma provocados en una relación se sana a través de una relación segura.* El aislamiento no es la mejor alternativa. Esto no significa que no necesites momentos a solas para orar, reflexionar y meditar en lo que vas aprendiendo. Tales espacios a solas por un período de tiempo también son de mucho provecho.

Lo que quisiera proponerte es que intentes ver el valor de la vida en comunidad. Dios te ha colocado en una familia, en una comunidad de fe, la iglesia. Sabemos que no existe la iglesia perfecta de este lado de la eternidad, pero no es casualidad que Dios te haya colocado en una congregación en particular. En esta etapa de tu vida no necesitas la compañía de muchas personas, pero sí de algunos hermanos maduros en la fe que caminen contigo.

Estas personas de confianza no tienen que ser necesariamente solteros. Hay muchas maneras de amarnos y cuidarnos unos a otros. Imagina, por ejemplo, que tienes hijos y que en esta etapa estás aprendiendo a ser un padre o madre solteros, así que sería muy valioso encontrar a parejas con hijos que te ayuden, que generen un espacio seguro y saludable para tus hijos mientras aprenden a socializar entre ellos. ¿Y qué decir de los adultos mayores de la congregación? Ellos pueden encontrar en ti y tus hijos a personas en quienes dejar un legado espiritual invaluable, al tiempo que ustedes les sirven ofreciendo su amor y compañía.

Finalmente, una persona soltera también tiene el potencial de ser una buena compañía para ti. Podrías aprender a disfrutar la vida siendo soltero nuevamente, ya que la satisfacción más profunda del ser humano no está vinculada a su estado civil, sino a su relación con Dios. La función de la vida en comunidad es sanar, crecer, acercarte más al Señor y ser santificado, porque es justamente tu relación con Dios la que te traerá la satisfacción plena.

Si recientemente te has convertido en una persona soltera luego de estar casada, podría ser fácil encontrar consuelo en otros solteros del sexo opuesto con los que puede surgir rápidamente una atracción. Sin embargo, recuerda que todavía estás vulnerable, así que tus emociones pueden fluctuar y confundirte. Es recomendable que por lo menos durante el primer año (mejor dos), mientras estés sanando y volviendo a establecerte en tu nueva vida, centres tu atención en conectarte con personas de tu mismo sexo o con familias casadas que te admitan como parte de su círculo. Esto te permite tener el tiempo suficiente para examinar todo lo que has aprendido de tu matrimonio pasado y también aprender cosas nuevas. Busca durante ese tiempo que tu relación con Dios se fortalezca, sanes tu corazón y modifiques tus comportamientos antes de buscar una nueva relación.

Relacionarte con solteros del sexo opuesto será ideal si se da en forma grupal, de manera que te sientas reconocido(a) y acompañado(a), pero sin la presión de tener que decidir si te interesa ir más allá o no con alguna persona. Deja que pase algo de tiempo para lograr estabilizarte primero. La afirmación y la admiración de personas del sexo opuesto hará maravillas para tu autoestima y tu identidad, las cuales han quedado dañadas tras la separación, pero uno debe primero encontrar esa valía en el Señor para no reemplazar una relación rota con una nueva dependencia en alguien pasajero.

Ser acompañado por la familia de la fe es clave, porque permite que puedas experimentar el amor de Dios en el diario vivir, pero no siempre es fácil encontrar a esa comunidad dispuesta. Lamentablemente, las iglesias no siempre ofrecen estos espacios seguros, repletos de bondad y paciencia. Mientras oramos por que puedas encontrar a una buena comunidad, quisiera enfatizar que no necesitas que sean muchas personas, ni los más maduros en la fe; puedes empezar a caminar en compañía de un par de personas que amen al Señor y dediquen tiempo para estar a tu lado y escucharte. Caminar acompañado hace el camino más llevadero y productivo.

Buscando el contentamiento en el lugar correcto

Un error muy común entre casados y solteros es pensar que su pareja les dará toda la plenitud y el gozo que anhelan, como si el matrimonio en sí mismo fuera el paraíso. Nada más lejos de la realidad. Si bien es cierto que el matrimonio no debe ser un lugar de tortura, tampoco debemos cargar a nuestro cónyuge con la responsabilidad de nuestro contentamiento. Espero que el reconocimiento de esta verdad sea esperanzador para ti si estás afrontando la ruptura de tu matrimonio. Resulta saludable aclarar que el matrimonio es una relación hermosa, llena de propósitos y facilitadora del crecimiento tanto emocional como espiritual de cada miembro de la pareja, pero eso es posible si ambos cónyuges han encontrado su propia plenitud de forma independiente y más allá de la otra persona.

El contentamiento se define como la satisfacción plena que se experimenta independientemente de las circunstancias y que solo se consigue en una relación con Dios. Ya lo hemos dicho más de una vez en este libro. Dios nos hizo con la necesidad de relacionarnos y, al mismo tiempo, nos hizo dependientes de Él. Cultivar una relación con Dios, conocerlo profundamente, permite que puedas conocerte mejor a ti mismo, al tiempo que te da un balance para establecer relaciones interpersonales

Consejo para pastores y consejeros bíblicos

Quisiera animarte a ser un facilitador para que tu iglesia local funcione como una familia. Debemos fomentar las oportunidades para que los padres con hijos se conecten con otros padres y los solteros puedan participar viendo el modelo de una dinámica familiar saludable. Buscar que sea natural compartir con los adultos mayores, juntando a las generaciones, desde los niños hasta los abuelitos. También que los solteros universitarios y profesionales compartan con los más jóvenes y lleguen a ser sus mentores. La iglesia no debería estar tan segmentada hasta el punto de que los miembros terminen aislados en sus grupos de pares. En una familia podemos ver cómo se reúnen todas las generaciones para celebrar, pero también para llorar y apoyarse. La iglesia es la familia de Dios y todos deberíamos estar conectados de alguna manera.

Lograr que la iglesia sea un refugio para las personas que recién se han quedado solteras luego de un divorcio no es tarea fácil, habrá que luchar contra el individualismo y otros retos de este mundo caído, pero creo que intentarlo vale todo el esfuerzo. Alcanzarlo poco a poco sería una bendición, no solo para los casos de personas con situaciones muy graves, sino para todos en general. El mandato de amar al prójimo como a uno mismo debe ser algo que se practique en la cotidianidad.

más satisfactorias. Por lo tanto, el contentamiento se encuentra en ese balance entre mi relación vertical con Dios y mis relaciones horizontales con las demás personas. Toma la forma de una cruz que atraviesa tu persona. Jesús lo dijo mejor al definirlo como el mayor de los mandamientos: «Amarás al Señor tu Dios con todo tu corazón, y con toda tu alma, y con toda tu mente. Este es el grande y primer mandamiento. Y el segundo es semejante a este: Amarás a tu prójimo como a ti mismo» (Mateo 22:37-39).

Contrario a lo que el mundo plantea, la satisfacción no se encuentra hurgando dentro de ti, porque si fuera así, en los momentos de dolor, de ruptura de relaciones como en el divorcio, cuando enfrentas la traición o el duelo, no tendríamos esperanza, ya que al mirar hacia adentro es muy posible que solo veas tu dolor y ansiedad. Tampoco se encuentra en las experiencias de diversión evasivas o las alegrías pasajeras. Sin embargo, si elevas tu vista al cielo en lugar de mirarte a ti mismo o distraerte con cosas temporales, es muy probable que encuentres plenitud, paz y propósito en medio del dolor.

Todo lo anterior es cierto y posiblemente ya lo hayas escuchado antes, pero no sabes cómo se ve de manera práctica. Aprender a vivir en una relación con Dios es una solicitud frecuente en la consejería bíblica y, de hecho, una de las funciones del consejero es enseñarle al aconsejado a desarrollar una relación íntima con Dios en su vida diaria. Aquí es donde las disciplinas espirituales cobran sentido, pues permiten que tengas una vida devocional. Ten en cuenta que no solo se trata de un *tiempo* devocional, sino de una *vida* devocional. Eso implica estar en comunión con Dios todo el día. Y para lograrlo es necesario que tengas tiempos de oración honestos en las mañanas en los que derrames tu corazón delante de tu Padre y dejes en sus manos todas las cosas que te cargan. Orar es hablar con Dios con tu corazón abierto.

Sabemos que puede ser muy difícil escuchar hablar de tener comunión con Dios, quizás estás irritado y te sientes molesto con la vida y hasta con Dios mismo. Sin embargo, no permitas que tus emociones te separen de Él. Llévale tus quejas, tu dolor, tu frustración y tus preguntas al Señor. Él puede con todas tus cargas y con muchísimo más. Él te conoce profundamente, te entiende y se compadece de ti. Es posible que antes de la infidelidad tu relación con Dios fuera más relajada o tranquila, pero ahora necesitas expresarlo todo y dejar que Él te contenga, te recoja en sus brazos, te abrace fuerte y te sientas amado. Esta porción del salmo 73 podría guiarte a una oración honesta delante de Dios.

«¿A quién tengo yo en los cielos *sino a Ti*?
Fuera de Ti, nada deseo en la tierra.
Mi carne y mi corazón pueden desfallecer,
Pero Dios es la fortaleza de mi corazón
y mi porción para siempre.
Porque los que están lejos de Ti perecerán;
Tú has destruido a todos los que te son infieles.
Pero para mí, estar cerca de Dios es mi bien;
En DIOS el Señor he puesto mi refugio
Para contar todas Tus obras»
(Salmos 73:25-28).

Es increíble saber que servimos a un Dios que no solo nos escucha, sino que también nos habla. Leemos su Palabra y escuchamos la voz de su corazón, su mente, y lo podemos conocer. ¡Eso es maravilloso! En realidad, Él ya nos conoce por completo, pero podemos conocernos mejor a nosotros mismos y muchos aspectos de nuestra vida cobrarán sentido cuando conocemos mejor a Dios a través de su Palabra. Así conseguirás el verdadero *Yadá,* esa conexión profunda donde eres auténtico, no tienes temor ni reservas, donde puedes recibir su abrazo, amor, paz y gozo, independientemente de las circunstancias. De hecho, Dios te acompañará durante todo el día y estarás consciente de su presencia, porque tendrás comunión con Él; es decir, estarás en comunicación con tu Padre.

El contentamiento requiere de una búsqueda muy personal y debes asumir la responsabilidad en el asunto. Esto no significa que otros hermanos no puedan ayudarte y guiarte en el proceso, pero nadie lo puede hacer por ti. Por lo tanto, se precisa intencionalidad de tu parte, entendiendo que tu vida espiritual es una prioridad para poder avanzar en esta etapa... ¡y en el resto de tu vida!

¿Cómo será mi vida de aquí en adelante?

Es probable que esa pregunta retumbe en tu mente sin encontrar respuesta. Es probable que creas que todo lo que habías planeado se derrumbó, que te sientas perdido(a), como si tu futuro fuese incierto y hasta oscuro. Esos sentimientos son legítimos después de experimentar lo que has vivido. Dios entiende que te sientas así, Él más que nadie sabe que necesitas un guía y está dispuesto a llevarte a nuevos horizontes.

Acepta la realidad

Tu vida cambió y no va a ser como antes, así que habrá que reconstruir tu estilo de vida y crear nuevos recuerdos familiares. El pasado no lo podemos cambiar, pero sí podemos aprender de él y con ese aprendizaje construir un nuevo proyecto de vida, despidiéndote de tus planes con esa pareja y elaborando poco a poco otros completamente nuevos. No podrás avanzar aferrado a lo que ya no tienes, porque sería como si manejaras un vehículo mirando solo por el espejo retrovisor. Si aceleras, es muy posible que choques, se produzcan daños y no puedas avanzar más. Esto suena duro y fuerte, pero mi intención es invitarte a trabajar para aceptar que esa relación terminó y así enfrentes el futuro con esperanza.

¿Recuerdas el *triángulo de la restauración*? En este caso, tu pareja ya no forma parte de la ecuación. Entonces, con una mayor disposición, debes recorrer tu camino hasta encontrarte con Dios. No mires sobre el hombro para ver quién te sigue. Tus ojos deben estar puestos únicamente en Aquel que te salvó.

Organiza tus prioridades

Es posible que todo lo ocurrido te haya hecho perder el rumbo de algunos aspectos de tu vida. Dedica un momento a hacer un ejercicio consciente para revisar las áreas de tu vida más importantes con esta pregunta: «¿Estoy prestando la atención necesaria?». Revisa cómo estás desempeñando tus roles como padre o madre, como hija o hijo, en tu área laboral, en el ámbito social y en la administración de tu hogar, incluyendo el uso de tus recursos económicos. Suele ser provechoso rendirle cuentas a alguien en una o varias de estas áreas. Habrá días buenos en los que sentirás que todo va bien, pero es posible que otros días te desenfoques o desanimes y necesites ayuda de alguien de tu comunidad o grupo de apoyo. Vuelve a empezar, no importa las veces que sea necesario, el Señor es el Dios de las nuevas oportunidades. «Las misericordias del SEÑOR jamás terminan, pues nunca fallan Sus bondades; son nuevas cada mañana; ¡grande es Tu fidelidad!» (Lamentaciones 3:22-23).

Revisa tus metas

Tu vida cambió y es muy posible que muchas de tus metas requieran ser revisadas. Los planes futuros deben ser ajustados, algunos serán cambiados por otros, pero eso no significa que no tendremos planes que definan un proyecto de vida. Reajusta tus metas según tus prioridades. No tienes que hacer los ajustes de todos tus planes al mismo tiempo, sino empieza a modificar tu agenda en función de tus prioridades. Ten cuidado de no recargarte demasiado, pero no te paralices. El tiempo pasa sin detenerse, por eso tenemos el mandato de aprovecharlo al máximo. Tu vida no ha terminado. Dios sigue teniendo una agenda para ti.

Demuestra una mayordomía responsable

Cuidar de ti es una responsabilidad que no puede ser delegada a nadie más. A Dios le importa tu vida y eso incluye el cuidado de tu cuerpo. Si hay un momento en que tu cuerpo necesita energía en extremo para llevar hacia adelante un futuro recién diseñado, es ahora. Es posible que en las semanas y meses pasados hayas descuidado muchos hábitos saludables, si es que los tenías, así que poco a poco debes ir incluyéndolos o retomándolos en tu vida.

Priorizar tu vida espiritual resulta fundamental, y después es importante cuidar tu salud mental y tu cuerpo físico, porque también son parte importante del diseño de Dios y repercuten en tu vida espiritual y viceversa. La Biblia hace mucho énfasis en la importancia de cuidar nuestros pensamientos y emociones, y también nos demanda un cuidado adecuado del cuerpo físico, puesto que es templo del Espíritu Santo. El apóstol Pablo dice: «¿O no saben que su cuerpo es templo del Espíritu Santo que está en ustedes, el cual tienen de Dios, y que ustedes no se pertenecen a sí mismos?» (1 Corintios 6:19). El Espíritu de Dios habita en ti si eres hijo de Dios. Y con respecto a tu mente, las Escrituras nos dan a conocer la expectativa de Dios: «No se adapten a este mundo, sino transfórmense mediante la renovación de su mente, para que verifiquen cuál es la voluntad de Dios: lo que es bueno y aceptable y perfecto» (Romanos 12:2). Considera tus pensamientos y procura someterlos a la verdad divina.

Hay tres áreas básicas de tu vida que debes cuidar: sueño, alimentación y ejercicio. No se trata de que te compliques la vida o gastes un dinero que no tienes, sino simplemente de que revises cada área y hagas ajustes pequeños para mejorar en ellas. En lugar de dejar todo a tu imaginación, voy a darte algunas ideas prácticas para que puedas avanzar poco a poco. No es necesario que pongas en práctica todo al mismo tiempo y de prisa. Ya está probado que los cambios que se logran despacio permanecen por más tiempo.

El sueño es imprescindible. Dios nos creó con la necesidad de dormir todos los días. No es un tema de debilidad, por el contrario, es lo que nos permite estar en condiciones saludables para enfrentar la vida cada día. El cerebro ejerce funciones vitales mientras uno duerme que no se pueden realizar si estamos despiertos. Un adulto como tú necesita dormir de siete a ocho horas diarias, pero no solo es importante la cantidad, sino también la calidad del sueño. Esto está vinculado al horario en que vamos a la cama. No es lo mismo dormir en la tarde que en la noche, porque la oscuridad es un factor que le envía un mensaje al cerebro para que nos induzca el sueño. Me imagino que has escuchado hablar de la luz azul de los dispositivos electrónicos y cómo impiden el descanso. En términos prácticos, tomando en cuenta la hora en que te vas a levantar, planifica la hora de acostarte para que disfrutes al menos de siete horas de sueño. Trata de alejarte de las pantallas dos horas antes de la hora de acostarte. Cuando llegue la hora de dormir, vete a la cama, aun si no tienes sueño. Apaga la luz de la habitación, enciende la luz de tu mesa de noche y lee un libro físico que te guste, mejor aún si es la Biblia. Ya verás que te dormirás en un rato. Por supuesto, esto implica organizar ciertas dinámicas como acostar a los niños, cenar temprano, en fin, ir bajando las revoluciones alrededor de las siete u ocho de la noche.

Si quieres dar un paso más audaz y ganar buenos hábitos nocturnos, deja tu celular fuera de la habitación. Este dispositivo es una gran distracción a la hora de dormir. Recuerda las buenas prácticas que Kari mencionó en el capítulo nueve. Deja afuera el teléfono y no lo consultes hasta que hayas realizado tu devocional en la mañana. Cómprate una alarma analógica si te hace falta o emplea algún reloj de la casa, pero depender menos del celular puede cambiarte la vida.

Esto puede parecer difícil para algunos o hasta incómodo y aburrido, pero es necesario hacer las modificaciones pertinentes a fin de conseguir un buen descanso. Quizás tengas que dejar a un lado algún hábito como ver series en la noche, revisar las redes sociales, leer los mensajes antes de dormir o hablar por teléfono hasta tarde. Sí, vas a desaparecer un poco e ignorar las demandas sociales para practicar la disciplina de la humildad al dormir. En ocasiones hay que ser humildes para descansar, reconociendo que dependemos de Dios y confiando en que Él se hará cargo de todo en nuestras vidas pues no necesita dormir, pero tú y yo sí lo necesitamos todos los días. Hay un salmo que nos recuerda esta verdad en la que debemos meditar:

«Alzaré mis ojos a los montes;
¿De dónde vendrá mi socorro?
Mi socorro viene de Jehová,

Que hizo los cielos y la tierra.
No dará tu pie al resbaladero,
Ni se dormirá el que te guarda.
He aquí, no se adormecerá ni dormirá
El que guarda a Israel»
(Salmos 121:1-4, RVR1960).

Hablemos ahora de la alimentación. Te invito a evaluar tus horarios de alimentación y la cantidad y calidad de lo que consumes. Debes ser consciente de lo que comes y adaptarlo a tus necesidades y condiciones físicas y económicas. Por cierto, esta área está estrechamente vinculada a tus chequeos médicos, ¿Cuándo fue la última vez que fuiste al médico? Nadie puede ir al médico por ti. Los adultos debemos asumir la responsabilidad de nuestra salud sin descuidarla por atender otras áreas. Tus chequeos médicos arrojarán información valiosa para implementar cambios en tu estilo de vida, incluyendo la alimentación. Pequeñas decisiones como planificar el menú, comer despacio sin pantallas y hacer una pausa después de comer pueden hacer la diferencia y no cuestan dinero.

El ejercicio físico es una disciplina que muchas veces no nos inculcaron desde pequeños y por eso de adultos nos cuesta incluirla en la cotidianidad. Sin embargo, me alegra ver cómo cada vez hay más personas que se ejercitan físicamente de manera rutinaria. Quisiera animarte a ejercitarte sin importar cuáles son tus circunstancias. Si no tienes la costumbre o hace tiempo que lo dejaste de hacer, lo que necesitas es por lo menos caminar treinta minutos cuatro veces a la semana, pero no te engañes incluyendo la caminata al transporte público, ni tampoco subir y bajar las escaleras de tu casa. Se trata de salir con el propósito de ejercitarte y hacerlo con cierta intensidad y conectando la mente a lo que estás haciendo. Es ideal que sea al aire libre, en la mañana o la tarde, a solas o con compañía, pero sal a caminar y hacer ejercicios. Tu mente y tu cuerpo te lo agradecerán y verás los buenos resultados, porque en unas semanas dormirás mejor, tendrás más energía y podrás pensar con más claridad.

No abandones el acompañamiento

Es posible que llegaras a este momento de tu vida luego de haber contado con un buen acompañamiento, ya sea en consejería bíblica, terapia para el manejo de la infidelidad o ambas cosas. Supongo que fue de mucha ayuda para tu proceso y seguro que lo agradeces. Ahora bien, el que hayas concluido con el proceso de separación no significa que no necesites algún tipo de seguimiento. No te sientas mal por necesitar continuar caminando con alguien. No todos respondemos igual a estos sucesos y por eso es importante asegurarte de que vas bien. Que alguien desde afuera te evalúe resulta muy saludable. Vendrán días buenos y otros no tan buenos, las emociones fluctuarán, pero no tienes que atravesar este proceso en soledad. El acompañamiento te hará bien porque nunca terminamos de aprender.

No tengas miedo de pedir ayuda

Este punto también es muy importante. Puedes prepararte de mil formas y aun así encontrarte en una situación peligrosa o notar que algo está fallando. No tengas miedo de pedir ayuda. *No tienes que tener todas las respuestas, ni ser la persona perfecta*. Todos pasamos por momentos buenos y malos. No significa que estés fracasando ni que las cosas vayan a ir mal.

Pedir ayuda es una señal de fuerza que identifica a alguien maduro, que acepta que no tiene que hacerlo todo en solitario, sino que hay personas que se han capacitado para ayudar, instruir y acompañar. Pedir ayuda a tiempo puede ahorrarte un sin fin de males.

La ayuda puede venir en muchos formatos: un seminario para solteros, un libro o curso nuevo, pedir una entrevista con el pastor o algunos consejeros, así como también solicitar una sesión con un profesional de la salud mental. Todas estas opciones pueden ser válidas dependiendo de lo que estás viviendo, y como suelo decir, si algo no te funciona, «toca a otra puerta». No te rindas si la primera opción no te encaja o no te funciona. Ninguna situación es igual, y cada persona puede reaccionar diferente y necesitar cosas distintas. Lo importante es poder revisar tu situación a tiempo.

Advertencia

Existe el riesgo de que termines demostrando actitudes egoístas producto de tu búsqueda del camino del autocuidado, como estar centrado en ti mismo y mostrar desinterés por las necesidades de otros. Muchas personas canalizan su malestar y dolor poniéndose en el primer lugar, por encima de otros y hasta de Dios. Llevar una vida enfocada en uno mismo y egoísta nunca proveerá la satisfacción que estamos necesitando. Por el contrario, en consejería vemos que servir a otros mejora los sentimientos de tristeza y soledad, aun si esa persona no tiene un vínculo cercano con el aconsejado.

Por eso, creo que la mayordomía es un mejor término para la búsqueda del cuidado personal. No se trata de ser un mejor yo, sino más bien de parecerte más a Cristo. No hay nada bueno en nosotros, y si hay algo valioso y que importa es lo que Dios nos ha dado. La mayordomía implica reconocer nuestra dependencia de Él, aprender a ser hijos obedientes mientras vamos camino a la eternidad.

La mayordomía significa administrar de manera responsable lo que se nos ha entregado. Dios es el dueño de todo, incluyendo tu vida. Ya vimos que nuestro cuerpo es templo del Espíritu Santo y no nos pertenece (1 Corintios 6:19). Por lo tanto, deberíamos administrar y cuidar nuestra vida de manera adecuada, obedeciendo los mandatos del dueño. Debes consultar con tu Padre celestial para saber lo que espera de ti. No pierdas de vista que Él va orquestando nuestras vidas con un propósito que nos trasciende, para su gloria y nuestro bien.

Quiero animarte a caminar cerca de Dios, a aprender a «escuchar» su voz. Te esperan días nuevos, nuevas experiencias y nuevos propósitos. No creo que los planes de ninguno de nosotros puedan superar los planes de Dios. Así que te invito a confiar con los ojos físicos cerrados y los espirituales bien abiertos.

Agradecimiento

No existe situación en nuestra vida que nos impida agradecer. De hecho, el mismo dolor trae consigo mucho aprendizaje que termina en acción de gracias. «Den gracias en todo, porque esta es la voluntad de Dios para ustedes en Cristo Jesús» (1 Tesalonicenses 5:18).

Sin importar quién eres y dónde estás en este momento, siempre tendrás mucho que agradecer. Dios te ha sostenido hasta aquí y, aunque sea muy doloroso, el hecho de que todo haya salido a la luz es lo mejor que pudo pasar, pues te trajo a la verdad que libera. La queja es lo opuesto a la gratitud, o dicho de una mejor forma, la gratitud es la cura de la queja.

Vivir con un corazón ingrato es difícil y agotador, fomenta una actitud de víctima egoísta y te impide crecer. La queja solo ve el problema fuera de ti mismo y, aunque es posible que ciertamente los demás tengan problemas, no te permite ver los tuyos con claridad para enfocarte en hacer verdaderos cambios.

Por el contrario, la gratitud hace que miremos el interior de uno mismo, reconociendo nuestros pecados y asombrándonos por la gracia y el perdón de Dios a nuestro favor. La gratitud coloca la esperanza en cuanto al futuro en el lugar correcto, encontrando gozo y contentamiento en Dios a pesar de que las cosas no son como las planeaste.

Ser agradecidos es ser honestos, reconocer que no estás bien, no eres perfecto y las cosas no son como quisieras, pero Dios está contigo y controla tu vida. Eso es todo lo que necesitas. De modo que te invito a cultivar el agradecimiento. Haz una lista diaria de las razones que tienes para agradecer, sin dar nada por sentado. Dedica un tiempo a orar dando gracias a Dios por lo que ha hecho y lo que hará.

Sin lugar a duda, reconstruir la vida después de una separación marital no es tarea fácil, pero recuerda que no estás solo(a) en ese camino. Dios te acompaña y ha dispuesto personas y recursos para ayudarte de múltiples maneras. No te aísles ni trates de volver al estilo de vida anterior sin antes hacer los ajustes necesarios. Tampoco te desesperes tratando de cambiar todo al mismo tiempo. La reconstrucción tomará tiempo, pero será satisfactoria si la asumes con un corazón humilde delante de Dios.

No ha salido como quería (Nota de Kari)

Créeme, te entiendo, todo esto suena abrumador, sobre todo si hace poco tiempo que la separación o el divorcio ya es una realidad. Tu corazón sangrante y herido no entiende lo que está pasando. Cuestionas al cielo y a las personas: «¿POR QUÉ?».

Es posible que en tu caso el divorcio aún no se haya decidido, pero para algunos ya no hay vuelta atrás y no se puede recuperar el matrimonio.

Este capítulo no se «completa» en unas semanas, sino que es un proceso diario. Volver a instaurar buenos hábitos, aprender a depender de otros, saber pedir ayuda, intentar relacionarse con nuevas personas y no aislarse requiere tiempo y esfuerzo. Es duro y habrá días en los que no consigues hacer nada de lo que hemos hablado aquí. Está bien, ten gracia contigo mismo hoy, pero mañana levanta la cabeza, mira al cielo y empieza el día diciendo: «Señor te doy gracias por...». Esto no es una carrera corta, sino un maratón.

Quiero reconfortarte con algo más. Recuerdo cuando, en medio de mi propio proceso de divorcio, me sentía muy desanimada, no encontraba ningún propósito en mi vida, abandoné la psicología, cerré mi consultorio y empecé a buscar trabajo en otra cosa. Me decía a mí misma: «Si como psicóloga no pude sanar mi matrimonio, cómo pienso que puedo atender a otras personas». Dios me visitó en ese momento de incertidumbre y sentí en mi corazón sus palabras: «Si pierdes el gozo, el enemigo habrá ganado».

Soy una persona muy competitiva, y esas eran las palabras exactas que necesitaba escuchar. No podía permitir que el enemigo ganara tras esta situación. Así que empecé a reenfocarme teniendo claro que el enemigo era Satanás y no mi antiguo esposo. Fui muy disciplinada en lo que respecta a buscar situaciones por las que agradecer y ser intencional en no aislarme y relacionarme con las personas que me rodeaban.

El gozo no es felicidad. La felicidad es un estado sentimental y pasajero. El gozo se elige. Puedes elegir en qué regocijarte. La Biblia nos ordena regocijarnos siempre: «Regocíjense en el Señor siempre. Otra vez *lo* diré: ¡Regocíjense!» (Filipenses 4:4). No pierdas tu gozo, pide ayuda, camina al lado de otras personas y sigue esforzándote poniendo un pie delante del otro. Vendrá un día en el que solo quedará una gran cicatriz como evidencia de todo lo sucedido, pero ya no te dolerá. Lo recordarás, pero no te estorbará. Llegará el momento en el que tu historia forme parte de tu testimonio de la bondad y la misericordia de Dios.

Cornelia nos va a explicar en el próximo capítulo cómo la iglesia puede acompañar y ayudar en este proceso. Queremos también mostrar los resultados de nuestra encuesta y la realidad que afronta la iglesia en la actualidad. Es un capítulo importante para ti y los que te rodean. Esperamos que sea una herramienta para los demás a fin de saber cómo amarte de la mejor manera.

Mientras tanto, te quiero exhortar una vez más: *no dejes que el enemigo gane, no pierdas tu gozo.*

Capítulo 12

¿Cómo puede y debe acompañar la iglesia?

Cornelia Hernández de Matos

La iglesia y la infidelidad, nuestra encuesta

Las dos autoras contábamos con mucha experiencia en la consulta de parejas. Sin embargo, quisimos tener más contexto sobre este tema en nuestros círculos de la iglesia. Para lograrlo, hicimos algunas preguntas como estas:

- ¿Qué tipo de infidelidad está ocurriendo en la iglesia?
- ¿Quién está siendo infiel?
- ¿Están permaneciendo juntos como un matrimonio después de la infidelidad?

Realizamos una encuesta en el verano del 2024, pidiéndoles a nuestros seguidores y amigos que corrieran la voz y respondieran a las preguntas. A continuación presentamos un pequeño resumen de la encuesta. No queremos dejar de agradecerle a Vanessa Rodríguez por habernos ayudado con las estadísticas de la misma. Esperamos que estos resultados te ayuden a descubrir la importancia de dejar de ver el tema de la infidelidad como un tabú en medio de la iglesia. Si los números te agobian, no te preocupes, salta directamente a la siguiente sección «Ahora que sabemos...» y prosigue con tu lectura.

¿Los entrevistados? La investigación presenta los resultados para 747 entrevistas, de las cuales el 88,9 % son mujeres, mientras que solo un 11,1 % son hombres. Provienen principalmente de los siguientes países: República Dominicana 26,1 %, Colombia 15,4 %, Argentina 12,6 %, México 9,2 %, España 8,2 % y Chile 4,3 %. También hay una representación minoritaria de otros países.

¿Estado civil? El 75,1 % de la muestra total estaba casado y un 6 % divorciado, los demás en otros estados (segundo matrimonio, separado pero no divorciado, viudo, etc.).

¿Qué respondieron? Les dejamos la siguiente información en la encuesta.

Tipos de infidelidad

Emocional: (compartir amistad íntima con otra persona que no es tu pareja).

Física: (frotación, besos, abrazos sostenidos, cogerse de las manos, etc.).

Sexual digital: (mensajes, videos, *sexting*, masturbación por video, etc.).

Pornografía

Sexual: (felación, cunnilingus, sexo anal, penetración, sexo oral, sexo con ropa, masturbación mutua, etc.).

Entre las principales formas de infidelidad en las que incurrieron se reportaron: infidelidad emocional 60 %, sexual

51 %, física 48 %, pornografía 29 % y sexual digital 10 % (aquí se les permitía marcar todas las opciones que aplicaban). Si lo divides según los sexos, estos resultados cambian un poco.

En la siguiente tabla podemos ver la diferencia entre cómo traicionaron los hombres y las mujeres.

Cómo traicionaron	TOTAL	Mujeres	Hombres
Emocional	61 %	79 %	37 %
Física	47 %	43 %	12 %
Pornografía	49 %	6 %	24 %
Sexual digital	46 %	12 %	1 %
Sexual	50,3 %	33 %	30 %

¿Fiel o infiel? Solo un 32 % reportó que los dos habían sido fieles en su relación. Eso significa que en el 68 % de los matrimonios entrevistados hubo algún tipo de infidelidad, y de esos el 15 % indicó que ambos habían sido infieles.

Entendiendo que todo lo anterior es infidelidad, ¿traicionaste, fuiste traicionado o ambos han traicionado?
747 respuestas

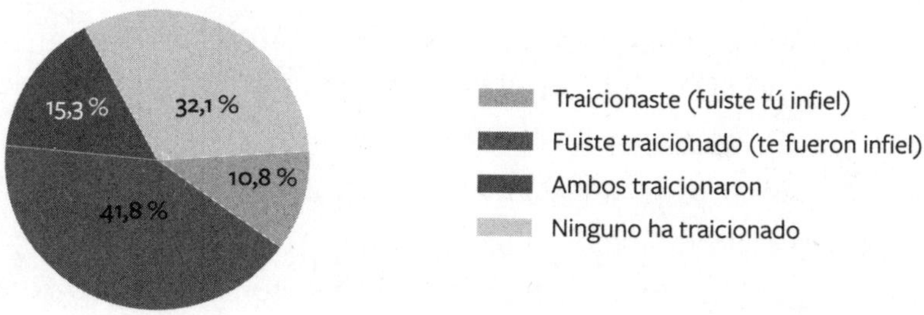

¿Quién traicionó a quién? El 41,8 % de los entrevistados había sido traicionado de alguna manera y el 40 % admitió haber sido infiel de algún modo. Con respecto a los hombres, el 10 % reportó que habían sufrido la traición y el 36 % indicó que fueron ellos los que habían traicionado a su pareja. Por otro lado, el 42 % de las mujeres afirmó que habían sido traicionadas y el 4 % admitió haber cometido la infidelidad. La práctica clínica nos demuestra que los números no son tan distantes, sino que son muy parecidos. Los hombres y las mujeres traicionan y son traicionados.

¿Cómo se descubrió? Solo el 1,3 % le confesó el hecho a su pareja. Esto encaja bastante con lo que vemos en la consulta. Es lamentable, porque la confesión ayuda mucho en la reconstrucción de las vidas de los implicados. Con respecto a los que no confesaron, sino que fueron descubiertos (77 %), ellos reportaron que fue de las siguientes formas: mensajes de texto 54 %, descubrir el consumo de pornografía 28 %, enterarse por terceras personas 14 %, encontrar a la pareja con su amante 8 %. Por otro lado, el 23 % reportó que no se descubrió la infidelidad.

¿La relación infiel terminó? En el 81,5 % de los casos, es decir, la mayor parte, la infidelidad había terminado. Pero no todos ellos pudieron reconstruir su matrimonio tras la infidelidad.

El 4 % de las mujeres admitió infidelidad. La mitad de estas mujeres dijo que habían sido descubiertas, y aunque todas rompieron la relación adúltera, el 12 % de ellas acabó separadas o divorciadas y las que siguen casadas admiten que el matrimonio es disfuncional. La otra mitad del 4 % original (46,8 %) refirió no haber sido descubiertas; de estas, solo el 78,2 % abandonó la práctica y el 21,7 % continúa en la infidelidad.

En el caso de los hombres, los que sí contestaron que fueron infieles reportaron que el 89,5 % no continuó la infidelidad, pero un 10,5 % indicó que sigue con la relación.

¿La infidelidad sigue en curso?
507 respuestas

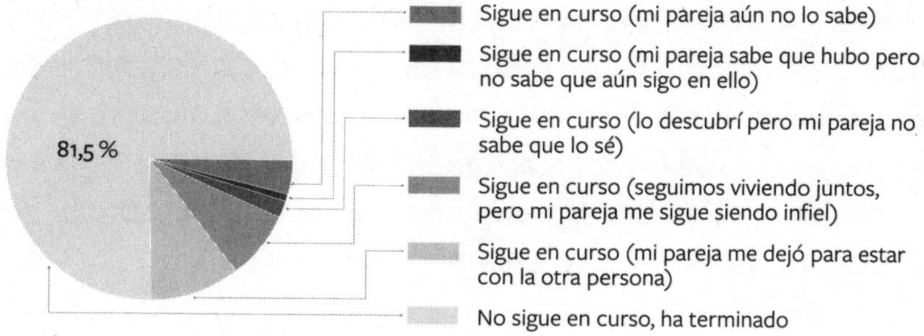

Serían necesarios más estudios para acabar de desglosar esta información, pero el deseo es que con esta pequeña ventana a nuestra realidad actual descubramos que la infidelidad en los círculos de la iglesia es un problema. Son muchas las parejas que han sido afectadas por la infidelidad y un porcentaje alto siguen sosteniendo relaciones extramaritales.

¿Una gota de esperanza? Para acabar, déjame darte unos últimos datos. Una de las preguntas finales que realizamos en la encuesta fue sobre el estado actual de la pareja luego de la infidelidad. Según las respuestas, el 12,8 % de las parejas acabaron divorciadas, el 12 % acabaron separadas, el 7,1 % siguen juntas en el camino de intentar arreglar la relación, el 22,5 % están juntas pero con dificultades para reconciliarse y el 45,6 % están juntas MEJOR que antes.

Situación actual
507 respuestas

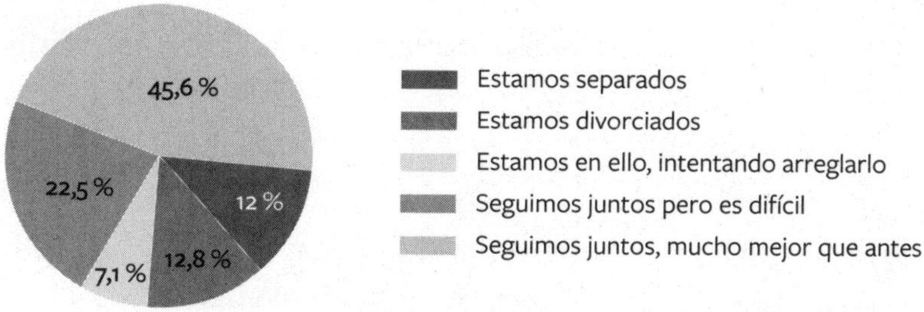

Esto concuerda con el trabajo clínico, donde vemos que realmente hay un porcentaje de divorcios y separaciones. Sin embargo, nuestra experiencia también dice que las parejas que deciden trabajar en la infidelidad, arrepentirse y hacer el esfuerzo requerido pueden salir del otro lado mejor que antes. Muchos terminan aprendiendo nuevas estrategias para enfrentar la frustración y el sentimiento de desconexión, así como con una nueva apreciación por su cónyuge.

Ahora que sabemos que hay infidelidad, ¿qué hacemos?

La iglesia está conformada por personas a las que Cristo ha redimido, pero que no están exentas de pecar. Desde hace muchos años en mi caminar cristiano he visto a la iglesia como un hospital, un lugar seguro de servicio, ayuda y restauración para el alma humana. Esto es posible si somos conscientes de que Dios nos provee a través de la ayuda del Espíritu Santo y los demás medios de la gracia: el evangelio, las Sagradas Escrituras, la vida en comunidad, entre otros.

Cuando se descubre una infidelidad en algún matrimonio, la iglesia se impacta con la noticia. ¿Qué hacer? ¿Debe la iglesia involucrarse en un tema tan íntimo? ¿Dependerá esto de si algún líder está involucrado o no? ¿Cuál es el rol de la iglesia en estos casos? Vamos a descubrir cómo la iglesia puede ayudar en estas dos áreas:

- Confrontación y disciplina al descubrirse la infidelidad.
- Acompañamiento y espacio para sanar después de la infidelidad.

Sin embargo, veamos primero por qué la iglesia debería involucrarse en cualquiera de estas instancias.

La iglesia como familia

Hemos aprendido a través de múltiples textos bíblicos que la iglesia es el cuerpo de Cristo (Romanos 12:5), y para que un cuerpo funcione bien debe estar interconectado. Así que en el caso de la iglesia, esa conexión trae consigo una influencia recíproca entre los miembros. Por ejemplo, si estás cocinando y algo caliente salpica tu mano, de inmediato el dolor y la sensación de calor hacen que la retires de la estufa. Sin embargo, la mano no realiza este acto de manera independiente. Aunque parezca algo inmediato, en realidad se han activado un gran número de neurotransmisores que se conectan al cerebro para producir respuestas en ambas vías, los cuales involucran no solo a la piel quemada, sino también a los músculos del brazo, la vista para encontrar la zona adolorida, la otra mano para buscar algo que alivie y demás. Esta es una explicación muy simple, pero la idea es reflexionar en cómo todo el cuerpo se involucra cuando algún miembro siente dolor y se enfoca en aliviar el malestar, enfocando toda su atención en el miembro dañado.

No somos simplemente un grupo de miembros aglutinados en un cuerpo, sino que somos una familia. A través del sacrificio de Cristo hemos sido injertados en su familia, la familia de Dios (Efesios 2:19). Somos hermanos y el amor entre nosotros debe ser la característica por la que el mundo debe reconocernos. Jesús fue muy claro al decirnos: «Un mandamiento nuevo les doy: "que se amen los unos a los otros"; que como Yo los he amado, así también se amen los unos a los otros. En esto conocerán todos que son Mis discípulos, si se tienen amor los unos a los otros» (Juan 13:34-35).

Por lo tanto, somos el cuerpo de Cristo y al mismo tiempo somos una familia en Él. Estamos llamados a alegrarnos y a dolernos juntos. Así lo expresaba el apóstol Pablo: «Gócense con los que se gozan y lloren con los que lloran. Tengan el mismo sentir unos con otros. No sean altivos en su pensar, sino condescendiendo con los humildes. No sean sabios en su propia opinión» (Romanos 12:15-16).

Cuando una pareja de la familia de la fe sufre una infidelidad, la iglesia también sufre. Ambos miembros de la pareja están en necesidad de ser asistidos por sus hermanos. Es por ello que todos debemos estar preparados para cuando nos encontremos con esta situación. Se entiende que no todos los miembros tendrán las herramientas para tratar con detalles y sabiduría estos casos, pero eso no significa que su apoyo en lo que respecta a la oración, el acompañamiento y la escucha activa no sea valioso.

Además, no perdamos de vista que los pastores y líderes pueden enfrentar esta terrible situación en sus propios matrimonios, lo cual es muy lamentable. El daño es mayor por la posición de autoridad que representan, pero necesitan ayuda por igual para procesarlo y sanar.

¿Y qué decir si él o la amante es un miembro de la iglesia? ¿Qué pasa si esa tercera persona forma parte de una pareja de la congregación? ¿Cómo manejarlo? Estas son situaciones que nos ponen de rodillas para clamar a Dios, reconociendo la necesidad de contar con la ayuda del Señor y algunos conocimientos básicos de modo que podamos asistir a nuestros hermanos en semejante crisis.

Una de las motivaciones para escribir este libro es justamente esa necesidad de conocimientos básicos que permitan poner un granito de arena, ofrecer herramientas que ayuden a estructurar el acompañamiento de las parejas que estén atravesando esa situación. Empecemos aprendiendo la forma en que podemos acompañarlas en temas de confrontación y disciplina.

Confrontación y disciplina al descubrirse la infidelidad

La confrontación del pecado debe realizarse de manera compasiva y misericordiosa. Se trata de un acto de amor y no de maltrato. La persona que cometió el pecado de adulterio debe ser confrontada sobre todo si es miembro de la congregación. Si no lo fuera, pero accede a atravesar un proceso de consejería, de igual manera una confrontación llena de gracia y verdad le ayudará a crecer en su conocimiento de Dios. Abandonar o rechazar a esta persona no es una opción para la iglesia. Recuerda que etiquetar al infiel de pecador imperdonable no ayuda a prevenir la infidelidad ni motiva a sanar.

También es importante cómo percibimos o tratamos a la persona que ha sido traicionada. Jim Newheiser dice lo siguiente:

> El divorcio no es el pecado imperdonable. A pesar de que intentaron ser fieles a sus pactos matrimoniales, algunos están divorciados debido a las acciones pecaminosas de sus excónyuges. Tales personas deberían ser vistas con compasión, no juicio. Una mujer con hijos que ha sido abandonada debería ser vista casi como una viuda a la cual la familia extendida y la iglesia deberían cuidar. Al tratar de empatizar con los que han sido devastados por la traición de la persona en la que más debían confiar, la instrucción que se nos da es: «Alégrense con los que están alegres; lloren con los que lloran» (Romanos 12:15, NVI).[1]

1. Jim Newheiser, *Matrimonio, divorcio y nuevo matrimonio. Preguntas comunes; respuestas bíblicas*, Poiema Publicaciones, Colombia, 2019, p. 305.

Si quien cometió la infidelidad no muestra arrepentimiento y decide continuar con sus mismos patrones, la iglesia debe establecer límites que protejan el testimonio del evangelio y el significado bíblico del matrimonio, así como a los miembros de la familia afectada. Nunca debemos minimizar las conductas pecaminosas dentro de la iglesia.

Kari habló en el capítulo ocho sobre la importancia de establecer consecuencias claras y explícitas con respecto a la infidelidad. Un elemento importante de prevención y protección para la iglesia es que también tenga un protocolo sobre las consecuencias de la infidelidad que hayan comunicado de forma pública.

Uno de los grandes problemas en la iglesia es que solemos sorprendernos ante una infidelidad, tanto cuando se calla como cuando se comunica. Nos choca que separen del cargo o le quiten la paga a un ministro que ha caído en infidelidad, pero también nos incomodamos si aparentemente hay una ausencia de consecuencias. En general, pareciera que la iglesia no es capaz de hacer nada bien, justamente porque no hay «normas» claras de los pasos que se deben seguir ante esa situación. Sería de mucha ayuda, por ejemplo, tener claridad sobre qué se hará público y cómo se le informará a la congregación sobre una infidelidad, si se pierden o no los cargos y responsabilidades y qué ayuda puede recibir una persona en esas circunstancias. Conocer las consecuencias de antemano puede funcionar como una medida de prevención, porque la persona puede entender todo lo que podría perder si comete una infidelidad. También sería una medida de protección para la iglesia, ya que no tendrá que decidir con el corazón en la mano, sino que cuenta con un protocolo aprobado y conocido que se puede seguir.

El objetivo de este libro no es decirle a la iglesia qué debería hacer en cada caso, pues es imposible generalizar y cada situación es diferente. Además, no es nuestra intención definir las normas de la iglesia. Nuestro deseo es que reflexionemos en cada arista de estos casos y no descuidemos ningún aspecto, ni a ningún miembro de la pareja. Estos casos son complejos y necesitamos constantemente la asistencia divina para acompañar bien a nuestros hermanos.

¿Qué implica el perdón en estos casos de infidelidad?

¿El perdón significa restaurar todos los privilegios? En este libro ya se ha dicho que el perdón no representa restaurar de inmediato los privilegios de la persona que comete la infidelidad (consulta el capítulo ocho para más diferencias y detalles entre perdón y restauración). Dios puede perdonar, olvidar y restaurar de inmediato; sin embargo, el ser humano requiere atravesar por un proceso gradual que, dependiendo de cada caso, puede tomar más o menos tiempo. Debemos proporcionar ese tiempo para asegurarnos de que el arrepentimiento sea genuino y no basado en las emociones. Habrá casos en que no será posible restaurar la relación, tal vez porque uno de los cónyuges continúa en contacto con su amante o decide abandonar el hogar. Sin embargo, es posible perdonar independientemente de las circunstancias.

El perdón es incondicional, pero la confianza se gana y se pierde. Este perdón puede tomar un tiempo, pero no implica restaurar todos los privilegios de un día para otro. Permitir que la pareja viva el proceso a un ritmo saludable es de mucho beneficio para ambos. El que ha traicionado necesita vivir las consecuencias de su pecado para crecer en esas áreas de debilidad que le permitieron romper los límites y pecar contra Dios y contra su pareja. Debe ser muy intencional y trabajar con mucha paciencia para recuperar la confianza que se deterioró por sus acciones. Esta recuperación toma tiempo, pero al final del proceso habrá aprendido cómo proteger su matrimonio. Por otro lado, el que ha recibido el dolor de la infidelidad necesita ver el grado de compromiso de su pareja para poder confiar de nuevo en ella. Al mismo tiempo, también aprende de sus propios pecados y descuidos en la relación, lo cual no justifica por ningún motivo la infidelidad, pero sí explica en cierta medida el deterioro del matrimonio.

No se debe olvidar a los demás afectados

En el capítulo cuatro mencionamos a los afectados en los casos de infidelidad, entre los que se encuentran los hijos (si los hay) y los demás familiares de la pareja, como por ejemplo los hermanos, padres y abuelos. Si el o la amante asisten a la iglesia, la comunidad debe del mismo modo ofrecerle asistencia, la cual debería incluir también a su familia. A los niños se les debe tratar con especial cuidado (vimos esto con detalles también en el capítulo cuatro). Los niños siempre sufrirán las consecuencias producto de las crisis de sus padres, por eso se requiere un manejo adecuado y oportuno de la situación para hacer la diferencia.

El trato con el o la amante

Si el o la amante forma parte de la congregación, todo se puede complicar aún más. «¿Fue la traición realmente consentida o hubo abuso espiritual o de poder?». «¿Qué medidas se van a tomar con el o la amante?». «¿Quién pagará mayor precio: el esposo, la esposa o la otra persona?».

En situaciones de infidelidad, pocas veces nos detenemos a pensar en el o la amante, a menos que sea solo para saber quién es o dónde se conocieron y otras preguntas similares.

Rara vez pensamos en que esa persona está tan afectada como quien traiciona. En todo caso, esta persona también queda exhibida frente a todos al descubrirse la infidelidad. Sea soltera y más aún si es casada, con o sin hijos, está expuesta a los juicios y el ostracismo por parte de sus amigos y familiares. Si pertenece a una congregación, es posible que sus líderes y hermanos en la fe dejen de confiar en él o ella.

Esta realidad nos recuerda que el pecado lo ensucia todo y que no hay nada oculto que no salga a la luz. También nos recuerda que la gracia de Dios es suficiente para todo pecador arrepentido, sin importar del lado en que se encuentre en esta ecuación. Todos los involucrados necesitan ayuda y restauración.

Como cualquier persona involucrada en una infidelidad, el o la amante también necesita recibir ayuda espiritual y terapéutica. Todo lo que hemos mencionado para el traidor y su familia es aplicable a esta persona. Si coincidieran en la misma iglesia, resulta necesario evaluar la pertinencia de un cambio de congregación. Esta es una decisión difícil y dolorosa, pero puede ser un elemento sanador, ya que entre ellos no debe haber ningún contacto. El distanciamiento entre las familias afectadas ayuda a que las parejas traicionadas, los hijos y los demás puedan procesar y sanar lo ocurrido en un ambiente relajado.

Es importante que el liderazgo de la iglesia no pierda de vista el seguimiento de esta tercera persona, independientemente de su estado civil. Acordémonos de que todos tenemos necesidad de arrepentimiento y restauración. Sin embargo, aceptamos que con frecuencia el o la amante no forma parte del entorno cristiano. En ese caso, la iglesia no tendría acceso a esa persona para servirle.

Recordemos de nuevo algo que mencionamos en el capítulo cuatro, aunque quisiéramos no tener que repetirlo, y es que existe la posibilidad de que el o la amante sea una persona que estaba en una situación muy vulnerable y fue víctima de abuso de poder o hasta de abuso sexual. Como iglesia, no podemos bajo ningún concepto apoyar o reforzar ningún tipo de abuso. *Así que tenemos que confrontarlo e informar a las autoridades competentes si se percibe que esta relación pudo ser resultado de un abuso de cualquier tipo.*

La iglesia no debe encubrir o intentar tramitar estos temas de forma exclusivamente interna. La víctima necesita que la iglesia vele por él o ella y le defiendan, dando los pasos oportunos para denunciar dicho acto y proveerle apoyo y acompañamiento a la persona que ha sido vulnerada. Junto con todo lo anterior, también se deben buscar recursos y otras congregaciones para apoyar al infiel y su pareja.

Acompañamiento y espacio para sanar después de la infidelidad

Los líderes de la congregación no deben aislarse durante este proceso. Aun si la pareja está recibiendo ayuda terapéutica, es imprescindible que reciban un acompañamiento espiritual. Sería muy valioso que el terapeuta y los líderes y consejeros de la iglesia trabajaran en equipo y que facilitemos que hermanos cercanos les provean apoyo a la pareja si ellos lo permiten.

¿Cuál es la meta?

Debemos tener claro que la meta en este y cualquier otro caso de consejería es la gloria de Dios. Dios está interesado en que sus hijos se parezcan más a Cristo y en usar las tribulaciones fruto de sus pecados como un instrumento de santificación. Alcanzar ese objetivo puede lucir de diferentes maneras en cada caso. Anhelamos que las familias no sean fracturadas por un divorcio, pero en ocasiones perdemos de vista el sentir del corazón de cada una de las personas involucradas.

Recuerda que el proceso de sanidad y perdón no evoluciona al mismo ritmo para todos. Busca que cada miembro de la pareja desarrolle una relación más cercana con el Señor y que no salga de ese proceso igual, sino más maduro espiritual y emocionalmente. Lograr esta meta requiere que esa persona camine acompañada de un consejero, utilizando como espejo la Palabra de Dios de manera que las áreas de pecado de su corazón sean expuestas con amor y gracia.

El aconsejado debe aprender, como todo cristiano, a reflexionar en sí mismo, sus pecados y sus áreas de debilidad con mayor frecuencia. Debe dejar de prestarles atención a los dilemas de los demás para dedicarse a su propia vida. ¿Qué evidencian sus reacciones al confrontar esta situación? ¿La forma en la que se expresa muestra un corazón arrepentido y piadoso? ¿Le cuesta mucho admitir sus faltas? Estas y otras preguntas pueden ser aplicadas a ambos miembros de la pareja. Mediante el proceso de consejería, aprenderán en qué consiste el arrepentimiento y de esa manera podrán entender el perdón y la gracia recibidos de parte Dios para poder otorgárselos a su pareja.

Dejar la prisa a un lado

Siempre deseamos que el matrimonio se restaure y sufrimos cuando una pareja se divorcia. Por eso quisiéramos que toda la situación se arreglara lo antes posible. Esto puede suceder con cierta rapidez, aunque siempre hay que llevar el ritmo que la pareja o cada uno de ellos pueda manejar. Sin embargo, a pesar de que Dios odia el divorcio, en algunos casos la separación permanente es una opción a veces necesaria para preservar la integridad emocional y/o física de la pareja y los hijos.

Por otro lado, vimos en el capítulo diez que es necesario que la persona que sufrió la infidelidad pueda decidir si quiere o no volver a reconstruir su matrimonio con la misma pareja. En caso afirmativo, esto permite el reinicio de una nueva relación con más madurez, cargada de nuevas herramientas que les permitan protegerse de las amenazas del pecado. No obstante, si la persona decide divorciarse, debe ser acompañada a través de la consejería bíblica, al igual que si decidiera restaurar el matrimonio.

Recuerda que el matrimonio es de la pareja, así que son ellos los que darán cuenta a Dios por sus decisiones. El consejero debe asegurarse de que los guió a través de la Biblia y con el poder del Espíritu Santo, confiando en que Dios es capaz de glorificarse en ambas circunstancias.

La confidencialidad

Además del amor, la compasión y la paciencia necesarios en estos casos, no debemos dejar a un lado la confidencialidad. Esta situación es muy delicada y traerá consecuencias futuras para esa familia. Así que ten cuidado con el manejo de la información y actúa con discreción y prudencia. Los líderes discretos y prudentes serán un tesoro que la familia valorará por siempre. No es necesario que toda la iglesia esté enterada de la situación a menos que ciertas condiciones lo requieran, como por ejemplo que el líder de la congregación esté involucrado en el caso o que la información sea de conocimiento público, esté siendo motivo de tropiezo en la iglesia y le ofrezca un mal testimonio en la sociedad. Sin embargo, aun en estos casos, la información que se ventile hacia afuera debe ser revisada con cautela, porque habrá muchos detalles cuya difusión es completamente innecesaria. Recuerda, los detalles sexuales no benefician a nadie, pero la confesión del pecado trae libertad. Encontrar el balance entre la confesión y la confidencialidad es delicado y requiere oración y consultoría externa. Somos el cuerpo de Cristo, debemos glorificarlo con verdad y gracia.

Ser el amor de Dios con piel (Nota de Kari para la iglesia)

Creo que realmente necesitaríamos un libro entero para seguir hablando sobre este tema. Pero no queremos desviarnos de nuestra meta para esta obra, de modo que resumiremos todo lo que estamos tratando en una frase: «La iglesia debe ser el amor de Dios con piel para todos los involucrados».

Le escuché decir por primera vez esta frase a uno de mis mentores, Richard, durante mi formación terapéutica. Él me comentaba que nosotros los creyentes hemos sido llamados a ser ejemplos del amor de Dios en la forma en que nos relacionamos con los demás. Así que en un momento traumático en el que los involucrados en la infidelidad están dañados, sangrando y heridos, es importante que tengan una pequeña versión en «físico» del amor que su Padre celestial siente por ellos.

Podemos mostrar amor. Practica siendo el amor de Dios con piel. Es posible que no lo hagas perfecto, ya que eres solo un ser humano, pero seguro que causarás algún impacto en las personas con las que interactúas. Además, como veremos ahora en la conclusión, es posible que cada una de las personas que han pasado por una infidelidad llegue a tener un testimonio precioso e impactante que puede traer transformación para otros. Déjate impactar también por sus historias, seguro que Dios tiene algo que enseñarte sobre su amor y su gracia a través de sus experiencias.

Conclusión

Kari Clewett

Has llegado al final. Has logrado llegar a la conclusión de un libro difícil, pero espero que te haya llenado de esperanza y luz. Sé que quizás no fue fácil y seguro que hay capítulos que vas a querer leer nuevamente. Es posible que hayas tenido que saltarte alguno de los capítulos en esta primera vuelta. Está bien, podrás leerlos más adelante, sé que lo lograrás. Recuerda que Jesús nos dijo: «Por tanto, no se preocupen por el *día de* mañana; porque el *día de* mañana se cuidará de sí mismo. Bástenle a cada día sus propios problemas» (Mateo 6:34). Vive un día a la vez y mantén tus ojos puestos en el Señor.

No puedo terminar sin darte unas últimas palabras de ánimo. Déjame enseñarte acerca de la autoridad que podemos obtener al pasar por algo tan horrible como la infidelidad. Quisiera mostrarte el poder de tu testimonio.

Tu testimonio, tu espada de batalla

Esto es algo que comparto al principio del proceso con las parejas o los individuos con los que trabajo. En las primeras sesiones los miro con detenimiento y les digo: «Mi meta es que no solo lleguen al otro lado, sino que puedan mirar atrás y dar gracias por el proceso». Esto es duro de escuchar, pero permíteme explicártelo a través de dos casos.

Primero te presentaré a Mariela y Santiago. Ellos son un matrimonio que se conocieron y empezaron su relación secreta cuando cada uno tenía otra pareja. Finamente, acabaron dejando a sus parejas, se casaron y tuvieron un hijo poco después. Al cabo de un tiempo, los dos estaban inmersos en su trabajo y cada uno empezó a recurrir a sus mecanismos de defensa ante la poca conexión que había entre ellos. Ella se volvió agresiva en sus comentarios y él se aislaba, llegaba tarde del trabajo, evitaba la casa e ignoraba a su esposa.

Santiago empezó a hablar con una mujer del trabajo que lo escuchaba y lo hacía sentir importante y reconocido. Todo empezó de forma muy «inocente», pero una cosa llevó a la otra y después de una infidelidad emocional llegó la infidelidad sexual. Mariela pensó que todo había acabado cuando se enteró. Ella pensó: *Nos conocimos en la infidelidad y así seguiremos el resto de la vida*. Sin embargo, decidieron acudir a terapia. Las primeras sesiones fueron durísimas, sobre todo para Mariela, quien se preguntaba: «¿Esto será siempre así, habrá alguna vez que no me duela tanto?».

Tres años después, la pareja ha tenido una hija más y su relación es más fuerte que nunca. Mariela afirma: «Descubrimos cómo comunicarnos y crear hábitos que protegen la relación. Ya no tengo miedo de que me traicione, confío plenamente en él, hemos atravesado un infierno juntos y nos hemos demostrado el uno al otro que estamos comprometidos con esta relación». También han descubierto que ninguno es inmune a ser infiel, sino que deben ser intencionales en buscar un acercamiento y demostrar una honestidad mutua a lo largo de los años. Ahora ya no tienen miedo de lo que vaya a pasar, pues cuentan con herramientas para prevenir los problemas, protegerse y fortalecer la relación.

Santiago nunca pensó que sería capaz de comunicarle sus sentimientos y miedos a su esposa, ni que sería útil ser honesto sobre lo que sucedió. Él llegó a decir: «Aprender cómo funciona una infidelidad y lo roto que nos deja me ayudó a darme cuenta de la seriedad del asunto y de mi pecado. Así pude entender lo que estaba viviendo mi esposa y sentir mucho más amor por ella. Además, vi que mi arrepentimiento y mis cambios tuvieron efectos reales sobre nuestra relación. Hoy día puedo decir que amo a mi esposa y soy capaz de hacerla sonreír».

Mariela no se imaginaba que ser completamente sincera en cuanto a la infidelidad de su esposo y sus propias inseguridades sería parte de la solución: «Yo pensaba que simplemente lo tendría que perdonar y aguantarme, echándole en cara sus errores cuando apareciera el dolor. Eso es lo que había visto hacer a mis familiares que pasaron por algo parecido. No me imaginé que trabajando en la infidelidad acabaría entendiendo y amando mejor a mi esposo. Nunca creí que podría acabar con un matrimonio más fuerte y sintiéndome más apreciada y amada que antes».

Esta pareja es una de muchas que han descubierto que la infidelidad, a pesar de ser una experiencia horrible y dolorosa, ha sido algo «bueno» para su relación. No desean que nadie más pase por eso, pero en su caso es lo que los ayudó a conectarse de forma profunda y más segura. Ha sido el reinicio que necesitaban para su proceso. Hoy pueden «agradecer» a Dios por haber pasado por ese infierno, porque saben que sus hijos se van a beneficiar de unos padres que se aman y se valoran como nunca antes. Ellos vieron de frente lo que podrían perder y reaccionaron.

El otro caso es el de Lucía. Ella había estado casada por cinco años cuando se enteró de que su esposo le era infiel. Tras intentar perdonar y seguir como si nada, su esposo no cortó la relación con su amante y acabó yéndose de la casa. Lucía seguía aferrada a su relación, no quería divorciarse porque no deseaba ser catalogada como un fracaso, pues eso era lo que significaba para ella estar divorciada. Estaba dispuesta a ser infeliz toda la vida con tal de permanecer casada. Dos años más tarde, llegaron los papeles del divorcio y se dispuso a abandonar su trabajo y su ministerio. Ella pensaba: *Si no pude sanar mi matrimonio, no sirvo ya para la iglesia ni para ayudar a otros.*

Lucía se alejó de todo y de todos, sintiéndose cada vez más solitaria y deprimida, pero justo en ese momento encontró ayuda. Entonces empezó a entender que la sensación de «volverse loca» era normal, que su amor hacia su pareja, aun cuando él la ignorara o fuera grosero, era parte del proceso. Descubrió que no era un «bicho raro», sino una mujer que pasaba por el duelo de haber perdido algo valioso, su matrimonio. Ella empezó a salir de su estado crítico tras meses de restauración personal y la reconstrucción de su identidad en Dios.

Cinco años después, Lucía se siente mejor que nunca. Ha creado un ministerio para matrimonios con el fin de prevenir la infidelidad y está avanzando en su trabajo más de lo que se podría haber imaginado. Hoy está agradecida con Dios por todo lo que aprendió en el proceso y cómo ha visto que su testimonio ha bendecido a otros. A través de lo que vivió desarrolló una compasión y un entendimiento por las personas que sufren. Se siente valiosa y completa aun estando divorciada. Lo que la podría haber hundido, al final le ha dado gloria a Dios. Del dolor surgió su llamado. La infidelidad no fue el final de su historia.

Estos testimonios son poderosos y merecen ser contados. Para Mariela, Santiago y Lucía, la infidelidad estuvo entre los peores momentos de sus vidas, pero también ha constituido una de las lecciones y aprendizajes más importantes que han recibido sobre sus personas y Dios. Dios no nos abandona en nuestra miseria, sino que se pone delante y nos extiende su mano para levantarnos del barro y ayudarnos a poner un pie delante del otro.

Mi oración es que este libro sea el comienzo de la posibilidad de ver esperanza en medio de tu tormenta. No tienes que agradecer a Dios por la infidelidad en sí, pero oro para que puedas llegar a darle gracias por no soltarte de la mano en tu tormenta. Que puedas ver los cambios y avances que has hecho en este proceso y que el día de mañana puedas dar testimonio de la gracia de Dios y su grandeza.

Yo misma me podría haber hundido tras mi divorcio. Yo soy Lucía, esa es mi historia. Me podría haber escondido y aislado, pero Dios no me soltó. Él me levantó de las cenizas y me dio una pasión por ayudar a otros, tanto para evitar la infidelidad como para superarla. Y si Dios pudo conmigo, sé que puede contigo.

El enemigo gana si pierdes tu gozo, así que nunca lo pierdas. Recuerda quién es el enemigo y lucha por conectarte con Dios, permitiendo que Él te tome en brazos y te lleve cuando no tengas fuerzas para seguir caminando. Y cuando recuperes las fuerzas, sé un testimonio vivo para la gloria de Dios.

La infidelidad no es el final de tu historia.

Agradecimientos de Kari

Pensaba que escribir este libro sería una experiencia parecida al proceso de escribir mi primer libro, pero ha sido muy diferente. Con este libro he llorado, me he enfadado, me he alegrado y he sentido el peso inmenso de llevar esta información al mundo. Y para lograrlo, he contado con gente maravillosa que me ha acompañado en cada paso.

En primer lugar, quisiera agradecer a Cornelia por invitarme a asumir este proyecto y luego por estar a mi lado animándome y confortándome. A Pepe por su inmensa paciencia trabajando con una autora novata. A todo el equipo de Editorial Vida, por confiar en mí y dejarme plasmar mi corazón en palabras.

Gracias también a mi familia, mis amigos, la comunidad de JCUM BCN y a mi equipo de psicólogos (Más Intimidad) por ser flexibles en sus agendas para acomodar mis días, semanas y meses con el fin de que pudiera dedicarme a escribir. Gracias a Livi por ser la primera lectora y por sus comentarios en cada capítulo.

Gracias también a todos mis pacientes que han compartido su proceso conmigo y con los que he aprendido mucho sobre la vida, el amor, el dolor y la fidelidad incomparable de Dios.

Y al más importante de todos, gracias a Dios, por sostenerme en mi proceso y por el privilegio de usar mi vida y mis experiencias para bendecir a otros.

Agradecimientos de Cornelia

En mi vida no ocurre nada que escape al control divino. Su mano fiel me ha acompañado en cada etapa de mi existencia, guiándome a Él a pesar de mí. Dios es lo primero que viene a mi mente al pensar en agradecer por algo bueno que haya podido hacer. Mi trabajo no tiene explicación sin Él, y esta obra no es la excepción. Desde lo más profundo de mi ser, doy gracias a Dios por la oportunidad de ser parte de este proyecto.

Gracias Kari Clewett por permitirme embarcarme contigo en este proyecto tan especial y retador. Ha sido una labor muy esforzada desde el punto de vista intelectual, pero más que todo espiritual y emocional. Valoro mucho tu valentía, tu honestidad y compromiso en todo el proceso. Qué maravilla que Dios nos haya permitido coincidir a pesar de que vivamos en continentes tan lejanos. Me sobrecoge enormemente pensar que Él lo había planificado de antemano.

También quiero agradecer a Pepe Mendoza, un editor maravilloso, capaz, paciente y esforzado. Gracias Pepe por pastorearnos mientras haces tu trabajo de edición con tanta dedicación y esfuerzo.

A Editorial Vida, por creer en este proyecto presentado por dos autoras novatas. Gracias por todo su apoyo para hacer realidad que estas herramientas, que nos permiten entender y manejar un tema tan doloroso, estén disponibles para muchos.

A mi esposo, Ezequiel, mi compañero de vida, mi cómplice, el que sabe de mis limitaciones y me anima a seguir cuando creo que no puedo. Amor, gracias por estar en mi vida.

A los pacientes y aconsejados que me regalan la oportunidad de servirles mientras crecemos juntos.

A mi familia, a mis hermanos y amigos en la fe, a mi iglesia local, la IBI, que de muchas maneras me animan y oran por mí.

Y mientras agradezco, oro que Dios use este recurso para bendecir a muchos.